JN217723

Molecular and Cellular Sports Nutrition

# スポーツ栄養学

## 科学の基礎から「なぜ?」にこたえる

Shin TERADA

寺田 新 著

東京大学出版会

Molecular and Cellular Sports Nutrition

Shin TERADA

University of Tokyo Press, 2017

ISBN978-4-13-052706-4

# はじめに

　一流のスポーツ選手が繰り出す超人的とも思える数々のパフォーマンスに私たちは魅了され，感動する．2016 年のリオオリンピック・パラリンピックも終わり，いよいよ 2020 年の東京オリンピック・パラリンピック，さらにはその先の大会にむけて，各競技団体もメダル獲得のための強化に本腰を入れ始めている．では，そのようなスポーツ選手の競技パフォーマンスを向上させる方法にはどのようなものがあるのだろうか．たとえば，一流選手の動作を解析し，無駄のない効率の良い動きを獲得するために，スポーツバイオメカニクスと呼ばれる「身体の動き」に着目した研究が行われている．また，効果的なトレーニング方法を確立したり，一流選手のさまざまな生体機能を測定し，どのような能力が優れているのかということを解明したりするトレーニング科学や運動生理学といった分野も存在する．さらには，スポーツ選手がほどよい緊張のなかで最高のパフォーマンスを発揮できるように心理面からサポートを行うスポーツ心理学も注目を集めている．このように近年のスポーツ科学研究の発展にともない，多くの競技選手がいわゆる「科学的トレーニング」と呼ばれる手法を積極的に活用するようになっている．また，最近ではランニング愛好者が急増し，空前のマラソンブームとなっていることなどもあり，トップアスリートだけではなく，一般のスポーツ愛好者の多くが，スポーツ活動をより楽しく行うためにその成果を積極的に活用しはじめている．本書はそのような，近年目覚ましい進歩を遂げているスポーツ科学のなかでも「スポーツ栄養学」と呼ばれる分野について解説するものである．

　スポーツ栄養学とは，「スポーツ選手のパフォーマンスを向上させるためには，どのような内容の食事をどのように摂取したらよいのか？」，「運動と食事をどのように組み合わせれば，健康の維持・増進につながるのか？」ということを解明し，実際にアスリートのパフォーマンスや一般の人びとの生

活のために役立たせることを目的とした応用科学・実践科学であるといえる．したがって，近年出版されているスポーツ栄養学に関する書籍の多くが，「各種スポーツ活動をサポートするためにはどのような食事を準備すべきなのか」といった実用的な内容のものであった．本書では，そのような実用的な内容というよりも，スポーツ栄養学の基礎となる理論を紹介しながら，さらに一歩踏み込んで「なぜそのように摂取すると効果的なのか？」というメカニズムを細胞レベル・分子レベルで解説することを目的として書かれている．このようなメカニズムを知ることは，その栄養学的手法が本当に理にかなったものであるのかどうかを自ら判断できる能力を養うことにつながるためである．

　本書は，著者が東京大学教養学部後期課程統合自然科学科において担当している「スポーツ栄養学」の講義内容の一部をまとめたものである．スポーツ栄養学の分野は日進月歩であり，毎月，毎日のように新たな研究成果が報告されており，講義ではその内容も随時紹介・解説している．本書でも，まだ完璧とはいえず，可能性の段階の手法も含めて，できるだけ最新の研究成果も解説するように心がけた．ぜひスポーツ栄養学の学問分野・研究分野としての魅力も感じていただければ幸いである．

　東京大学出版会の丹内利香氏には，本格的な本の執筆が初めての経験であった著者を，企画の段階から粘り強くサポートしていただき，大変お世話になった．また，東京大学に着任後，研究室の初期メンバーとして著者をサポートし，研究を精力的に進めてくれた，松岡智子氏，野中雄大氏，稲井真氏，西村脩平氏，浦島章吾氏，近藤早希氏，深澤歩氏，横田悠天氏，普段一緒に研究活動をしていただいている東京大学の八田秀雄教授と八田研メンバーには深く御礼申し上げる．最後に，同じスポーツ栄養学分野の先輩研究者であり，公私にわたりサポートをしてくれている妻の木村典代（高崎健康福祉大学教授）への感謝の気持ちをここに付け加えることをお許しいただきたい．

2017 年　　寺田　新

# 目　次

# 序章　スポーツ栄養学とは？

　スポーツ栄養学といわれてまず思いつくのは，「スポーツ選手のパフォーマンスを向上させるためには，どのような食事・栄養素を摂取したらよいのかということを解明する学問分野」ということではないだろうか．一昔前までは「明日の試合にカツ（勝つ）ために，今晩はカツ丼を食べよう」や「運動中に水を飲んではいけない」といった，今となってはとても信じられない非科学的といえる食事指導・栄養指導が多くのスポーツ現場では行われてきた．つまり食事内容はスポーツパフォーマンスとはあまり関係のないもの，影響をあまり及ぼさないものとして重要視されていなかった．スポーツ科学の研究者の間でも，どちらかというと身体の動かし方やトレーニング方法などに関する研究が中心的な存在であった．

　しかしながら，食事の内容がスポーツ選手のパフォーマンスに大きな影響を及ぼすことや，同じ食事であっても摂取方法によってその効果に大きな違いが生じることなどが1980年代に行われた研究によって徐々に明らかとなってきた．また，そのような知見をスポーツの現場で積極的に活用し，選手に食事指導を行う栄養士の方々の粘り強い活動もあり，スポーツ栄養学に対する理解は近年飛躍的に進んでいるように思われる．今では多くの競技団体が食事を重要な戦略の一つとして捉え，オリンピックをはじめとする国際大会に栄養士が同行し，食事・栄養面から選手をサポートするようになっている．さらには，できるだけ競技人生の早い段階で食事に対する意識を高めるため，ジュニアアスリートに対する食事指導・栄養指導も全国各地で行われるまでになっている．学術面においても国際スポーツ栄養学会（International Society of Sports Nutrition, ISSN）やNPO法人日本スポーツ栄養研究会（現

在では日本スポーツ栄養学会）が 10 年ほど前に設立され，国内外でスポーツ栄養学に対する注目や関心がますます高まっている．

　スポーツ栄養学は，スポーツ選手のパフォーマンスの向上のためだけではなく，広く一般の人びとの健康の維持・増進にとっても重要な学問分野である．他の先進諸国に先駆けて超高齢化が進み，生活習慣病患者も急増している日本において，人びとの健康に対する意識・関心が高まっている．運動，栄養ともに人びとの健康に大きな影響を及ぼす要因であり，運動と健康的な食事をそれぞれ単独に行った場合や両者を組み合わせて行った場合にヒトの体に対してどのような影響がでてくるのか？　単独で行った場合に比べてより良い効果が得られるのか？　さらには運動による健康増進効果をさらに高める食事内容や栄養素は何か？　といったことを解明することも，スポーツ栄養学におけるもう一つの大きな目的となっている．

## スポーツパフォーマンスと健康のための食事の重要性

　食事の効果やその重要性はいつ頃から人びとに認識されていたのであろうか？　旧約聖書に書かれているアダムとイブの「禁断の果実」についての話を一度は耳にしたことがあると思う．旧約聖書によれば，イブは蛇に「それを食べると，あなたの目が開け，あなた方は神のように，善悪を知るものとなります．神は，そのことを怖れておられるのです」と唆されて禁断の果実に手を出し，さらにアダムにもその果実を勧めたと記されている．つまり禁断の果実に手を出したのは，「それを食べることで以前よりも賢くなれる，神に近づける」という動機に基づいている．このことは，現代のアスリートや多くの人びとが持つ「もっと強くなれる食べ物があれば」，「これを食べれば健康になれるという食品はないのか」という食事によって強靭な肉体を手に入れたい，健康になりたいという欲求とほぼ同じである．つまり，食事によって自らの身体をより良いものにしようとする考え方は，実は，アダムとイブの時代にすでに存在していたともいえる．

　また，古代ギリシャ時代にもすでに食事の重要性が認識されていたようである．紀元前 460 年頃〜紀元前 370 年頃に存在したといわれるヒポクラテスは，医学を臨床と観察を重んじる経験科学へと発展させたことから，「医学

の父」,「医聖」と呼ばれている．彼の言葉の一つに,「すべての人が,多すぎずまた少なすぎず,適切な量の栄養素を摂取し,適度の運動を行うことができれば,それはもっとも安全に健康を手に入れる方法となるだろう」というものがあり,すでにこの時代において食事が健康の維持・増進において重要であるという考えが示されている．この「多すぎずまた少なすぎず,適切な量の栄養素を摂取できる食事」というのが理想的な食事であるというのも,当然といえば当然のことなのであるが,ヒポクラテスの時代から 2500 年近くたった現代においても実践できない人が多いのではないだろうか．食べすぎによる肥満患者が全世界で急増して大きな社会問題になっている一方で,偏食家も多く,摂取栄養素の偏りや不足が生じることもあって,健康を害する一因になっている．また,パフォーマンスや健康のために摂取する錠剤型のサプリメントなどは,機能性成分を濃縮したものが多く,簡単に摂取できることから,効果を期待しすぎて過剰摂取となるケースもみられる.

　食事がパフォーマンスの向上や健康の維持・増進においてなぜ重要なのだろうか,ということについて改めて考えてみたい．食事の重要性を端的に示す言葉の一つに,「あなたは,あなたの食べたものからできている」というものがある．最近テレビの CM などでよく耳にする言葉であるが,これはもともと 18 世紀後半から 19 世紀前半にフランスで食通として有名だった法律家・ブリア＝サヴァランが『美味礼賛』という著書の中で「どんなものを食べているか言ってみたまえ．君がどんな人であるか言いあててみせよう」と述べた一節からきている [1]．ヒトの身体は 60 兆個の細胞から成り立っているといわれている（最近では 37 兆個という説もあるが）．その 60 兆個の細胞の素となる材料やその細胞が生きるための燃料（エネルギー源）を,ヒトは植物のように光合成などによって自らつくり出すことはできず,毎日の食事から摂取しなければならない．つまり,その人はそれまでに食べてきたものからできあがっているのであって,食べたものを見れば,その人の状態がわかる．食事の影響力はそれだけ大きいものであると,ブリア＝サヴァランは述べているのである．これも当然のことといえば当然のことなのであるが,食事は毎日特に意識せずに摂っているため,食事をするという行為の本当の意味するところを案外忘れてしまいがちではないだろうか.

アスリートにとって，このブリア＝サヴァランの言葉はさらに重みを増す．トップアスリートの鍛え上げられた身体は力強くそして美しい．その身体は，1日にして手に入れたものではなく，長く厳しいトレーニングによるものであることは言うまでもない．しかしながら，トレーニングを行い，鍛え上げられた肉体をつくるためには，トレーニングを行うためのエネルギー源，さらにはその肉体の素となる材料を食事から摂取しなければならず，当然トレーニングを行っていない人たちよりもその必要量や重要度は増す．つまり，トレーニングを行い，鍛え上げられた肉体をつくるためには，一般の人以上に食事に対する重要性が増すのである．

## スポーツ栄養学に対する間違ったイメージ

　スポーツ栄養学に対する関心や期待が高まるなか，一部の人たちの間では間違ったイメージが広まっていると感じることがある．

　アメリカで人気を博したアニメの一つにポパイがある．ポパイは，天敵のブルートにいろいろな形で嫌がらせを受けるが，大好物のほうれん草を食べることで一気にパワーアップをしてブルートを懲らしめるというストーリーが繰り返される．スポーツ栄養学というと，どうしても「ポパイのほうれん草」のような即効薬・特効薬に関する学問として捉えられることが多い．何かを食べると一気にプロレスラーのようにパワーアップする，マラソン選手のように長時間疲れしらずで走ることが可能になる，といったような，すぐに目に見える効果を期待しがちではないだろうか．この傾向は普段いい加減な食事を摂っている人に特に多く見られる．しかしながら，トレーニングを1回行っただけで，簡単にパワーアップしたり速く走れたりすることができないのと同じように，何かを一口食べただけでパワーアップし，相手を圧倒できるようになることは不可能である．またそのような食事や栄養素があったとしたら，それはドーピング禁止物質に指定されること間違いなしである．

　では，食事はどのようにして身体に影響を及ぼすのであろうか．先ほど，自分の身体は自分の食べたものからできている，というブリア＝サヴァランの言葉を紹介した．しかしながら，食事を摂れば，それらがすべて身体に取り込まれ，身体の状況が一変するというわけではない．身体は一見安定した

状態を保っているようで，実はその中身は少しずつではあるが絶えず入れ替わっている．これを専門用語では「動的平衡」という（くわしくは第4章で解説する）．したがって，食事で身体を変える，より良い方向にしていくというのは，そのような毎日行われながらも目に見えない動きの中において食事を整えることで，少しずつ身体の中身を入れ替え，スポーツ選手に適した身体，健康的な身体へと長い時間をかけてゆっくりとつくりかえていくことに他ならない．スポーツ選手の鍛え上げられた肉体や健康的な身体は，一朝一夕にはできあがらないのである．この点をまず理解することが重要である．

　また，効果や影響がすぐに感じ取れないことから，食事の効果は過小評価されやすいという側面がある．しかしながら，日々の積み重ねはやがて大きな違いを生み出すことになる．簡単な例として，体重・体脂肪量の増加が挙げられる．脂肪組織 1 kg は約 7200 kcal に相当する．一見多いように思えるが，単純計算すると 1 日たった 20 kcal 多く摂取するだけで，1 年後には脂肪が 1 kg ついてしまうことになる．20 kcal というのはクッキー 1 枚程度である．ついつい一口と思いながらも，それが 1 カ月，1 年間，数年間と積もり積もれば，知らず知らずのうちに大きな脂肪の塊となってあなたの前に現れることになる．食事の効果は良くも悪くもしばらく経った後に訪れる，そのことをぜひ最初に理解してほしい．

## スポーツ栄養学に関する知識の必要性

　スポーツ栄養学は，スポーツ選手のパフォーマンスの向上や人びとの健康の維持・増進のための適切な食事・栄養素等の摂取法に関する情報を提供することを目的とした応用研究・実践研究という側面が強い．そのための具体的な方策，たとえば，どのようなものを，どれだけ，どのようなタイミングで摂取したらよいのかということを対象者に提示することが主な目標となる．最近では，スポーツ栄養学に関する書籍が数多く出版され，また日本体育協会と日本栄養士会の共同認定資格である公認スポーツ栄養士の資格制度やさまざまな私的資格制度も存在するなど，スポーツ栄養学に関する知識が世の中に急速に広まりつつある．しかしながら，今後はそのような具体的な食事・栄養素等の摂取法だけではなく，スポーツ栄養学に対するさらに深い知

識，すなわち，パフォーマンスの向上や健康の維持・増進に効果的であるとされる食事や栄養素等の摂取方法がなぜ効果的なのか，身体の中さらには細胞の中でどのような変化が生じているのかといった部分を理解することが必要となるのではないだろうか．

　書店には健康の維持・増進のための食事方法やダイエット法に関する書籍が数多く販売されている．インターネット上にもダイエットに関する情報が氾濫しており，一体どの情報を信じてよいのかわからなくなったことはないだろうか．たとえば，「長生きするためには肉は食べるな」や「糖質の摂取量を制限すべき」という情報がある一方で，「肉食系の人は長生き」，「米を食べないと不健康になる」といった本が販売されていたりする．また，本の中身とタイトルが一致せず，かなり過激なタイトルが付けられた本もある．いったいこれらのうちどれを信じたらよいのか，と一度は疑問に思った方も多いはずである．このような世の中にあふれる情報をどのように対処したらよいのであろうか？　しかも，このような本はいわゆる「専門家」といわれる人たちが執筆している本であり，専門的な知識を持たない一般の人たちがその良し悪しを判断するのは至難の業であろう．少なくとも一つ言えることは，世の中すべての人に当てはまる理論などはありえず，個々人の体調・健康状態，トレーニング状態，年齢，性別，体質，遺伝などのさまざまな要因によって必要なものが変わるということである．それらを総合的に考え，氾濫する情報の中から自分や身の回りの人に当てはまる情報を取捨選択する能力が必要となってくる．そのためには，身体に関する基本的な知識，特に栄養素等の摂取にともない体内・細胞内でどのような変化が生じているのか，ということを知っておくのはその第一歩になる．また，現場で栄養指導を行う栄養士の方にとっても，その食事や栄養素等の摂取方法の理論的背景をよく理解したうえで，自分でも納得して栄養指導・食事指導ができるようにならなければならない．栄養指導・食事指導を行ううえで，ただ単に「この食事法が良いですよ」と伝えるだけではなく「なぜその食事法が良いのか」という根拠をわかりやすく対象者に伝え，相手に納得してもらう説明能力も必要とされている．

　また最近では，世界中がインターネットでつながったことにより，ネット

上にスポーツパフォーマンスや健康に関するさまざまな情報が氾濫している．それと同時に，一消費者が国内外で発売されている商品をクリック一つで簡単に購入できる状況となっている．サプリメントの販売サイトには，「パフォーマンスが向上！」，「飲むだけで痩せます！」といったそのサプリメントの効果を謳う美辞麗句が並んでいる．しかしながら，国内外で販売されているサプリメントの中には，ドーピング禁止物質や摂取量によっては死に至ってしまう危険な物質が含まれていたというケースも報告されている．そのようなものであってもインターネットを通じて簡単に購入することができる時代となっている．このような状況において，自分自身の身体，健康を守るためにも，ネット上に記載されている美辞麗句に惑わされることなく，正しい知識をもって対応しなければならない．そのためにも，スポーツ栄養学に関する基礎知識を持つこと，特に運動および栄養により生体内の諸機能がどのように変化するのか，どのような影響を受けるのかについての知識を持つことはこれまで以上に重要なこととなっている．

　スポーツ栄養学を理解するためには，スポーツ科学，特に運動生理学や運動生化学といった運動時にどのようなことが生体内で生じるのかということについての知識と，食事・栄養素等を摂取したときにどのように消化吸収・代謝されるのかという基礎栄養学に関する知識が必要となる．それらの知識を活用・統合しながら，スポーツ選手のパフォーマンス向上および人びとの健康増進のために何を，どれだけ，どのタイミングで摂取したほうが良いのかということに関しての理解を深めていくことになる．本書では，これらの知識をふまえて，生体内で生じている反応の解説に重きを置き，詳細にかつわかりやすく解説することを目指している．

## スポーツ栄養学の学問としての魅力

　生体内や細胞に関する基礎知識が必要といわれると，「難しそう」「理解できない」といった印象を受けるかもしれない．確かに細胞内の細かい話を理解するのは難しいかもしれない．ただ，「このような運動や食事・栄養素等の摂取を行うと，なぜ同じものを食べたのにもかかわらず，こんなに効果が違うのか？」とふと考えてみると，それは知的好奇心を掻き立てられるとて

も楽しい営みではないだろうか？

　たとえば，どのスポーツ栄養学の教科書にも記載されている代表的理論の一つとして，「エネルギー回復のためには，運動終了後できるだけ速やかに糖質を摂りましょう」という理論がある．おそらくスポーツ栄養学を学んだことがある人であれば一度は耳にしたことがある，たいへん有名な理論である．しかしながら，なぜ運動終了後できるだけ早い時間帯に糖質を摂取したほうがよいのか？　そのメカニズムは，ほとんど知られていない．さらにいえば，そもそも，なぜ食欲がわいてくるのか？　とか，なぜ生体の中では糖質はグリコーゲンという形で保存されているのか？　など，食事や栄養素に関連した素朴な疑問が次から次へと浮かんでくる．さらに運動に関しても，筋力トレーニングをするとなぜあのように骨格筋が大きく肥大するのであろうか？　マラソン選手はなぜ長時間にわたって走り続けることができるのであろうか？　さらに，その際，食事や栄養素等の摂取の違いによって，そのアスリートの身体のできあがり方にも差がでてくるが，その差は一体どのようなことが原因で生じているのか？　といったことを考えるのはとても楽しいことではないだろうか．

　上述したように，スポーツ栄養学はスポーツ選手のパフォーマンス向上や一般の人びとの健康増進を目的としてそれぞれの現場で活用される情報を提供するために発展してきた応用科学・実践科学であるというのは間違いない．しかしながら，その一方で，基礎科学の対象としても非常に興味深い分野であり，解明すべき研究課題はまだまだ多く残されているのである．世の中には「パフォーマンスアップのための食事方法」や「健康の維持・増進のための食事法」など，どのような食事を摂ったらよいのかといったスポーツ栄養学に関する指導書・解説書は数多くあるが，その背後にあるメカニズムを解説したものは残念ながら少ない．本書では，実用書というよりも学術書としてスポーツ栄養学が持つ基礎学問としての魅力も伝えたいと思っている．

　スポーツ栄養学の重要性や面白さを十分に伝えたところで，早速本編に入ることにしよう．

**参考文献**

[1] ブリア゠サヴァラン．『美味礼賛』（関根秀雄，戸部松実訳）．岩波文庫．1967.

## コラム1　世界と日本におけるスポーツ栄養学の歴史

　欧米のみならず日本でもスポーツ栄養学の重要性は広く認められるようになっている．では，このスポーツ栄養学はいつごろ始まった学問分野なのであろうか．著者が知る限り，スポーツ栄養学における最初の研究は，1924 年に *The Journal of the American Medical Association*（略称：*JAMA*）に報告された論文だと思われる [1, 2]．この当時，マラソンなどの長時間運動を行った際に何が原因で疲労が生じるのかは明らかになっていなかった（現在においても疲労の原因は完全には明らかとなっていないが）．この論文では，ボストンマラソンにおいて，良好な状態でゴールした者（当時の世界最高記録を更新した者も含む）と疲労困憊でゴールした者（意識を失って運ばれた者も含む）を対象として，できる限り詳細な血液生化学的検査が行われた．その結果，前者ではゴール直後の血糖値が正常に保たれていたのに対し，後者では低血糖状態であったことが明らかとなった [2]．この結果をふまえ，翌年発表された論文では，次年度のボストンマラソンにおいて，前年のレースで良好なコンディションでゴールできなかった人に対し，トレーニング中，レース前およびレース中に糖質（キャンディーなど）を摂取することを勧めた結果，低血糖を予防でき，パフォーマンスも改善できたこと，つまり栄養素の摂取によりパフォーマンスが改善できることが初めて報告された [1]．この当時の論文では，血液検査をするのがやっとであり，骨格筋などでどのようなことが生じて疲労に至っているのかということまで検討することができなかった．そのようななかで 1960 年代に入り，スポーツ科学の分野にも大きなブレークスルーが起きた．それが筋バイオプシー法である．ニードルバイオプシーと呼ばれる少し太めの針のようなものを使うことで（図1），ヒトの骨格筋を一部採取することが可能となり，運動中に骨格筋内でどのようなことが生じているのかを解明することができるようになった．特に，北欧を中心としてこのバイオプシー法を用いた研究が盛んに行われ，彼らの研究によってスポーツ栄養学における重要な知見が次々と明らかとなったのである．

　欧米では，このような実験的研究・基礎的研究がきっかけとなりスポーツ栄養学が発展してきており，現在においても栄養素等の新たな摂取法の開発を目指した実験的研究・基礎的研究が盛んに行われている．それに対し日本では，どちらかといえば，「研究」というよりも「サポート」することがきっかけとなってこの分野が発展してきたといえる．日本でスポーツ栄養学が注目されるようになっ

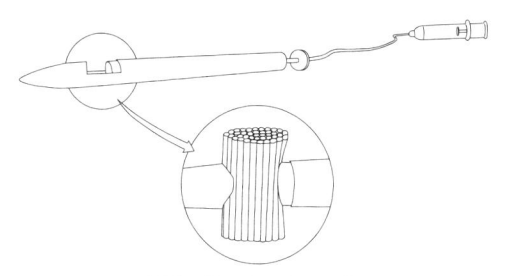

**図1** 筋バイオプシー法

皮膚麻酔を行い，そこからニードルバイオプシーを骨格筋へと挿入する．シリンジ（注射器）で陰圧にすることで，骨格筋の一部がニードルの先端部分に入り込み，筋サンプルを一部採取できるようになる．

た契機は，1992年のバルセロナオリンピックだといわれている．このオリンピックにおいて陸上競技や柔道競技チームに管理栄養士や栄養専門家が同行し，さらにその活躍が認められるようになり，現在の発展に至っている．したがって，日本ではどちらかというと，欧米で得られた知見を輸入・活用し，アスリートに対する栄養サポートをいかに行うか，ということが中心となっている．その一方で，自ら研究を行い新たな理論を構築するという流れが，欧米に比べて弱いように思われる．欧米人を対象として得られた知見が日本人アスリートに対してもそのまま当てはまるとは限らない．日本人アスリートにあった食事・栄養素等の摂取法は，やはり日本人が中心となって研究しなければならず，今後スポーツ栄養学に関する実験的研究・基礎的研究が日本でも活発に行われることが期待されている．

**参考文献**

[1] Gordon, K. *et al. JAMA.* **85**: 508-509, 1925.
[2] Levine, S. A. *et al. JAMA.* **82**: 1778-1779, 1924.

# 第1章　身体組成と体脂肪・脂肪細胞の種類

　誰でも一度くらいは自分の体型が気になり，「痩せよう」と思ったことがあるのではないだろうか．書店には「簡単に痩せられる○○ダイエット法」というタイトルの本が，ところせましと並べられており，関心の高さがうかがえる．そもそも「痩せている」「太っている」とは科学的にはどのように決められるのであろうか？　また，できるだけ少なくしたいと思われる「脂肪」とは一体どのようなものなのであろうか？

## 1.1　肥満の指標と身体組成

### 肥満を客観的に判断する——BMI

　痩せているか，太っているか，その感覚・判断基準は人それぞれ大きく異なっている．見るからに細い人でも「もっと痩せたい」，「ダイエットしなければ」と話していることをよく耳にする．では，臨床現場などで，肥満か肥満ではないかを「客観的に」判断する場合，どのような基準が使われているのであろうか？　肥満かそうでないかを判定する際に世界的に汎用されている指標として，Body Mass Index（BMI）と呼ばれるものがある．このBMIは以下のようなとても簡単な式から求められる．

$$\text{BMI} = 体重（\text{kg}）\div 身長（\text{m}）\div 身長（\text{m}）$$

　たとえば，体重が 65 kg，身長が 175 cm の人の場合，
$$\text{BMI} = 65（\text{kg}）\div 1.75（\text{m}）\div 1.75（\text{m}）= 21.2$$

※身長は小数点第2位（つまり cm まで）使用する

となる．日本肥満学会が策定した基準（表 1.1）によると，この数値が 18.5 未満であると痩せすぎ，25.0 以上となると肥満と判定される［13］．この BMI は，自分の身長さえ覚えておけば（成人になれば身長の大きな変動がないため）体重計を使うだけで簡単に求めることができる数値である．同じ体重でも身長が低ければ丸みを帯びてふくよかに見えるし，逆に身長が高ければスリムに見える．BMI は，この感覚的なものを数値化し，病気との関連性を検討したものといえる．図 1.1 に示すように，男性では BMI が 23.0-24.9 の範囲で，女性でも 19.0-24.9 の範囲でもっとも総死亡のリスクが低くなっており，それ以上でもそれ以下でも総死亡のリスクが高まること，すなわち BMI と総死亡リスクの間には U 字型の関係性が認められている［18］．ちなみに，欧米では，日本よりも基準がゆるく 30 以上が肥満とされているが（BMI が 25 以上 30 未満は「過体重」と分類される）これはより体重が大きくても日本人に比べて生活習慣病などを発症しにくいことを反映している．

平成 27（2015）年に行われた国民栄養調査の結果では，20 歳以上の日本人男女とも 6 割以上が「普通（BMI 18.5 以上 25 未満）」の範囲に当てはまり，一方，肥満者（BMI 25 以上）の割合は，男性で 29.5％と，「近年肥満が急増している」といわれているが，全体の平均としては最近 10 年間で大きな変化は認められていない．ただし，年代別に見てみると，40 代の男性では肥満者の割合が 36.5％と，他の年代に比べて高くなっており，やはり「中年太り」には注意したいところである．一方，20 歳以上の女性の肥満率は 19.2％となっており，やや減少傾向にあるといえる［11］．肥満ばかりに注目が集まりがちではあるが，近年では若年女性の痩せ願望が大きな社会問題になっている．実際，20 代の女性の 22.3％，つまり 5 人に 1 人が BMI の基準値では「痩せ」と判定される状況になっている（若年女性の痩せの問題に関してはコラム 2 でくわしく説明する）．

この BMI は計算が簡単であり，肥満度の判定基準として広く用いられている．しかしながら，BMI はあくまでも身体状況を示すものであり，肥満にともなう病気や健康障害の発症リスクを必ずしも正確に反映し，予測しているわけではない．たとえば，お腹周りに脂肪がつく内臓脂肪蓄積型肥満（中

**表 1.1** 肥満度の分類

| BMI（kg/m²） | 判定 |
| --- | --- |
| 18.5 未満 | 低体重 |
| 18.5 以上 25 未満 | 普通体重 |
| 25 以上 30 未満 | 肥満（1 度） |
| 30 以上 35 未満 | 肥満（2 度） |
| 35 以上 40 未満 | 肥満（3 度） |
| 40 以上 | 肥満（4 度） |

肥満症の診断基準
BMI により「肥満」と判定されたもののうち，
1）肥満に起因ないし関連し，減量を要する
　健康障害を有するもの．
2）ウエスト周囲長の測定により内臓脂肪蓄
　積を疑われ，腹部 CT 検査によって確定診
　断された内臓脂肪型肥満．
のいずれかの条件を満たすもの．

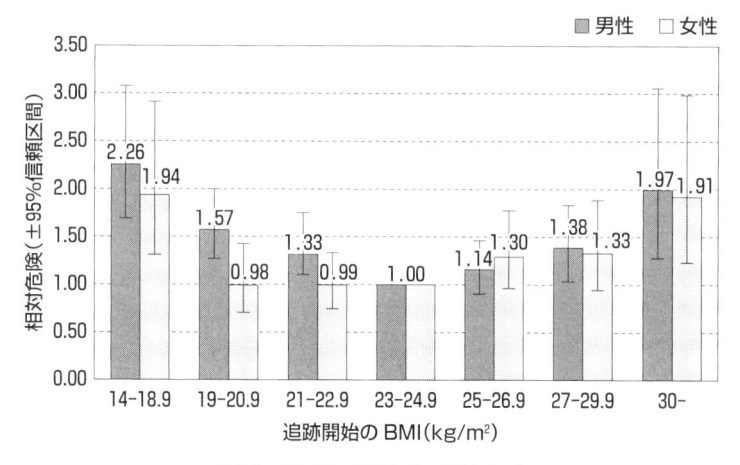

**図 1.1** BMI と総死亡率の関係［18］
日本人男女約 2 万人ずつ 10 年間にわたって追跡調査した結果，追跡開始時の
BMI と総死亡のリスクの間に U 字カーブの関係が認められることが明らかとな
った．

年男性によく見られるリンゴ型体型と呼ばれる肥満．1.2 節参照）の人は，お尻
や太ももなどに脂肪がつく皮下脂肪蓄積型肥満（洋ナシ型体型と呼ばれる肥
満）の人に比べて，糖尿病，脂質異常症，高血圧などの生活習慣病を発症し
やすいことが知られている．しかしながら BMI は，脂肪がどの部分に多く

蓄積しているかという情報を含まないため，内臓脂肪型か皮下脂肪型かの判定に使用することはできない．そこで特定健康診査（いわゆるメタボ健診）では，内臓脂肪型肥満を見つけるべく，BMI に加えてウエスト周囲径（男性 85 cm，女性 90 cm）の測定が行われている．また，医学的観点から減量による治療を必要とする肥満は「肥満症」として明確に区別され，その診断基準も定められている（表 1.1）．

　筋骨隆々のスポーツ選手のなかには，BMI が 25 を軽く超えてしまう者も多く見られる．当然このような人たちは，脂肪ではなく筋肉によって体重が増加しているのであるから（脂肪に比べて筋肉のほうが比重が大きい），BMI が 25 未満の「普通」の人よりもむしろ健康的な状態だといえる．そこで，BMI だけではなく身体の中身，すなわち身体組成もあわせて調べることが必要となる．

## 身体組成

　体重および BMI が同じ人でも，身体の中身は大きく異なってくる．その人の身体の中で，どの組織がどれだけの割合を占めているか，ということを表したものが身体組成となる．一般的な成人男性における身体組成を表 1.2 に示す．身体組成を捉える際に重要な考え方として，体脂肪量と除脂肪量（Fat Free Mass, FFM）の 2 つの大きな部分に分ける，というものがある．言葉の通り，体の中の脂肪の量と，それを除く残りの部分（脂肪以外の部分）とに分ける方法である．健康の維持・増進をはかり，またスポーツのパフォーマンスを向上させるうえでは，できるだけ体脂肪量の増加を防ぎ，反対に除脂肪量を増やすことが重要となる．

## 体脂肪量の測定法──生体電気インピーダンス法

　一般に健康的とされる体脂肪率（体の中で脂肪が占める割合）は，成人男性の場合，10-20%，女性の場合は，20-30%であるといわれている．最近では，体脂肪計がついた体重計が普及し，簡単に測定できるようになっているが，その測定原理はどのようになっているのであろうか？

表1.2 成人男性の各臓器・組織重量（[7] より作成）

| | 重量（kg） | |
|---|---|---|
| 脂肪 | 15.0 | → 脂肪量 |
| 骨格筋 | 28.0 | |
| 肝臓 | 1.8 | |
| 脳 | 1.4 | |
| 心臓 | 0.33 | 除脂肪量 |
| 腎臓 | 0.31 | |
| その他 | 23.16 | |

体重 70 kg，体脂肪率が約 20% の成人男性
を想定．

　市販されている体重計についている体脂肪計は，「生体電気インピーダンス法」という方法を用いている（図 1.2）．インピーダンスとは電気抵抗のことであり，体に微量な電気（交流電流）を通し，その電気の通りやすさ，通りにくさから体脂肪量を推定している．

　私たちの身体は，多くの水分を含んでおり，年齢や性別などによりその値は異なるものの，おおよそ身体の 60% 程度を水分が占めている．筋肉などではその約 80% が水分であるのに対して，脂肪の水分量は 20% と，他の細胞や組織に比べて少ない．生体内の水は電解質を多く含み，電気を通しやすいという性質を持っている．したがって，水分を多く含む筋肉などの組織では電気を通しやすく，反対に脂肪は水分量が少ないぶん，電気が通りにくい性質を持っている．つまり，体脂肪量が多いほど，体全体としては電気が通りにくい状態となる（図 1.2）．その電気の通りにくさ，通りやすさから，体に含まれる脂肪量を推定しているのが，この生体電気インピーダンス法となる．

　この方法は，簡便に体脂肪量を測定できる方法であるが，測定する際にはいくつか注意が必要となる．生体電気インピーダンス法では，人体を均質な円柱状の伝導体として捉えている．円柱状の伝導体においてインピーダンスは，伝導体の長さに比例し，断面積に反比例する．したがって，身長や体の太さが日本人の標準的な値から大きくずれる人や体の凹凸の大きさによっては，測定値の妥当性が低くなる場合がある．

　また，測定原理が組織中の水分量，水分布に基づいているため，水分の摂

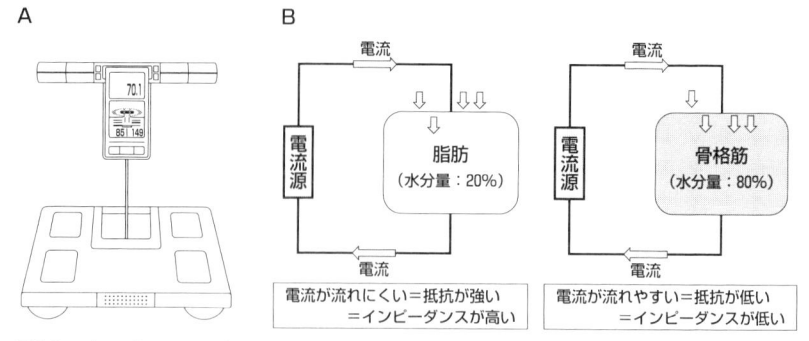

**図 1.2** インピーダンス法による体脂肪測定機能がついた体重計（A）とその測定原理（B）掌や足の裏との接触部分に電極があり，そこから微量の電気を流し，電気の流れやすさ，流れにくさから体脂肪量・体脂肪率を推定する．

取状況や脱水による影響を強く受ける．たとえば，運動やサウナなどで発汗して脱水状態になったとき，反対に多量に水を飲んだときなどは測定の妥当性・正確性は低くなる．また，両手の掌や足の裏に触れる部分に電極がある場合が多いが，その電極部分が濡れていたりすると，それだけ電気が通りやすくなり，体脂肪量が低く推定されるケースがある（逆に乾燥した肌で測定を行った場合は，電気が通りにくく，値が安定しなかったり，体脂肪量が高く推定されたりしてしまう）．

　さらに，電極が手もしくは足のどちらかだけであるか，それとも手足の両方で電極に触れるかで値が変わることもある．たとえば，両手のみで測定を行うものでは，朝に比べて夕刻で測定した場合に体脂肪量が高く表示され，反対に両足のみのものでは，夕刻に測定したほうが低値を示すケースがある．これは朝から夕方にかけて水分が下半身のほうに貯留してくることが要因になっているといわれている（電極に近い部分に体水分が貯留していると，電気が通りやすくなり，体脂肪量が低く推定される）．また，朝起きてすぐに測定する場合にも，値が安定しないことがある．寝ている間に全身にほぼ均等に分布していた水分が，起床することで下半身へと移動し始めるため，体内の水分布が安定していないことが原因で値がバラついてしまうからである．したがって，インピーダンス法を用いて体脂肪量を測定する場合には，毎回同

じ時刻に同じ条件で測定することが重要となり，また毎日の測定のなかで多少変動したとしても，それに一喜一憂することなく，長期的な傾向を把握するために使用したほうが良いといえる（よほど過酷な減量を行わない限り，短期間で簡単に体脂肪量は増減しないはずである）．

## 体脂肪量測定のゴールドスタンダード

### (1) 水中体重法

　インピーダンス法は比較的簡便な体脂肪量の測定法であり，自分の体脂肪量の変化をモニタリングするうえではとても便利な方法である．一方，より正確な体脂肪量の測定が必要な場合，たとえば研究レベルで測定を行ったりする場合には，どのような方法が使われているのであろうか？　体脂肪量測定のゴールドスタンダード（もっとも測定精度が高い方法）として，水中体重法や空気置換法が挙げられる．これらの方法は体密度法と呼ばれるもので，体密度から体脂肪量を推定する方法となる．脂肪は密度が低く（そのため水に浮く性質を持っている），反対に筋肉や骨などは密度が高い．したがって，体脂肪量の多い人ほど身体全体の密度が低く，体脂肪量の少ない人ほど体密度が高くなる．このような原理を用いて体脂肪量を推定するのが体密度法である．では，人間の体をはじめとして物体の密度はどのように求められるかというと，

$$密度（比重）＝体重÷体積$$

という単純な式から求められる．では身体の体積をどのように求めるのか，ということが問題となる．ある物体を水中に入れた場合，その物体は体積と同じだけの浮力をうける．したがって，図 1.3 のように，ある人が水中に潜って体重の測定を行うと，体積のぶんだけ体重が軽くなる．最終的には，陸上で測定した体重との差分を計算すれば，浮力＝体積がわかるということになる．ただし，水の密度は温度によって変わり，それにともない浮力も変動するため，体重測定を行った水中の水温を計測し，補正することが必要となる（参考：37℃での水の密度は 0.9933）．さらに，体の中に残っている空気，特に肺の中に残っている空気は浮力として働くため，誤差の原因になる．水

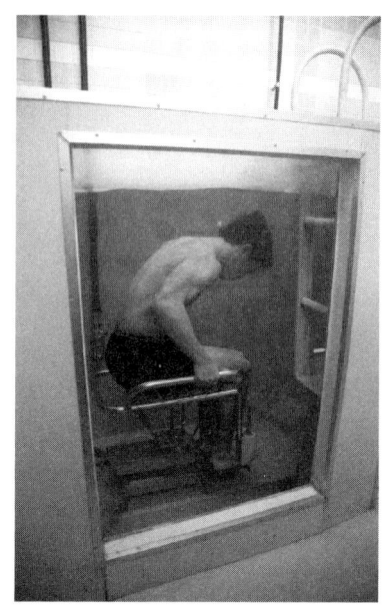

**図 1.3** 水中体重計を用いた身体組成の測定風景（慶應義塾大学スポーツ医学研究センター，http://sports.hc.keio.ac.jp/ch13/ch14/performance.html より）

中体重の測定は，息を吐き切った状態で行われるが，いくら息を吐き切ったとしても若干残ってしまう．また腸の中ではガスも発生している．そこで最終的に体密度を推定する際には，これらも考慮することが必要となる．肺の中に残った残気量は，スパイロメーターと呼ばれる装置などを使い測定し，また，腸の中のガス量は，約 100 mL として計算することが多い．最終的には，以下の式から体密度が求められる．

体密度（比重）＝陸上での体重/［（陸上での体重－水中での体重）/測定時の水温での水の密度－残気量－ 100 mL］

　このようにして得られた体密度から，「脂肪組織と除脂肪組織の密度は，それぞれ一定である」という仮定の下，脂肪組織の密度 = 0.9007 g/cm$^3$，除脂肪組織の密度 = 1.1000 g/cm$^3$ という数値を用いて，最終的に体脂肪率を算出する．参考までに図 1.4 に体密度から体脂肪量を求める際の考え方を示し

脂肪量（FM）と除脂肪量（FFM）の密度はそれぞれ 0.9007 g/cm$^3$, 1.1000 g/cm$^3$ で一定であるという仮定の下，体密度から FM と FFM の占める比率を推定することができる．

体重 Wkg の人の体密度が Db であり，FM と FFM の密度がそれぞれ $D_{FM}$, $D_{FFM}$, 体積がそれぞれ $V_{FM}$, $V_{FFM}$ であったとすると，
　　・$FM = D_{FM} \times V_{FM}$
　　・$FFM = D_{FFM} \times V_{FFM}$
　　・$FM + FFM = W$
　　・$V_{FM} + V_{FFM} = W/Db$ ⇒ $V_{FFM} = W/Db - V_{FM}$
であるから，
　　・$D_{FM} \times V_{FM} + D_{FFM} \times V_{FFM} = W$
　　・$D_{FM} \times V_{FM} + D_{FFM} \times (W/Db - V_{FM}) = W$

この式のうち，$D_{FM}$, $D_{FFM}$ は既知であり，W，Db は測定によって与えられるから，$V_{FM}$ が求まり，その結果として脂肪量（FM）を求めることができる．

**図 1.4** 体密度から体脂肪量を求める際の考え方

た．また，簡単な体脂肪率の計算式は以下のとおりである．

$$体脂肪率（\%）= 495/身体密度（kg/L）- 450 \qquad [22]$$

もしくは

$$体脂肪率（\%）= 457/身体密度（kg/L）- 414.2 \qquad [4]$$

　先ほど説明したインピーダンス法による体脂肪量の推定も，この水中体重法で測定した体脂肪量の大規模データと，同じ被験者を対象として測定されたインピーダンス値のデータをもとに最終的な体脂肪量の推定式を作成している場合が多い．水中体重法のデメリットとしては，1）大型の装置を必要とすること，2）水が苦手な人には苦痛がともなうこと，3）1 人では測定できず，また残気量を測定・推定する必要があることなどから，測定に人手と時間を要すること，などが挙げられる．

## (2) 空気置換法

　水中体重法以外に体密度・体脂肪量を正確に測定する方法として，空気置換法と呼ばれる方法がある．密閉された大型の容器に人が入った場合，人の

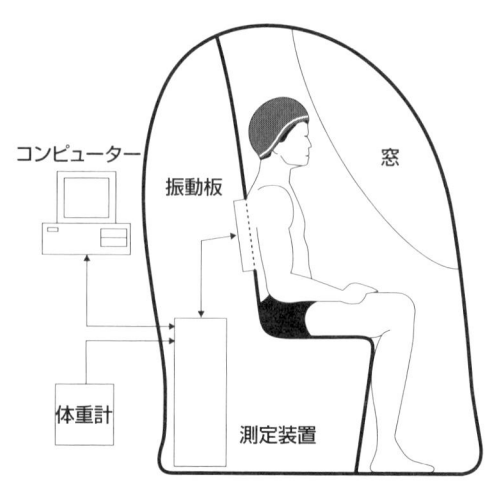

**図 1.5** 空気置換法による身体組成の測定［6］

体積と同じ量の空気が外に出ようとする．その出ようとする空気の圧力から，その人の体積がどれくらいなのかを推定するのがこの方法となる．体に余分な空気をまとわないように，水泳キャップをかぶり，かつ体に密着する水着を着て，図 1.5 のようなカプセルに入り測定を行う．水中に入る必要がなく，測定時間も短いため，水中体重計に比べて負担は軽い．ただし，閉所恐怖症の人にとってはストレスがかかることもある．また，体があまりにも大きいときには測定ができない（カプセルの中に入れない）場合がある（実際，大相撲の大型力士が測定できなかったことがある）．

　水中体重法，空気置換法どちらの方法でも，インピーダンス法よりも正確に体脂肪量が推定できる．しかしながら，どちらの装置も高額であり，家庭に設置することも不可能である．したがって，たとえば，研究機関や医療機関などで一度このような装置を使った正確な測定を行い，その値を参考にしながら，インピーダンス機能がついた体重計で毎日測定する，というのが体脂肪量をモニタリングする方法として推奨されるだろう．

## スポーツ選手における身体組成の測定

体重・体脂肪量の測定は，スポーツ選手のトレーニング状況や食事・栄養素等の摂取状況を把握するのに大変役に立つ．第2章でくわしく説明するが，体重や体脂肪量が増加しているようであれば，それはトレーニング量が足りていないか，もしくは食事（エネルギー）を多く摂りすぎていることを意味し，逆に，体重・体脂肪量が減少傾向にあれば，トレーニングに見合った食事や栄養素等が摂取できていないことを意味する．したがって，毎日同じ時間帯に体重計に乗り，体重・体脂肪量の測定を行い，その記録を残すことが，選手の体調やトレーニング・食事状況をモニタリングすることにつながる．スポーツ選手にとって体重・体脂肪量の測定は，短時間で行えるもっとも簡単でかつ重要な測定である．

トップレベルのスポーツ選手は，高い身体能力や技術に加えて，その種目に適した体型をしている．少し古いデータではあるが，シドニーオリンピック日本代表・候補選手の身長，体重，体脂肪率およびBMIを表1.3に示した[14]．たとえば，バレーボールの選手では当然長身選手が多く，逆に体操選手などでは，回転しやすいよう，身長は小さい値となっている．また，柔道の重量級などでは，BMIが25.0を超えているのに対して，女子の陸上長距離など体重が軽いほうが有利な競技では，BMIが18.5を下回っている．このように，競技によって体格が大きく異なるということは，その種目に適した体型を持つ人がトップレベルの選手になる，もしくは，トレーニングによってそのスポーツに適した体型がつくられるという2つの要因が考えられる．

トップクラスのスポーツ選手の体型がおおよそ明らかになると，自らの体型に適した種目を選ぶことができるようになり（種目適性），コーチや指導者も，その種目に適したタレントを発掘する際の目安として活用できるようになる．また，適した体型を目標としたトレーニング計画を立てることができるようになる（必要な除脂肪量などがわかり，それを目指してトレーニングを行うようになる）．ただし，そのスポーツに適するといわれる体型を持ったからといって必ずしも成功を収めることができるというわけではなく，あくまでもその可能性が高くなる，ということである．逆に，このような体型と一

**表1.3** シドニーオリンピック日本代表・候補選手の身体組成・形態計測結果（[14] より作成）

| | 男性 | | | | | | | 女性 | | | | | | |
| | 人数 | 年齢<br>(歳) | 身長<br>(cm) | 体重<br>(kg) | BMI | 体脂<br>肪率<br>(%) | 除脂<br>肪量<br>(kg) | 人数 | 年齢<br>(歳) | 身長<br>(cm) | 体重<br>(kg) | BMI | 体脂<br>肪率<br>(%) | 除脂<br>肪量<br>(kg) |
|---|---|---|---|---|---|---|---|---|---|---|---|---|---|---|
| 陸上短距離・ハードル | 12 | 24.6 | 176.6 | 70.1 | 22.5 | 11.4 | 62.1 | 1 | 25.0 | 171.9 | 67.0 | 22.7 | 17.0 | 55.6 |
| 陸上長距離・競歩 | 6 | 28.7 | 177.2 | 62.8 | 20.0 | 11.6 | 55.5 | 6 | 26.0 | 158.9 | 45.1 | 17.9 | 13.7 | 38.9 |
| 水泳競泳 | 9 | 20.0 | 177.2 | 69.0 | 22.0 | 15.3 | 58.5 | 12 | 19.8 | 167.2 | 59.4 | 21.2 | 19.3 | 47.9 |
| ボート | 12 | 25.4 | 182.1 | 73.5 | 22.2 | 13.7 | 63.4 | 4 | 22.3 | 166.8 | 58.2 | 20.9 | 19.5 | 46.8 |
| 体操競技 | 7 | 23.6 | 166.5 | 65.3 | 23.6 | 10.5 | 58.4 | 3 | 15.0 | 145.7 | 36.9 | 17.4 | 12.9 | 32.1 |
| バレーボール | 12 | 28.2 | 190.6 | 83.8 | 23.1 | 13.9 | 72.2 | 11 | 24.5 | 172.9 | 65.3 | 21.8 | 18.7 | 53.0 |
| 柔道軽量級 | 2 | 26.0 | 167.9 | 65.8 | 23.3 | 10.6 | 58.7 | 2 | 25.5 | 151.9 | 54.6 | 23.7 | 17.5 | 45.1 |
| 柔道重量級 | 3 | 26.3 | 183.6 | 112.6 | 33.4 | 21.7 | 87.3 | 3 | 23.0 | 163.4 | 83.2 | 31.2 | 27.8 | 59.3 |
| 自転車トラック | 5 | 26.8 | 178.5 | 76.7 | 24.1 | 13.7 | 66.1 | 1 | 32.0 | 162.5 | 51.8 | 19.6 | 15.4 | 43.8 |

致しないからといって，やりたい競技をあきらめる必要はなく，最近では不利だと考えられている体型でありながら，そのハンデを克服して活躍する選手も多く見られる．ちなみに，20世紀の前半においては，すべてのスポーツにおいて中肉中背が理想的な体型であると考えられていた．たとえば，1920年代においては，陸上高跳びの選手と砲丸投げの選手はほぼ同じ体型をしていたといわれている．

　脂肪は力の発揮に関係がない組織であり，コンタクトスポーツなどでクッションの役割を果たすことを除けば，パフォーマンスに対して不利に働くことが多い．したがって，スポーツ選手にとっては，脂肪はなるべくなら減らしたほうが良いのは確かである．ただし，陸上長距離など体重が軽いほうが有利になる種目では，過度の減量が行われ，健康に悪影響を及ぼしたり，過食や拒食などの摂食障害が引き起こされたりすることがある．特に女性アス

リートでは，過度の減量が行われ，パフォーマンスの悪化だけではなく，健康を害するケースや，最悪の場合，選手生命が断たれることもある．定期的な身体組成の計測を行い，どの程度の減量が可能か，どれくらいの期間で減量を行うべきなのか，といった判断が必要である．指導者やスタッフは，選手が過度な減量にのめりこんで潰れてしまう前にストップをかけてあげなければならない．

## 1.2 体脂肪の種類

### 内臓脂肪と皮下脂肪

　上記のような測定により体脂肪率や体脂肪量がどれくらいあるかがわかるが，その脂肪は，蓄積する部位によって主に内臓脂肪と皮下脂肪に分けられる．一般的には，脂肪全体の約2割が内臓脂肪，8割が皮下脂肪だといわれている．中年男性に見られるような腹部がせりだした肥満（リンゴ型体型）は，内臓（腹腔内）に脂肪が蓄積するタイプの肥満で，糖尿病や高血圧，脂質異常症といった生活習慣病の危険因子となる（図1.6）．一方，同じ肥満でも，大腿部や臀部の皮下に脂肪が蓄積しやすいタイプの肥満（洋ナシ型体型）では，生活習慣病との関連性が内臓脂肪に比べて低いことが知られている．ではなぜ，皮下脂肪に比べて内臓脂肪は生活習慣病との関係が強いのだろうか．その前にまずは，脂肪とはどのようなもので，また脂肪が分解され，エネルギー源として利用される仕組みを見ていきたい．

　脂肪は普段はトリアシルグリセロール（トリグリセリド・中性脂肪）という，グリセロール分子に3つの脂肪酸が結合した状態で脂肪細胞に脂肪滴として保存されている（図1.7）．この脂肪滴に貯蔵されているトリアシルグリセロールが脂肪細胞特異的トリグリセリドリパーゼ（Adipocyte Triglyceride Lipase, ATGL）やホルモン感受性リパーゼ（Hormone-Sensitive Lipase, HSL）と呼ばれる酵素の働きによって，グリセロールと脂肪酸（グリセロールから遊離しているので，遊離脂肪酸と呼ばれる）に分解される．それが脂肪細胞から血液中に放出されることで，筋肉をはじめとする他の組織でエネルギー源

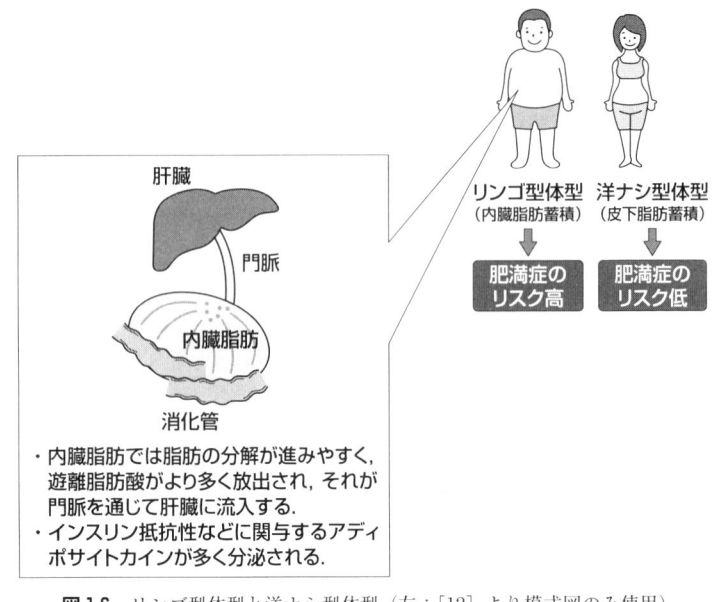

**図 1.6** リンゴ型体型と洋ナシ型体型（左：[12] より模式図のみ使用）

として利用されることになる．ATGL や HSL が働き始めないと脂肪の分解が生じないのである（図 1.7）．

　私たちの身体は，運動や興奮状態になったときには交感神経という，身体の働きを活性化させる神経の活動が高まる．この交感神経活動が活発になると，血液中にアドレナリンやノルアドレナリンというホルモンが放出される．このアドレナリンやノルアドレナリンが脂肪細胞の細胞膜上にある $\beta$ 受容体に結合することで，ATGL および HSL が働き始める．内臓脂肪では，このアドレナリンやノルアドレナリンを受け止める $\beta$ 受容体の発現量が皮下脂肪に比べて多く [1, 10]，それによって脂肪分解のスイッチが入りやすくなっているといわれている．さらに，同じくアドレナリン・ノルアドレナリンに対する受容体であるものの，脂肪分解に対して抑制的に働く $\alpha 2$ アドレナリン受容体の働きは逆に内臓脂肪で低く（脂肪分解の抑制がかかりにくい）なっている [8]．このようなメカニズムで，内臓脂肪では脂肪の分解が進みやすく，遊離脂肪酸とグリセロールをより多く放出する性質を持っていると考え

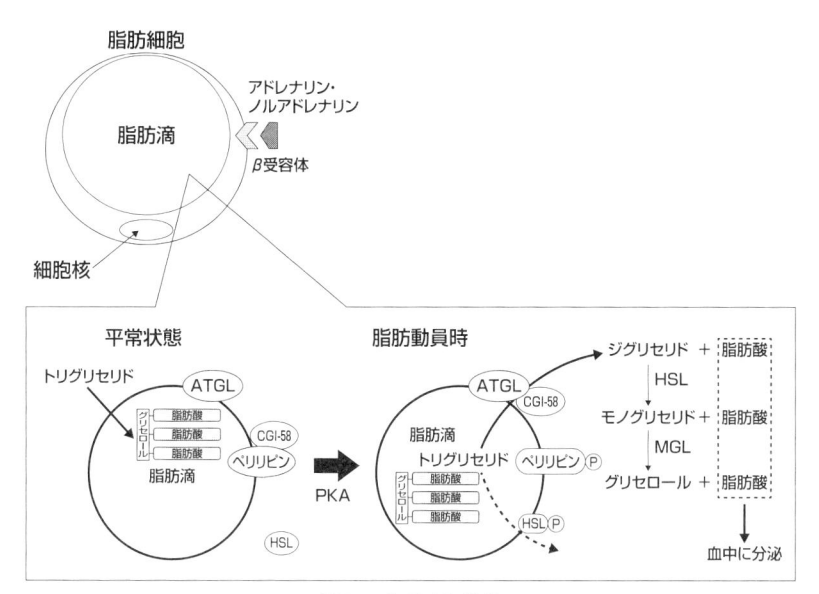

**図 1.7** 脂肪分解機構

細胞膜上の β 受容体にアドレナリン・ノルアドレナリンが結合すると，細胞内のプロテインキナーゼ A（Protein Kinase A, PKA）という酵素が活性化し，ペリリピンがリン酸化される．それにより，CGI-58 と呼ばれる分子と脂肪細胞特異的トリグリセリドリパーゼ（ATGL）が結合し，ATGL によるトリアシルグリセロール（トリグリセリド）の分解が進む．PKA はホルモン感受性リパーゼ（HSL）も活性化し，トリアシルグリセロール（トリグリセリド）のさらなる分解を促進する．このようにしてできた脂肪酸が血中へと放出される．

られている．

　このように分解されやすい性質を持つ内臓脂肪が過剰に蓄積している場合，空腹時には脂肪酸が大量に放出されることになる．内臓脂肪は，小腸から肝臓へとつながる門脈と呼ばれる血管と解剖学的に密接な関係を持つ（つながっている）ことから，放出された脂肪酸が直接肝臓に流入することになる．その結果，肝臓に脂肪が蓄積した状態，いわゆる「脂肪肝」を生じさせるため，内臓脂肪は病気との関連性が強いと考えられている．

　また，脂肪は単なる余分なエネルギーの貯蔵庫として働くだけではなく，さまざまな物質を分泌していることが明らかとなっている．このように脂肪から分泌され，さまざまな生理機能を持つ物質はアディポサイトカインと呼

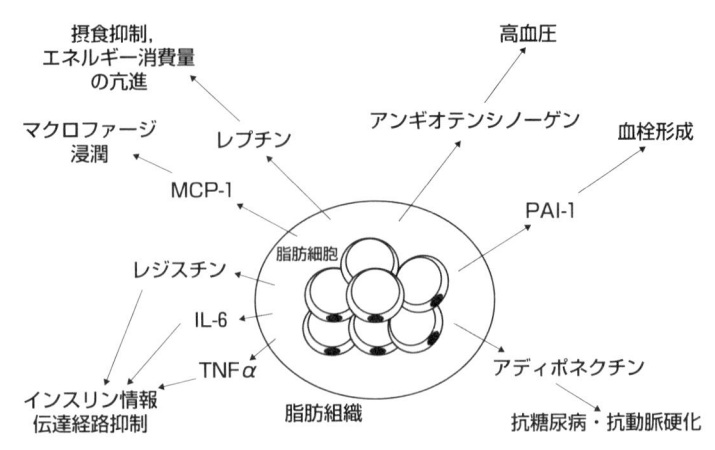

**図 1.8** 脂肪組織から分泌されるアディポサイトカイン

脂肪細胞からはさまざまな生理活性物質が放出され，脂肪細胞自身に作用したり，血液にのり他の臓器に作用する．

ばれ，全身のエネルギー代謝に大きな影響を及ぼしている（図1.8）．アディポサイトカインのなかでも，インスリン抵抗性に関与する腫瘍壊死因子 $\alpha$（Tumor Necrosis Factor $\alpha$，TNF $\alpha$），レジスチン，高血圧に関与するアンギオテンシノーゲン，動脈硬化の成因に関与する血栓形成促進因子であるプラスミノーゲン活性化抑制因子-1（Plasminogen Activator Inhibitor type 1，PAI-1）などは，内臓脂肪から過剰に分泌されることが知られている［8］．したがって，このようなアディポサイトカインの分泌異常という面からも，内臓脂肪の蓄積は生活習慣病の発症と深く結びつくことになる．

## 「貯める」脂肪と「使う」脂肪

これまで脂肪という言葉を使ってきたが，実は脂肪には大きく分けると2種類存在する．私たちが普段気にしているのは「白色脂肪組織・白色脂肪細胞」と呼ばれるものであり，もう一つは，白色ではなく褐色（茶色）をした「褐色脂肪組織・褐色脂肪細胞」と呼ばれている（図1.9）．白色脂肪組織のことを英語の頭文字をとって WAT（White Adipose Tissue），褐色脂肪組織のことを BAT（Brown Adipose Tissue）と略して呼ぶことが多い．

白色脂肪細胞 褐色脂肪細胞

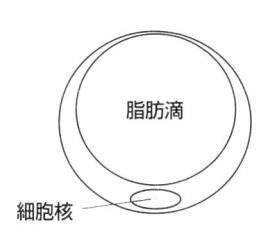
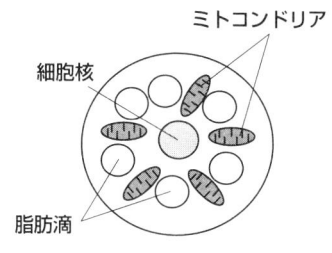

大きな脂肪滴がある（重量の約
80％が脂質で，そのうち90-95％
がトリグリセリド）

小さな脂肪滴と発達した
ミトコンドリアが多数ある

**図 1.9** 白色脂肪細胞と褐色脂肪細胞の特徴

## (1) エネルギーを貯める──白色脂肪細胞

　白色脂肪細胞は，エネルギーの貯蔵庫として働く，一般的にイメージされる「脂肪」である．この脂肪細胞の約 80％が脂質（脂肪と脂質の違いについては，第 5 章参照）であり，さらにそのうち 90-95％がトリアシルグリセロールとなっている（水分は約 20％，たんぱく質は 2-3％程度である）．この白色脂肪細胞の数は約 300 億個程度と推定されている（400-600 億個とする説もある）．ヒトの細胞数は約 60 兆個（こちらも 37 兆個という説もある）とすると，脂肪細胞の数は，多く見積もっても全体の約 0.2％程度である．一方，ヒトの体脂肪率は，成人男性では 15-20％であるので，脂肪細胞は他の細胞に比べて 1 個あたりのサイズが大きく，またそれが肥大する能力を有していることになる．

　白色脂肪細胞の数が増えるのは，胎児（妊娠の終わりの 3 カ月間），生後 1 年（特に初めの 1 カ月の乳児の時期），思春期初期（13-15 歳頃）といわれている．脂肪細胞の数はこの時期までに決定され，成人になってからはほとんど変化しないとこれまで考えられてきた．特に，大きな減量後でも脂肪細胞数があまり変化しないことから，この説が支持されていた．しかしながら，最近になって，成人期以降でも，脂肪細胞は細胞死と細胞新生を繰り返し，毎年全体の 10％が入れ替わっているだろうという研究結果が報告されている [23]．また，肥満との関係でも，脂肪細胞の数は変化（増加）すると最近で

は考えられている．通常の脂肪細胞の大きさは，直径 70-90 $\mu$m で，肥満状態では脂肪細胞の大きさが増大し，最大で直径 140 $\mu$m 程度にまで肥大する．ただし，この程度の脂肪細胞の肥大では，体積に換算しても 2.2 倍程度，BMIにすると 27-28 程度（軽度肥満）にしかならない [25]．その一方で，高度の肥満者でも，脂肪細胞の直径は 140 $\mu$m よりも大きくなることはないようである [25]．したがって，高度の肥満者では，脂肪細胞の数が増加しないと説明がつかない．現在のところ，脂肪細胞が肥大化し，その限界を超えると，脂肪細胞の増殖が起こり，肥満がさらに進展すると考えられている [17].

## (2) エネルギーを使う──褐色脂肪細胞

　一方，褐色脂肪細胞は，白色脂肪細胞とは逆に，「エネルギーを貯める」のではなく，むしろ「エネルギーを使う（エネルギー消費を高める）」ことで，体脂肪を減らす働きを持っている．以前は，この褐色脂肪細胞は，ラットなどの齧歯類では存在するものの，ヒトではほとんど存在しないもの，もしくは存在しても新生児においてのみ存在し，出生後の急激な外気温の変化に対応するために機能しているが，成長とともに消失してしまうものといわれていた．しかしながら，近年，測定（画像診断）技術が進歩したことで，成人でも頸部，肩（鎖骨上），胸部傍脊柱および腎臓周囲などに存在することが明らかとなっている（図 1.10）.

　褐色脂肪細胞の構造は，白色脂肪細胞とは大きく異なっており，小さな脂肪滴が多数あり（多胞性（白色脂肪細胞のように大きな脂肪滴が一つある場合は「単胞性」という）），また，細胞内のエネルギー産生器官であるミトコンドリアも数多く存在している．このミトコンドリアに存在するシトクロム c と呼ばれる色素たんぱく質の存在と毛細血管が多数入り組んでいること（血液の赤血球の色）で，褐色に見える.

　この褐色脂肪細胞は，どのようにしてエネルギーの消費を高めているのであろうか？　その作用には，ミトコンドリアの中の脱共役たんぱく質 1（Uncoupling Protein 1, UCP1）と呼ばれる分子が深く関わっている．通常ミトコンドリアでは，糖質や脂質を分解し，それらが持つエネルギーをアデノシン三リン酸（Adenosine Triphosphate, ATP）という物質に変換している

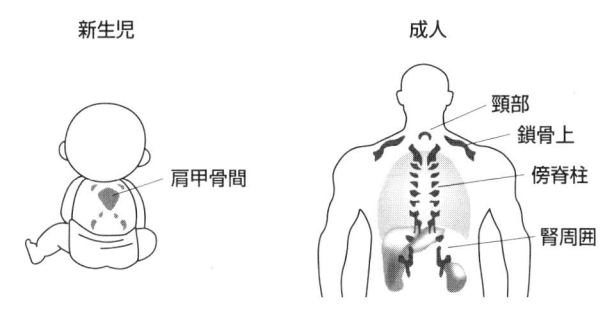

**図 1.10** 新生児と成人の褐色脂肪組織の発現部位の違い [26]

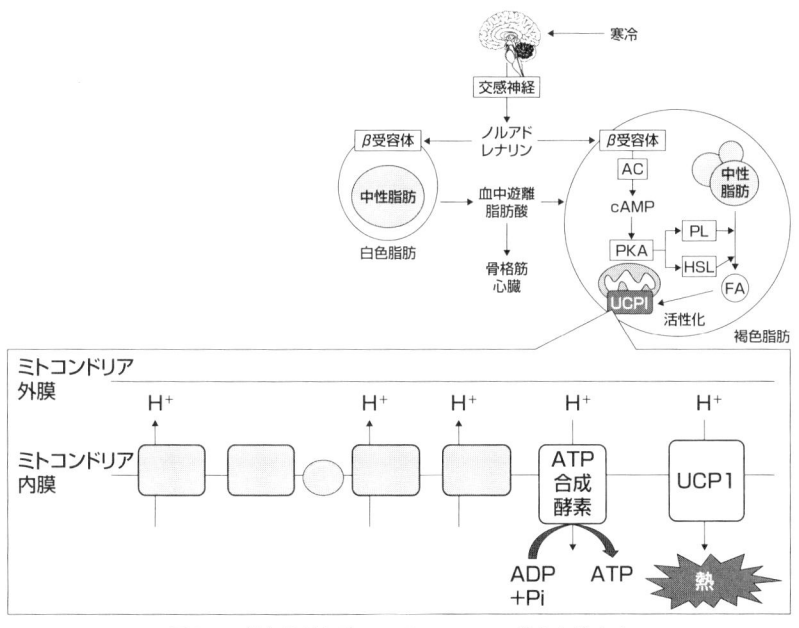

**図 1.11** 褐色脂肪細胞における UCP1 の働きと熱産生

ミトコンドリアでは，呼吸鎖によって内膜と外膜の間にプロトン（$H^+$）が汲みだされる（プロトンの濃度勾配がつくられる）．その濃度勾配に従って，プロトンが内膜を越えてマトリックスに入ろうとするときに ATP 合成酵素を駆動して，ATP が再合成される．UCP1 は，プロトンの迂回経路となり，プロトンの濃度勾配を解消し，結果的にこのエネルギーは ATP 合成に使われずに，散逸消費され，熱へと変換される．

（生体はこの ATP を使い，生命活動を維持している）．一方，この UCP1 は，この ATP の合成に使われるはずだったエネルギーを奪う働きを持つ（UCP1 によって ATP 合成にまわらなかったエネルギーは，散逸消費されて，最終的に熱へと変換される）．図 1.11 に UCP1 による熱産生・エネルギー消費のメカニズムを示した．この関係は，ダムによる水力発電の仕組みにたとえられることが多い．ダム（ミトコンドリアの内膜と外膜の膜間腔内）に水（プロトン（$H^+$））が貯まると，その水を放出して，発電タービン（ATP 合成酵素）を回して電気（ATP）がつくられる．その際に，発電タービン以外にも，水が通る穴があり，そちらに水が回ってしまった場合には，電気はつくられなくなってしまう．この別の通り穴が UCP1 である．このような場合，必要な電気をつくり出すために，水を貯める作業，すなわち，脂質を分解し，プロトンをミトコンドリアの膜間腔内にくみ出すプロセスが活発になり，エネルギー消費が進むという仕組みになっている．

この UCP1 の働きは交感神経活動によって活性化される．褐色脂肪細胞の細胞膜上にも $\beta$ 受容体が存在し，交感神経活動が活性化すると，その交感神経細胞から放出されるノルアドレナリンがこの $\beta$ 受容体に結合する．それにより，褐色脂肪細胞内では，白色脂肪細胞と同様にホルモン感受性リパーゼやペリリピンのリン酸化が起こり（図 1.7 参照），脂肪滴に存在するトリアシルグリセロールが分解され脂肪酸が遊離する．通常，UCP1 は抑制（不活性）状態にあるが，脂肪酸によりこの抑制が解除され，活性化される＝熱産生が高まる，という仕組みになっている（図 1.11）．

では，この交感神経活動を活発化させる刺激は何なのか？　代表的なものとして，寒冷刺激が挙げられる．外気温が低くなると，私たちの体は体温を保つために熱産生を増やそうとする．このとき交感神経活動が活性化し，それにともなって褐色脂肪細胞が活発に働くようになる．また，同じ人の身体の中でも，夏季に比べて冬季で，褐色脂肪細胞がより活発に働くことが知られている [16]．

ヒトにおける褐色脂肪細胞の存在量や活性の測定は，主に PET（Positron Emission Tomography）–CT（X-ray Computed Tomography）という手法を用いて行われている．そのようにして測定された褐色脂肪組織の存在量・活性

と BMI や体脂肪量との間に逆相関の関係（褐色脂肪組織の存在量・活性が高値を示すほど，BMI や体脂肪量が低値を示す）が認められている [5, 16]．これらの結果は，褐色脂肪細胞を活性化することが，肥満予防につながる可能性を示している（褐色脂肪細胞によるエネルギー消費量と肥満予防効果に関しては，第 2 章でくわしく解説する）．

## 第 3 の脂肪細胞――ベージュ脂肪細胞

　近年，白色脂肪細胞，褐色脂肪細胞につづいて第 3 の脂肪細胞が存在することが明らかになりつつある．実験動物（マウス）に対して長期間寒冷刺激を与えたり，$\beta$ 受容体を薬剤により慢性的に刺激したりすると，その動物の白色脂肪組織（特に鼠径部の皮下脂肪）内に褐色脂肪細胞に近い性質を持った細胞が現れてくることが古くから知られていた [9, 29]．最近になりこの細胞に関する詳細な解析が進み，この細胞では，遺伝子発現のパターンなどが褐色脂肪細胞とは必ずしも同じではないことと，見た目が白と褐色の中間色であるベージュ色に見えることからベージュ脂肪細胞と名付けられるようになっている（brown-in-white（白色脂肪細胞の中の褐色）から br と i と te をとって Brite（ブライト）脂肪細胞と呼ぶ場合もある）．

　褐色脂肪細胞は，新生児では肩甲骨間にあるのに対して，成人ではそれらが消失し，頸部や鎖骨上に存在するようになるなど発現部位が変わる（図 1.10）．さらに，成人の褐色脂肪組織と思われる部位から採取した組織サンプルでは，その遺伝子の発現パターンが，典型的な褐色脂肪細胞よりもベージュ脂肪細胞のものに近いことも明らかとなっている [21, 27]．このような事実を考え合わせると，実は，成人において褐色脂肪細胞であるといわれてきたものが，上記の実験動物のように，寒冷刺激などによって発現が誘導されたベージュ脂肪細胞であるとする説が有力視されている．

　寒冷刺激などによって白色脂肪細胞内に現れたベージュ脂肪細胞には，褐色脂肪細胞と同様に UCP1 が発現している．その UCP1 の発現量は，典型的な褐色脂肪細胞に比べて少ないものの，個々の UCP1 の活性（ノルアドレナリン刺激を受けたときの活性）は，褐色脂肪細胞のそれに比べて約 6 倍高いというデータもある [15]．実際に，ある遺伝子の操作によって白色脂肪組織

中にベージュ脂肪細胞が発現するようになったマウスでは，全身のエネルギー消費量が増加し，脂肪をたくさん含んだ食事（高脂肪食）を摂取しても肥満になりにくいことが報告されている［2, 19］．

　このベージュ脂肪細胞が形成されるメカニズムには，寒冷刺激などを受けることで，①すでに存在している白色脂肪細胞がベージュ脂肪細胞へと変化する可能性，もしくは②白色脂肪組織内に存在している未分化の細胞（前駆細胞）がベージュ脂肪細胞へと変化（分化）する可能性などが考えられているが，まだ明らかとなっていない．

## 運動と褐色脂肪細胞，ベージュ脂肪細胞

　運動は，脂肪（白色脂肪）を分解して，エネルギー源として消費することから，白色脂肪細胞を減らす作用を持つ．一方，褐色脂肪細胞やベージュ脂肪細胞に対して運動はどのような影響を及ぼすのであろうか？

　実験動物を対象とした研究では，運動を継続して行うと，褐色脂肪組織の重量が減少するという結果が報告されている［28］．運動中には交感神経活動が高まる（心臓の鼓動が早くなるのも交感神経活動が高まっている証拠）が，運動を継続して行う，つまりトレーニングを行うと，体が適応し，それまできついと感じていた運動が楽に感じられ，交感神経の活動も徐々に弱まってくる．それにともない，褐色脂肪細胞への刺激も少なくなり，その量が減少するのではないかと考えられている．このようにトレーニングを行うことで褐色脂肪細胞が減るということは，トレーニングすることで，むしろ肥満になりやすい体質になってしまうのではないか，ということが懸念される．しかしながら，動物実験の結果ではあるが，トレーニングを行うと，皮下脂肪ではベージュ脂肪細胞の形成が促されるという事例が数多く報告されている［24］．さらに，皮下脂肪という，より外気に触れやすい場所にあるため，増加したベージュ脂肪細胞でできた熱はすぐに放散され，体温が上昇しすぎることを防げるというメリットもある．したがって，トレーニングによって，たとえ褐色脂肪細胞が減少したとしても，ベージュ脂肪細胞が増えることで，むしろ痩せやすい体へと適応しているのではないかと考えられている［20］．実験動物で見られているこのような現象が，ヒトでも生じるのか，現在精力

的に研究が行われているところである.

　寒冷刺激によるベージュ脂肪細胞の発現にも交感神経が関与していると言われている．その一方で，トレーニングを行うと，同じ運動を行っても交感神経の活動が低下する．にもかかわらず，ベージュ細胞がトレーニングによって増加するのはなぜか？　トレーニングによりベージュ脂肪細胞が形成されるメカニズムはまだ解明されていない．運動を行うことで骨格筋からさまざまな物質が放出されており，それらはマイオカインと呼ばれている．そのなかでも irisin という物質が，トレーニングによる皮下脂肪のベージュ脂肪細胞形成に関与しているだろうという説［3］があるが確証は得られていないのが現状である.

**参考文献**

［1］　Arner, P. *et al. J. Clin. Invest.* **86**: 1595-1600, 1990.

［2］　Auffret, J. *et al. FASEB J.* **26**: 3728-3737, 2012.

［3］　Boström, P. *et al. Nature.* **481**: 463-468, 2012.

［4］　Brozek, J. *et al. Ann. N. Y. Acad. Sci.* **110**: 113-140, 1963.

［5］　Cypess, A. M. *et al. N. Engl. J. Med.* **360**: 1509-1517, 2009.

［6］　Dempster, P. and Aitkens, S. *Med. Sci. Sports Exerc.* **27**: 1692-1697, 1995.

［7］　Gallagher, D. *et al. Am. J. Physiol.* **275**: E249-E258, 1998.

［8］　Ibrahim, M. *Obesity Reviews.* **11**: 11-18, 2009.

［9］　Inokuma, K. *et al. Am. J. Physiol.* **290**: E1-14-E1021, 2006.

［10］　Krief, S. *et al. J. Clin. Invest.* **91**: 344-349, 1993.

［11］　厚生労働省．『平成 27 年国民健康・栄養調査結果の概要』．2016.

［12］　益崎裕章ほか．*Molecular Medcine* **42**，臨時増刊号：生活習慣病の最前線：18-26, 2005.

［13］　日本肥満学会．『肥満症治療ガイドライン 2016』2016.

［14］　日本オリンピック委員会．『第 18 回オリンピック冬季競技大会（1998/ 長野）・第 27 回オリンピック競技大会（2000/ シドニー）日本代表選手体力測定報告書』2001.

［15］　Okamatsu-Ogura, Y. *et al. PLoS. One.* **8**: e84229, 2013.

［16］　Saito, M. *et al. Diabetes.* **58**: 1526-1531, 2009.

［17］　阪上浩．『肥満と脂肪エネルギー代謝——メタボリックシンドロームへの戦略』（河田照雄他責任編集）．建帛社．pp. 239-252, 2008.

［18］　佐々木敏．『わかりやすい EBN と栄養疫学』同文書院．2005.

［19］　Schulz, T. J. *et al. Nature.* **495**: 379-383, 2013.

［20］　Sepa-Kishi, D. M. and Ceddia, R. B. *Exerc. Sport Sci. Rev.* **44**: 37-44, 2016.

［21］　Sharp, L. Z. *et al. PLoS. One.* **7**: e49452, 2012.

［22］　Siri, W. E. *Techniques for Measuring Body Composition*. 1961.

［23］ Spalding, K. L. *et al. Nature.* **453**: 783-787, 2008.

［24］ Stanford, K. I. and Goodyear, L. J. *Adipocyte.* **5**: 153-162, 2016.

［25］ 杉浦甫. 『第 124 回日本医学会シンポジウム記録集「肥満の科学」』, pp. 71-81, 2003.

［26］ 脇裕典ほか. 細胞工学. **32**: 759-762, 2013.

［27］ Wu, J. *et al. Cell.* **150**: 366-376, 2012.

［28］ Wu, J. *et al. J. Biol. Chem.* **289**: 34129-34140, 2014.

［29］ Young, P. *et al. FEBS Lett.* **167**: 10-14, 1984.

## コラム 2 若年女性の痩せ問題

　第 1 章で簡単にふれたが，20 代女性の 5 人に 1 人が「痩せ」と判定されるなど，若年女性の痩せ願望が社会的な話題・問題となっている．この若年女性の痩せ問題に関する話題を一つ紹介したい．

　糖尿病などの代謝性疾患と呼ばれる病気は，遺伝的な要因と環境的な因子が複雑に関わりあって発症する．特に，環境的な要因による影響は，その環境因子が取り除かれた後でも，細胞内に記憶され，その後長期的に影響を及ぼしつづけることが知られている．この現象は「メタボリックメモリー」と呼ばれており，そのなかでもっともよく知られている現象の一つに，母体の栄養状態によるものが挙げられる．たとえば，1900 年代初頭にイギリスのある地域で生まれ，出生時および出生 1 年後の体重の記録が残されていた人びとを対象として，成人期における死亡率を調査した研究がある [1]．この研究では，出生時体重が低く，出生 1 年後の体重が 8.2 kg 以下だった人たちでは，同じく出生 1 年後の体重が 12.3 kg 以上の人たちと比べて，成人期における虚血性心疾患による死亡率が約 3 倍に上昇することが示されている．同様な事例として，オランダの飢餓事件が挙げられる．第 2 次世界大戦末期の 1944 年にドイツ軍に占領されていたオランダ領内に連合国軍が侵攻していった．その連合国軍を支持するオランダ政府に対する報復として，ドイツ軍はオランダに運び込まれる食糧を封鎖した．さらにこの年の冬には記録的な寒波がオランダを襲ったため運河も凍りつき，食糧封鎖解除後も船舶による食糧輸送が不可能となったままであった．その結果，オランダは深刻な飢饉に陥ったが，この時期に妊娠していた母親から生まれた子供は，成人になってから糖尿病や冠動脈疾患などの生活習慣病の頻度が高いことが明らかとなっている [2]．これらの研究結果から，私たちの生体内では胎生期や新生児期の栄養環境が何らかの形で記憶され，将来の代謝性疾患の罹患性に影響を及ぼすという考え（Developmental Origins of Health and Disease, DOHaD）が提唱されている．日本では 20 代女性の多くが「痩せ」と判定されるような状況になっており，このことは，低出生体重児の増加，さらには将来日本の生活習慣病の罹患率の上昇につながるのではないかと危惧されている．

　メタボリックメモリーが形成されるメカニズムには，エピジェネティクスと呼ばれる遺伝子発現調節が関わっているといわれている．エピジェネティクスとは，遺伝子の塩基配列（アデニン，シトシン，グアニン，チミンという 4 つの塩基の

並び方）の変化をともなわずに，遺伝子が化学的に修飾されること（DNA のメチル化，ヒストンのアセチル化など）によって遺伝子が発現しやすくなったり，しにくくなったりすることをいう．つまり，母親の栄養状態による影響が，胎児の遺伝子に化学的な修飾状態として長期的に残され，それがその子の将来の健康状態を左右する，と考えられている．

　胎児に対して負の影響が残ることを予防するためには，母体の栄養状態を改善するのはもちろんのこと，運動が効果的であるとする研究結果も示されている．たとえば，1）雌親マウスに対して妊娠前および妊娠中に運動を行わせた場合，その親マウスから生まれてきた子マウスでは，糖代謝能が長期間にわたって好ましい状態で維持されること，さらに2）妊娠中に高脂肪食を摂取させた雌マウスから生まれたマウスは，その後成長したあとで糖代謝が悪化しやすくなるが，妊娠中に運動を行うことで，そのような糖代謝の悪化を予防できることなどが明らかとなっている [3]．これらは大変興味深く，有望な研究結果であるものの，動物実験レベルの検証にとどまっている．今後，妊娠前後に運動をしていた母親と運動をあまり行っていない母親から生まれた子どもたちを対象とした長期的な調査や，父親からの影響なども検討しなければならないだろう．

**参考文献**
[1] Barker, D. J. *et al. Lancet.* **2**: 577-580, 1989.
[2] Roseboom, T. *et al. Early Hum. Dev.* **82**: 485-491, 2006.
[3] Stanford, K. I. *et al. Diabetes.* **64**: 427-433, 2015.

# 第2章　エネルギー消費量と摂取量

　第1章の，白色脂肪細胞と褐色脂肪細胞に関する部分でも少し触れたが，エネルギー消費量と摂取量の関係について見ていきたい．食事を摂ることで栄養素の持つエネルギーを身体の中に取り込むことを「エネルギー摂取」，反対に運動などで身体の中に蓄えられたエネルギーを使うことを「エネルギー消費」という．このエネルギー摂取とエネルギー消費のバランスは「エネルギー出納」もしくは「エネルギー収支」と呼ばれている．体重が変動するときは，基本的にはこのエネルギー収支のバランスが崩れたときである．たとえば，体重が増加するときには，エネルギー消費量よりもエネルギー摂取量が上回っており，身体の中にエネルギーが蓄積する状態となっている．反対に，痩せるときには，このエネルギー収支がマイナス，つまりエネルギー消費量のほうが摂取量よりも大きくならなければならない．

## 2.1　エネルギー消費量

### カロリーとは？

　食品などに表示されているエネルギー量（熱量）の単位として，「カロリー（cal）」が使われている（国際単位系では，熱量の単位はジュール（J）となっており，日本の計量法でカロリーは，「食物又は代謝の熱量の計量」のみに使用できるとされている）．カロリーとは，1 g の水の温度を標準大気圧下で1℃（14.5℃から1℃）上昇させるのに必要な熱量として定義される．したがって，1 kcal は，1 L（1000 cc）の水を1℃上昇させるのに必要な熱量となる（キロ

というのは1000倍を意味する）. たとえば, 有名牛丼チェーン店で販売されている牛丼（並盛）は, 1杯約600 kcalのエネルギー量を持っており, 600 Lの水の温度を1℃, もしくは60 Lの水の温度を10℃上昇させることができるエネルギー量ということになる. では, この牛丼1杯のエネルギー量を消費するためには, どれくらいの運動が必要なのだろうか? また, 体脂肪を1 kg落とそうと思ったときには, どのくらいの運動量が必要になるのであろうか?

## 運動によるエネルギー消費

「痩せるために運動をしよう」とよくいわれる. 運動時には, 体内に蓄えられたエネルギー源が使われ, そのぶん体重が減少することになる. では, 運動時のエネルギー消費量はどのように測定できるのであろうか?

普段私たちは, 特に意識することなく呼吸を行い, 酸素を体内に取り込み, 二酸化炭素を吐き出している. また, 運動中には呼吸が荒くなり, そのぶん多くの酸素を体内に取り込むようになる. このようにして体内に取り込んだ酸素と食事から摂取した糖や脂肪を反応させ, 生命活動を維持するためや運動を行うために必要なエネルギーをつくり出している. この体に取り込まれた酸素の量から, エネルギーをどれだけ消費できたかがわかる. 酸素と糖の反応は, 中学校で習った図2.1の化学式で表される.

このとき, 糖質（グルコース（ブドウ糖））の持つ自由エネルギー量（化学変化によって発生するエネルギーのうち仕事に使えるエネルギー量）は, 686 kcal, 気体1 mol＝22.4 Lとすると, 糖質と酸素を反応させた場合, 酸素1 Lあたり約5 kcalのエネルギー量を消費していることになる. 脂質に関しても同様の計算が成り立ち, おおよそ酸素1 Lあたり5 kcalという計算になる（図2.1）.

この酸素1 L＝5 kcalという数値を使いエネルギー消費量が推定できる. ヒトがどれくらい酸素を体内に取り込んでいるかを正確に測定するためには, 実験室で特別な装置を使用しなければならない. その方法に関しては後述するが, ここでは大まかな値を設定してみる. ヒトが体内に取り込み, 利用できる酸素の量の最大値を最大酸素摂取量（$\dot{V}O_2max$）という. 一般的な20代

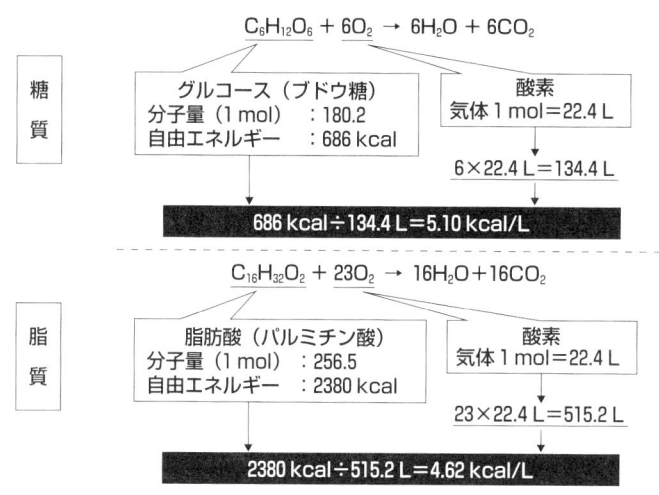

$$C_6H_{12}O_6 + 6O_2 \rightarrow 6H_2O + 6CO_2$$

糖質

グルコース（ブドウ糖）
分子量（1 mol） ：180.2
自由エネルギー ：686 kcal

酸素
気体 1 mol＝22.4 L

6×22.4 L＝134.4 L

686 kcal÷134.4 L＝5.10 kcal/L

$$C_{16}H_{32}O_2 + 23O_2 \rightarrow 16H_2O + 16CO_2$$

脂質

脂肪酸（パルミチン酸）
分子量（1 mol） ：256.5
自由エネルギー ：2380 kcal

酸素
気体 1 mol＝22.4 L

23×22.4 L＝515.2 L

2380 kcal÷515.2 L＝4.62 kcal/L

**図 2.1** 糖質と脂質を利用した際の酸素 1 L あたりのエネルギー消費量

の成人男性では，毎分，体重 1 kg あたり 40-50 mL の酸素（40 mL/kg/分と表す）を取り込むことができるといわれている．マラソン選手のような持久的な運動能力が高い人（つまり，多くの酸素を体内に取り込み長時間運動する能力が高い選手）では，最大酸素摂取量が 70 mL/kg/分にも達する．たとえば，ジョギングなどの運動を行った場合には，一般人の場合，おおよそこの最大酸素摂取量の半分の量の酸素を使って運動を行う場合が多い（50% $\dot{V}O_2$max と表す）．体重 60 kg の人が，このようなジョギングを行った場合，毎分のエネルギー消費量は図 2.2 のように計算でき，牛丼並盛 1 杯分のエネルギー（600 kcal）を消費しようとした場合には，80 分間のジョギングが必要となる．

　では，体脂肪を 1 kg 落とそうとした場合には，どれくらいジョギングをしなければならないのであろうか？　食品・栄養素として考えた場合，脂質（油脂）は 1 g あたり 9 kcal のエネルギー量を持つものとして計算される（糖質とたんぱく質は 1 g あたり 4 kcal である．同じ重さの食事を摂ったとしても，脂質が太りやすいといわれるのは，単位重量あたりのエネルギー量が多い（エネルギー密度が高い）ためである）．一方，第 1 章でも説明したように，体内に存在する脂肪細胞・組織として考えた場合，脂肪細胞のなかには水分が約 20％含まれているので，そのぶんを差し引いておおよそ 1 g あたり 7.2 kcal と

・20 代男性の最大酸素摂取量（$VO_2max$）は 40-50 mL/kg/分
・ジョギングの運動強度は，約 50% $VO_2max$

したがって，ジョギング中の酸素摂取量は…
⇒ 50 mL×0.5（50%）×60 kg（体重）＝1500 mL/分＝1.5 L/分

酸素 1 L あたりのエネルギー消費量は，約 5 kcal であるので，
⇒ 1.5×5 kcal＝7.5 kcal/分のエネルギー消費量

牛丼 1 杯分のエネルギーを消費するためには…
⇒ 600 kcal÷7.5＝80 分

脂肪組織 1 kg のエネルギーを消費するためには…
⇒ 7200 kcal÷7.5＝960 分 ＝ 16 時間

**図2.2** ジョギング運動中のエネルギー消費量

して計算する．したがって，脂肪組織 1 kg には 7200 kcal のエネルギー量が蓄えられていることとなり，それをすべて消費するためには，約 16 時間のジョギングが必要となる（図 2.2）．16 時間のランニングといわれると，およそ不可能な数値のように感じるかもしれない．しかしながら，一気に脂肪を落とそうとせずに，1 年間 365 日かけて落とそうと思えば，1 日たった 3 分間程度のジョギング運動を行うだけで良いという計算になる（巷では，「20 分以上運動をしないと脂肪が使われ始めない，消費できない」ということがいわれたりするが，これは大きな間違いである）．反対に，毎日たった 20 kcal ずつ食事を多く摂取するだけで，1 年後には体脂肪が 1 kg 増えることになる．この 20 kcal というのは，クッキー 1 枚程度である．ついつい，「一口だけなら大丈夫」といいながらそれを毎日続ければ，1 年後には脂肪が 1 kg 増えることになる．

## 3 つのエネルギー消費量

　先ほど，牛丼並盛 1 杯分のエネルギーを消費するためには，おおよそ 80 分間のジョギング運動をしなければならない，と説明した．しかし，そのような運動をせず，さらに牛丼をはじめとして毎日 3 食の食事をして相当量のエネルギーを摂取しているが，体重の変化がそれほど生じないのはなぜであ

**表2.1**　1日の総エネルギー消費量の内訳

①**基礎代謝量（安静時エネルギー代謝）：60%**
　生命活動を維持するために必要な最低限のエネルギー消費量

②**食事誘発性熱産生：10%**
　食事を摂取した後に，安静にしていても数時間にわたりエネルギー消費量が亢進すること

③**活動時代謝量：30%**
　1）運動性エネルギー消費
　2）労働・家事などの生活活動によるエネルギー消費

ろうか？

　私たちの1日のエネルギー消費量は，大きく①基礎代謝量，②食事誘発性熱産生，③活動時代謝量の3つに分けることができる（表2.1）．③の活動時代謝量は，運動や生活活動（労働，家事，通勤・通学など）で体を動かしたときのエネルギー消費量にあたり，一般的な人では1日のエネルギー消費量のうち約30%を占めるといわれている．②は，食事を摂った後に，一時的にエネルギー消費量が高まったときのものをいう．①は，ヒトが覚醒状態にあるときに，生命活動を維持するのに必要な最小限のエネルギーのことである．実は，この基礎代謝量が，1日のエネルギー消費量のうちもっとも多くの部分を占めており，約60%がそれにあたる．

## 基礎代謝量

　基礎代謝量（Basal Metabolic Rate, BMR）は，ヒトが生きていくうえで必要最小限のエネルギー量のことをいう．この基礎代謝量の測定は，前日の夕食後12時間以上経過し，食物が完全に消化・吸収されている早朝の空腹時に，排便・排尿をすませ，快適な室内（室温20-25℃）において，安静仰臥位，覚醒状態にて行われる．多くの場合，測定場所に前日から宿泊して測定が行われる．しかしながら，実際にはこのような状態での測定が難しいため，できるだけ動かずに測定場所に移動し，安静状態を十分に（30分以上）保った後，同じように測定することもある．このようにして測定されたものは，安静時代謝量（Resting Metabolic Rate, RMR）といい，基礎代謝量よりも若干

基礎代謝量
$= (0.1238 + 0.0481 \times 体重（kg）$
$\quad + 0.0234 \times 身長（cm）- 0.0138 \times 年齢$
$\quad - 0.5473 \times 1（男）または 2（女）) \times 1000 \div 4.186$

例）50 歳，女性，身長 155 cm，体重 50 kg
基礎代謝量 $= (0.1238 + 0.0481 \times 50 + 0.0234 \times 155$
$\quad - 0.0138 \times 50 - 0.5473 \times 2) \times 1000 \div 4.186$
$\quad = (0.1238 + 2.405 + 3.627 - 0.69 - 1.0946)$
$\quad \quad \times 1000 \div 4.186$
$\quad = 4.3712 \times 1000 \div 4.186 = \underline{1044\ \text{kcal}}$

**図 2.3**　基礎代謝の推定式（[4] より作成）

高い値を示す．また，覚醒していない状態，すなわち睡眠状態では，基礎代謝量よりもエネルギー消費量は低くなるが，夕食や就寝前までの活動などによる影響が残っているため，就寝直後は基礎代謝量よりも大きな値となる．したがって，睡眠中のエネルギー消費量を平均した場合には，基礎代謝量と大きく変わらないといわれている．

　基礎代謝量や安静時代謝量は，上述したような環境下で，運動時のエネルギー消費量の場合と同様にガスマスクを用いて測定する（そのくわしい方法については後述する）．しかしながら，多くの人にとっては，そのような測定は難しい．そこで，図2.3 に示すような，身長，体重，年齢，性別から基礎代謝を推定できるような式がつくられている [4]．

　表2.2 に各年代別の基礎代謝量の基準値を示した [12]．基礎代謝量は，20代の男性で1日あたり 1500 kcal 程度，同じく 20 代の女性で 1100-1200 kcal程度となる．1日中家の中で安静にしていても 1500 kcal 程度消費しているということになる．つまり，牛丼並盛2杯食べても，足りないくらいである．1500 kcal というと，先ほどの水温の例でいえば，1500 L（1.5 t）もの水を1℃上昇させることができる熱量ということであり，動かずにじっとしていても，私たちの体は生命活動を維持するために相当量のエネルギーを使用していることになる．また，この基礎代謝量が1日のエネルギー消費量の6割を占めるということから，1日の総エネルギー消費量は，一般的な成人男性と成人女性でそれぞれ約 2500 kcal，約 2000 kcal と推定できる．

表 2.2 基礎代謝量の基準値 [12]

| 性別 | 男性 | | | 女性 | | |
|---|---|---|---|---|---|---|
| 年齢（歳） | 基礎代謝基準値<br>(kcal/kg 体重/日) | 参照体重<br>(kg) | 基礎代謝量<br>(kcal/日) | 基礎代謝基準値<br>(kcal/kg 体重/日) | 参照体重<br>(kg) | 基礎代謝量<br>(kcal/日) |
| 1-2 | 61.0 | 11.5 | 700 | 59.7 | 11.0 | 660 |
| 3-5 | 54.8 | 16.5 | 900 | 52.2 | 16.1 | 840 |
| 6-7 | 44.3 | 22.2 | 980 | 41.9 | 21.9 | 920 |
| 8-9 | 40.8 | 28.0 | 1140 | 38.3 | 27.4 | 1050 |
| 10-11 | 37.4 | 35.6 | 1330 | 34.8 | 36.3 | 1260 |
| 12-14 | 31.0 | 49.0 | 1520 | 29.6 | 47.5 | 1410 |
| 15-17 | 27.0 | 59.7 | 1610 | 25.3 | 51.9 | 1310 |
| 18-29 | 24.0 | 63.2 | 1520 | 22.1 | 50.0 | 1110 |
| 30-49 | 22.3 | 68.5 | 1530 | 21.7 | 53.1 | 1150 |
| 50-69 | 21.5 | 65.3 | 1400 | 20.7 | 53.0 | 1100 |
| 70 以上 | 21.5 | 60.0 | 1290 | 20.7 | 49.5 | 1020 |

　基礎代謝量の主な利用先の一つとして，体温調節が挙げられるが，図2.3の計算式からもわかるように，身長や体重が大きい人，つまり体格が大きな人ほど基礎代謝量が大きくなる．わかりやすい例でいえば，象とネズミを比べた場合，当然象のほうが，体格が大きいため，基礎代謝の絶対量は大きくなる．しかしながら，体重1kg（もしくは1g）あたりの相対的な基礎代謝量となると，実はネズミのほうが大きくなる．物体は，小さくなればなるほど，体積に対する体表面積の比が大きくなる（くわしい説明はコラム7を参照）．このことは，その物体が外部と接触する部分が増えることになり，その物体の中でつくられた熱がそれだけ外部へと逃げやすいことを意味する（1個1個の細胞が小さいのも，このように体積あたりの体表面積の比を大きくし，細胞外部との物質交換をしやすくするためである）．つまり，ネズミのような小さな体の動物では，体内でつくられた熱が外に逃げてしまいやすいので，体温を維持するためにそれだけ多くの熱をつくり出さないといけない＝基礎代謝量を増やさなければならないということになる．実験動物としてよく使用されているラットは，200g程度の体重で1日〜20gの餌，つまり体重の1/10に相当する量の餌を摂取する（ヒトでいえば，6kg程度の食事を毎日摂取するという計算になる）．それくらい食べて熱をつくり出さないと，熱が体の外に出ていってしまうため，体温を維持できないのである．

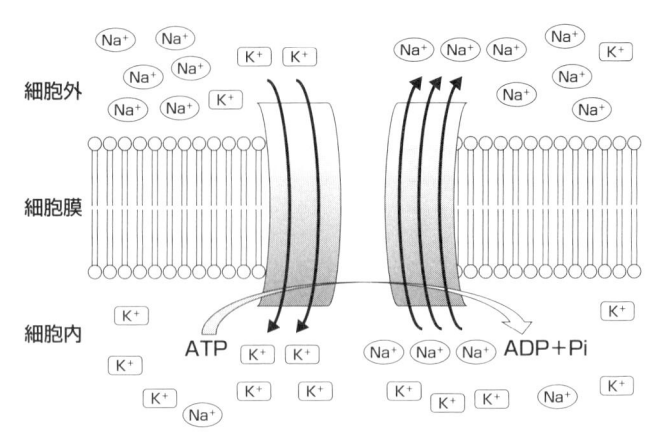

**図 2.4** Na$^+$-K$^+$-ATPase による細胞内イオン濃度勾配の形成
細胞膜上に存在する Na$^+$-K$^+$-ATPase は，糖質や脂質からつくられたエネルギー（アデノシン三リン酸，ATP）を使い，3 個の Na$^+$ を細胞外へ汲みだし，2 個の K$^+$ を細胞内へ汲み入れている．

基礎代謝量は，体温調節のほかにも，心臓の拍動の維持，神経活動さらには細胞内外のイオンの濃度勾配維持のために使われている．細胞の内側と外側には多くのイオンが存在しているが，その濃度は細胞の内側と外側で同一というわけではない．たとえば，安静状態では，細胞の外側にはナトリウムイオン（Na$^+$）が，内側にはカリウムイオン（K$^+$）が多く存在している．この濃度勾配は，Na$^+$-K$^+$-ATPase（ナトリウム - カリウムポンプ）という酵素の働きによって，Na$^+$ が細胞外へ汲みだされ，K$^+$ が細胞内へと汲み入れられることによってつくり出されており，筋収縮や神経活動などの多種多様な細胞活動の基盤となっている（図2.4）．このポンプを駆動するにはエネルギーが必要であり，Na$^+$ と K$^+$ の濃度勾配を維持するために，通常の細胞では安静状態におけるエネルギー消費量の約 30% を使用しているともいわれている．

表2.3 に，各臓器の基礎代謝量を示した [3]．骨格筋の重量は，全身の約40% を占めるため，基礎代謝量全体のうち骨格筋による代謝量が占める割合も多くなる．しかしながら，1 kg あたりの相対的な基礎代謝で見てみると，つねに活動をしている心臓，腎臓および肝臓などの臓器でその値は高く，逆

**表 2.3** 臓器別基礎代謝量（[3] より作成）

| 臓器・組織 | 重量（kg） | kcal/日 | kcal/kg/日 |
|---|---|---|---|
| 骨格筋 | 28.0 | 368 | 13 |
| 脂肪組織 | 15.0 | 68 | 4.5 |
| 肝臓 | 1.8 | 361 | 200 |
| 脳 | 1.4 | 337 | 240 |
| 心臓 | 0.33 | 146 | 440 |
| 腎臓 | 0.31 | 137 | 440 |
| その他 | 23.16 | 277 | 12 |

体重 70 kg. 体脂肪率が約 20% の男性を想定.

に骨格筋は他の臓器に比べて低く，1 日あたり 13 kcal/kg/日ほどしかない．この 13 kcal/kg/日という値であるが，大きいとも小さいともいえる．加齢にともない，骨格筋量が減少することは「サルコペニア」と呼ばれ，高齢者における生活習慣病や寝たきりの原因の一つとなっている．骨格筋量が 1 kg 減少すると，1 日あたり 13 kcal のエネルギー消費量が減少することになる．一見大きな影響がないように見えるが，1 年あたりでみると，脂肪が 660 g 蓄積する計算になる．骨格筋の量が減り，脂肪・体重が増えるとますます動きにくくなり，さらに活動量が減少し，肥満が進行するという悪循環に陥ってしまう．このような状態は「サルコペニア肥満」と呼ばれ，高齢者において生活習慣病と要介護のリスクを高める要因として近年問題視されている．

　一方，「体重増加予防・減量のために骨格筋量を増やして基礎代謝量を上げよう」という意見もある．骨格筋量を 1 kg 増やしたとしても，それによって増える基礎代謝量は，理論上 1 日 13 kcal 程度であり，それほど大きな減量効果は得られないといえる．ただし，骨格筋の肥大にともない他の除脂肪組織にも適応が生じることや，筋力トレーニング後の骨格筋では，安静状態の血流量が増加すること，すなわち代謝が亢進し，血液（酸素）の需要が高まる可能性が示されている [21]．したがって，若干ではあるものの，筋量を増やすことで，13 kcal 以上のエネルギー消費量の増加が期待できるかもしれない．また，骨格筋を 1 kg 増やすための筋力トレーニングを行う間にかなりのエネルギーが消費され，脂肪量の減少が期待できるであろう．

　第 1 章で解説した褐色脂肪細胞・ベージュ脂肪細胞も基礎代謝量に関係する要素である．PET-CT 法によって測定した褐色脂肪細胞の活性と安静時

代謝量の間には正の相関関係が認められており [23]，褐色脂肪細胞が多い人ほど，安静時（基礎）代謝量が多くなるようである．ある試算によれば，ヒトの生体内に存在する褐色脂肪細胞のすべてが最大限活性化した場合，1年間で脂肪 4.1 kg に相当するエネルギー量が消費されると推定されている [24]．ただし，この計算はかなり多く見積もられた値であり，実際のところ，通常の生活条件では，褐色脂肪細胞の有無によるエネルギー消費量の違いは，1日あたり〜 20 kcal 程度であるといわれている [20]．わずかな違いではあるものの，先ほど示したクッキー 1 枚のエネルギー量と同じである．つまり，このエネルギー消費量の違いは，1 年後に脂肪 1 kg，20 年後には脂肪 20 kg の差となって現れる．実際，20 代では，褐色脂肪細胞が検出された群と検出されなかった群では，BMI や内臓脂肪量に差は見られなかったのに対して，40 代になると，検出群と検出されなかった群の間に差が見られるようになる [20]．このように，加齢にともなう「中年太り」の一因として，褐色脂肪細胞（もしくはベージュ脂肪細胞）の有無が関与しているという説がある．

## 食事誘発性熱産生

食事を摂った後に体が温かくなることを誰でも経験したことがあるのではないだろうか．特に，辛いものを食べた後などには体が熱くなり，汗が止まらなくなることがよくある．このような食事を摂ったときに見られるエネルギー消費量の増加のことを，食事誘発性熱産生（Diet-Induced Thermogenesis, DIT）もしくは特異動的作用といい，1 日のエネルギー消費量の約 10% を占める．

食事をするとなぜエネルギー代謝が活発になるのであろうか？　それには，①噛む，②摂取したものを消化・吸収する，という 2 つの要因が関与していると考えられている．図 2.5 は，イヌに対して，①餌を普通に食べさせた場合と，外科的手術を行い食道に穴を開けて，②食べたものが胃に届く前に食道から外に出るようにした場合，もしくは③餌を胃へ直接入れた場合の，食事誘発性熱産生の動態を表したものである [2]．普通に餌を食べた場合には，餌を食べた直後にエネルギー消費量が一度高くなり，それがいったん落ち着いた後に，また徐々に高くなる，という二相性を示す．一方，手術を行い，

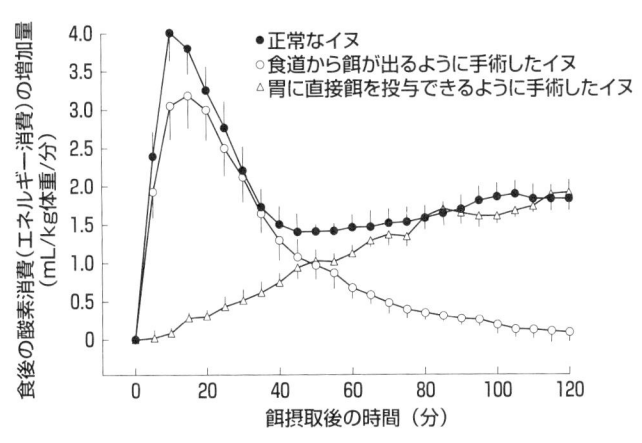

**図 2.5** 食事誘発性熱産生に関わる 2 つの要因 [2]

胃へ直接食物を流し込んだ場合には，最初のエネルギー消費量の亢進が認められなくなっている．つまり，食事を摂取してすぐに見られるエネルギー消費量の高まりは，口から食事を摂取し，「噛む」ことによるものであると考えられる．噛むということは，実は交感神経活動を活性化する刺激となっており，それにより褐色脂肪細胞による熱産生・エネルギー消費が高まることが知られている（図 2.6）．

　一方，食べたものが胃に届く前に食道から体外へと排出させた場合には，最初のエネルギー消費量の高まりは生じるものの，その後のゆるやかなエネルギー消費量の亢進は認められない．したがって，このゆるやかなエネルギー消費量の亢進は，食べたものを消化・吸収する際に生じたものであることがわかる．糖質，脂質，たんぱく質は三大栄養素と呼ばれ，主要な栄養素となっているが，たんぱく質を摂取した際の食事誘発性熱産生がもっとも高くなることが知られている．これは，たんぱく質が他の栄養素に比べて複雑な構造をしており，消化・吸収に大きなエネルギーを要するためである．たんぱく質だけを食べた場合には，摂取したエネルギー量のうち約 30％が食事誘発性熱産生として消費されるといわれている（糖質と脂質による食事誘発性熱産生は，それぞれ 6％，4％程度）[10]．

　一昔前，「たんぱく質量の多い食事を食べると良い」というダイエット法

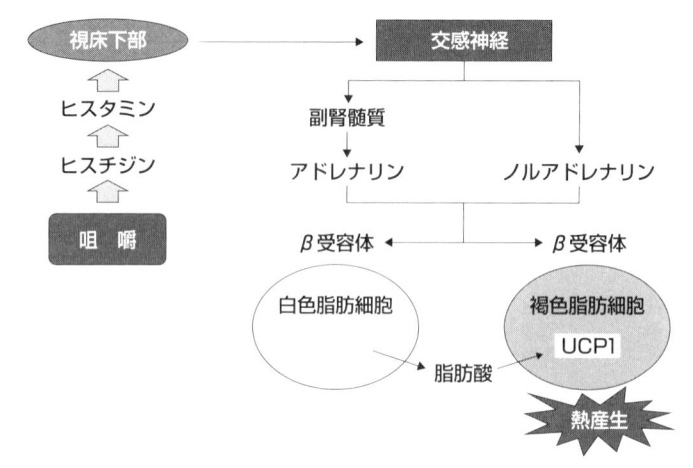

**図 2.6** 咀嚼による食事誘発性熱産生のメカニズム
よく噛むことで，アミノ酸のヒスチジンからヒスタミンがつくられ，視床下部のヒスタミンニューロンを刺激する．それにより，交感神経さらには褐色脂肪細胞が活性化され，熱産生が生じる．

が流行したことがあるが，それは，このようなたんぱく質摂取による食事誘発性熱産生の高まりを活用したものといえる（たんぱく質の熱産生量が高いといっても，多く食べればそれだけエネルギー摂取量の増加につながるため，あくまでも同じエネルギー量を摂取するのであれば，たんぱく質の割合を高めたほうが，エネルギー消費量が高くなるということである）．また，たんぱく質は，熱によって変性し，消化・吸収されやすくなる（＝食事誘発性熱産生が少なくなる）．人類の進化には，狩猟で獲た肉を火を使って調理することで，食事誘発性熱産生で失われていたエネルギーを脳の発達などにまわせるようになったことが大きく関わっている，という説（料理仮説）もある．

　上述したように，噛むことには，交感神経活動および褐色脂肪細胞の活性化を介して熱産生を高める効果がある．実際，噛む回数を増やし，ゆっくり食べることで，同じ食物をあまり噛まずに早食いしたときに比べてエネルギー消費量が高まることが報告されている（図2.7）[6]．「早食いは良くない」とよくいわれるが，やはりゆっくりよく噛んで食べることは，若干ではあるもののエネルギー消費量を高めるため，肥満予防にもつながるといえそうである．

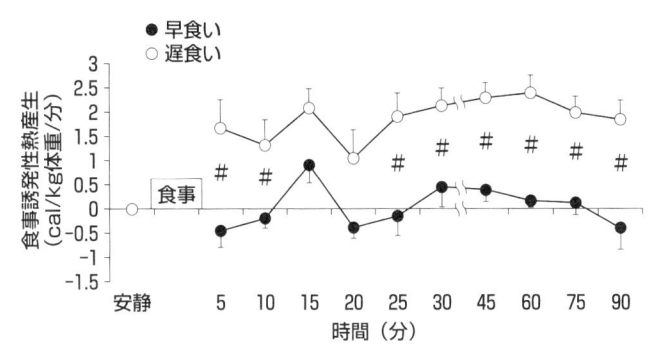

**図 2.7** 早食いと遅食いによる食事誘発性熱産生の違い [6]
ブロック状の食品（300 kcal）を，早食い試行では平均 103 秒間かけて
137 回嚙み，遅食い試行では平均 497 秒間かけて 702 回嚙んで食べてもら
った．1 時間あたり約 7–8 kcal（体重 60 kg の場合）の差が生まれる．
#は両試行間で有意差が見られたことを示す．

　また，辛いものを食べたときにも体が温まり，汗が噴き出すことがあるが，
これも食事誘発性熱産生の一つである．舌の上にある TRPV1 と呼ばれる辛
味受容体に辛み成分（カプサイシン）が結合し，それによって交感神経さら
には褐色脂肪細胞が活性化することで，熱が産生されている．このようなメ
カニズムを活用し，辛み成分のうち辛いと感じさせる部分の分子構造を少し
変えて，辛さを感じることなく，同様の食事誘発性熱産生効果さらには抗肥
満効果が得られるようなサプリメントの開発も行われている．

## 運動時のエネルギー消費量の測定法

　運動時のエネルギー消費量は，酸素摂取量から推定することができると説
明したが，酸素摂取量はどのようにして正確に測定するのであろうか．酸素
摂取量とは，体内に取り込まれ，そして利用された酸素の量である．したが
って，吸い込んだ空気（吸気）の中に含まれている酸素の量と吐き出した息
（呼気）の中に含まれている酸素の量の差分が体内に取り込まれた酸素の量と
なる．酸素摂取量の測定は図 2.8 のようなガスマスクとダグラスバックと呼
ばれる袋を用いて行われることが多い．このダグラスバック中に呼気を溜め
こみ，その中の呼気の量と酸素濃度を測定することで，呼気中に含まれる酸

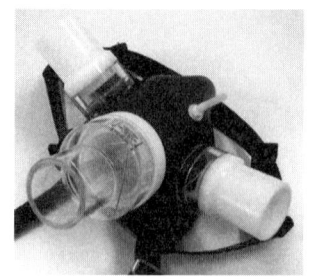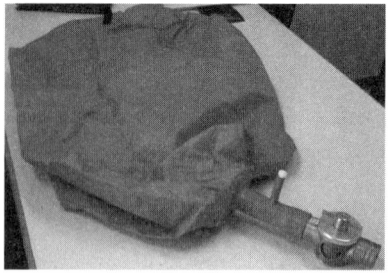

図 2.8　ガスマスク（左）とダグラスバッグ（右）

---

**酸素摂取量は？**
⇒（吸気量× 20.94%）−（換気量×呼気酸素濃度）
　※換気量は測定できても，吸気量は測定できない

**吸気量がなくても計算する方法は？**
吸気と呼気に含まれる窒素の量は等しいので，
⇒吸気量×吸気中の窒素濃度＝呼気量（換気量）×呼気中の窒素濃度
⇒吸気量＝呼気量×呼気中の窒素濃度÷吸気中の窒素濃度

ここで，吸気中の窒素濃度＝ 79.03%
　　　　　呼気中の窒素濃度＝ 100 −（呼気中酸素濃度＋呼気中二酸化炭素濃度）

吸気量＝呼気量×{100 −（呼気中酸素濃度＋呼気中二酸化炭素濃度）} ÷ 79.03

**酸素摂取量の最終的な計算方法は？**
＝呼気量×{100 −（呼気中酸素濃度＋呼気中二酸化炭素濃度）}
　　　　÷79.03 × 20.94 ÷ 100 −呼気量×呼気中酸素濃度÷ 100
＝呼気量×{(100 −呼気ガス酸素濃度−呼気ガス二酸化炭素濃度)× 0.265 −呼気ガス酸
　　素濃度)} ÷ 100

> ダグラスバック中の呼気量と酸素および二酸化炭素濃度が測定できれば酸素摂取量を
> 算出できる

---

図 2.9　呼気ガス分析のデータからの酸素摂取量の算出方法

素の量がわかる.

　では，吸気量とその中の酸素量はどうやって求めるのだろうか．酸素濃度
は，大気中の酸素濃度が 20.94%という既知濃度を用いて行われる．一方，
吸気量，すなわちどれだけ空気を吸ったのかを測定することは難しく，この
場合，窒素濃度を用いて推定することになる．つまり，窒素は体内に取り込

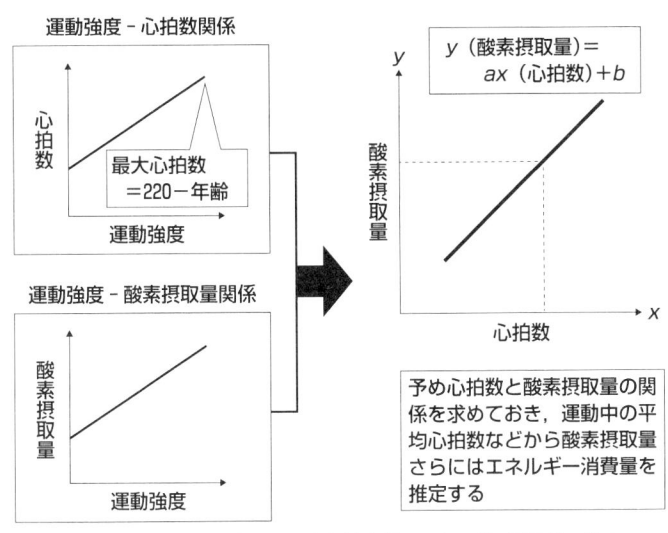

**図 2.10** 心拍数の測定による酸素摂取量・エネルギー消費量の推定

まれることがないので，吸気中と呼気中の窒素量は変わらないはずであり，吸気中の窒素濃度（79.03％）と呼気ガス中の窒素濃度の変化から，吸気量を推定することになる（図2.9）．このようにして，求めた酸素摂取量から，酸素1 L＝5 kcal という値を使い，エネルギー消費量を推定することになる．

　このような呼気ガス分析装置やダグラスバックは当然個人では所有することができない．したがって，そのような装置がなくてもできるだけ正確なエネルギー消費量を推定したい場合には，上記のような酸素摂取量を研究機関や医療機関で測定し，その際に心拍数も同時に測定しておくとよい．心拍数と酸素摂取量の間には高い相関関係が認められることから（図2.10），心拍数—酸素摂取量の関係式をつくっておけば，運動中の心拍数を測定することで，酸素摂取量さらにはエネルギー消費量をある程度推定することができる．

　ダグラスバックや呼気ガス分析装置による酸素摂取量の測定では，体がマスクやホースで装置につながれることになる．したがって，自転車やランニング運動のような比較的単純な運動形態の場合に測定可能であるが，やはり動きに制約がでてくる．また，マスクやダグラスバックを装着し続けての長時間の測定も，負担が大きく難しい．そこで，自由に動きながら普段の生活

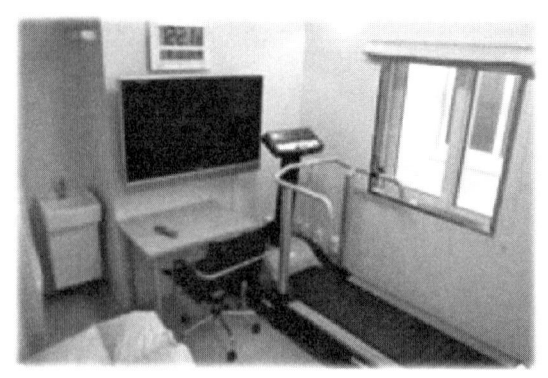

図 2.11　メタボリックチャンバーの内部（福岡大学基盤研究機関身体活動研究所，http://www.fuipa.spo.fukuoka-u.ac.jp/index.php?Equipment より）

を行った状態でのエネルギー消費量をより正確に測定するためには，別の方法が必要となる．そのような方法の一つとして，「メタボリックチャンバー」というものがある（図 2.11）．このチャンバー（部屋）は，空気の漏れがないように密閉されており，吸・排気の体積および吸・排気中の酸素・二酸化炭素濃度の変動を連続的に測定することができるように設計されている．この小さな部屋の中で普段と変わらない生活をおくった場合，エネルギー消費量が実際にどの程度になるのかを測定できるようになっている．この部屋の中にはベッドやトイレさらには運動器具が設置されており，当然食事も摂れるようになっている．メタボリックチャンバーを用いる場合，1 日〜数日間にわたって測定が行われ，24 時間あたりのエネルギー消費量を求める場合が多い．メタボリックチャンバーの容量に比べて，ヒトの呼気量（換気量）や酸素・二酸化炭素濃度の変化はとても小さいため，短時間（数分〜 30 分）では測定誤差が大きくなってしまう可能性があり，長時間のエネルギー消費量の測定や経時的経過の検討を行うのに適した方法であるといえる．

　上記のような測定が行えないという場合には，METs（metabolic equivalents，メッツ）という指数を用いることでエネルギー消費量を簡単に推定することができる．この METs は，その身体活動（運動や生活活動）の強度が安静状態の何倍であるかということを示す数値となっている．安静状態のエ

$$\boxed{\text{エネルギー消費量（kcal）} = \text{METs} \times \text{体重（kg）} \times \text{時間（時）} \times 1.05}$$

例）体重 60 kg の人が 1 時間ジョギングをした場合.
　　7（METs）×60（kg）×1（時間）×1.05＝<u>441 kcal</u>

　　代表的な運動の METs

| | |
|---|---|
| 歩行 | 4.0 |
| サッカー（試合） | 10.0 |
| テニス（シングルス） | 8.0 |
| バスケットボール（試合） | 8.0 |
| ソフトボール・野球 | 5.0 |
| 卓球 | 4.0 |
| バドミントン | 5.5 |

**図 2.12**　METs によるエネルギー消費量の推定式と代表的な運動の METs の値

ネルギー消費量（3.5 mL/kg/分）を 1 METs として，たとえば歩行を行った場合は，その 4 倍の 4 METs，ジョギングの場合は 7 倍の 7 METs というように，さまざまな運動についての数値が示されている（図 2.12）．この数値を用いて，図 2.12 のような式からエネルギー消費量を算出することができる．また，METs の値と体重を掛けた値が，その運動を 1 時間行った場合のおおよそのエネルギー消費量となるので，そのような簡単な計算式を用いて推定しても良いだろう（例：体重 60 kg の人が 1 時間のジョギング運動を行った場合には，7×60＝420 kcal と推定できる）．

## 2.2　エネルギー摂取量

### エネルギー摂取量・食欲の調節

　体重・体脂肪を減らすためには，エネルギー消費量を増やすことが必要であり，そのための手段の一つとして運動が推奨されている．しかしながら，運動を同じように行ったとしても体重減少効果が見られる人と見られない人がいるのも事実である．では，何が原因でそのような違いが生じているのであろうか？　ある研究では，継続的に運動を行った際に減量効果が見られる

人は，介入前後で食事・エネルギー摂取量が変わらなかったのに対して，効果がなかなか見られない人は，単純に運動を行う前よりも食事を多く摂るようになっていた，という結果が報告されている［11］．つまり，運動を行い，エネルギー消費量を増やしても，食欲をコントロールすることができなければ，なかなか体重減少効果が得られないということになる．では，その食欲はどのように調節されているのであろうか？　食欲は大変複雑なメカニズムで調節されており，その全容はいまだ解明されていないが，現在報告されている部分に関して以下にまとめてみたい．

　基本的に食欲は，体内で不足している栄養素やエネルギーを感知し，それを補うための機構である．ただし，人間の場合は，「美味しさ」という報酬を得るために食べるという側面も大きくなっている．このように食欲・摂食行動には 2 つの側面があり，前者は「恒常性維持に関わる摂食」，後者は「嗜好性に基づく摂食」と呼ばれている．順番が逆になってしまうが，後者の食欲・摂食行動から先に説明する．

　動物やヒトが自発的にある行動を起こすのは，そこに何らかのメリット，つまり報酬が得られると感じるからである．何か行動をした結果，自分が予想していたよりも「良かった」と感じたとき，脳の中の「報酬系」と呼ばれる機構が働き，その快感・報酬のもととなった行動がより強化されることが知られている．期待していたよりも大きな報酬を得られたかどうかは，大脳皮質の前頭前野という部分で判断・認知される．そして，予想よりも大きな報酬が得られた場合には，その情報が中脳の腹側被蓋野と呼ばれる部分に送られ，ドーパミン作動性ニューロン（神経細胞）が興奮する（図 2.13）．活発になったドーパミン作動性ニューロンは，今度は側坐核と呼ばれる部分にドーパミンを放出する．その結果，快感が得られるとともに，その「報酬」を得ることにつながった行動が強化される，という仕組みになっている（図2.13）．このようにして，美味しい物を食べたときに快感が得られ，その行動が強化されていくのである．しかし，「美味しさ」という報酬を求めるときだけ食欲が生じるのでは，エネルギー不足に陥り，生命を維持できなくなる危険性が高くなる．そこで，エネルギーの不足を感知し，命を守る仕組みが備わっている．それが，「恒常性維持に関わる摂食」と呼ばれるものである．

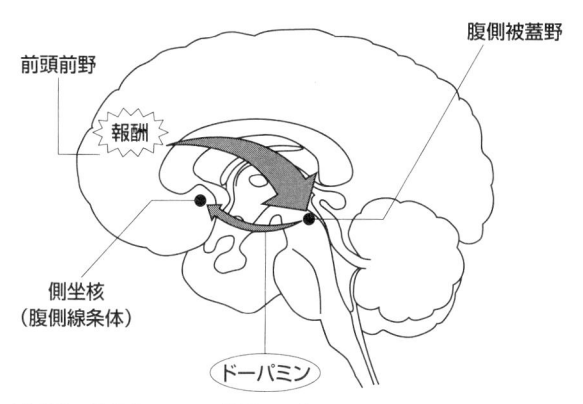

**図 2.13** 前頭前野による報酬の認知と側坐核へのドーパミン放出

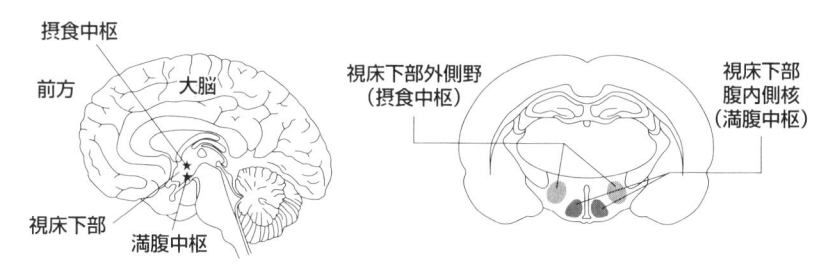

**図 2.14** 摂食中枢と満腹中枢

　この「恒常性維持に関わる摂食」において重要な役割を果たしているのは，脳の視床下部に存在する摂食中枢と呼ばれる部位である（図 2.14 左）．この摂食中枢は，さまざまな因子を介して全身のエネルギー状態を感知している．その代表的な因子として，血糖（グルコース）と脂肪酸が挙げられる．摂食中枢には，グルコースによって抑制され，脂肪酸によって活性化されるニューロンが存在する．空腹時には，血糖値が低下するとともに，血中の脂肪酸濃度が増加することから，この神経細胞が活性化され，摂食行動のスイッチが入ることになる．この摂食中枢は，視床下部の外側野と呼ばれる部位に位置している（図 2.14 右）．この外側野からは，脳のさまざまな部位に信号が送られていることが明らかとなっているが，最終的には，側坐核に対して直

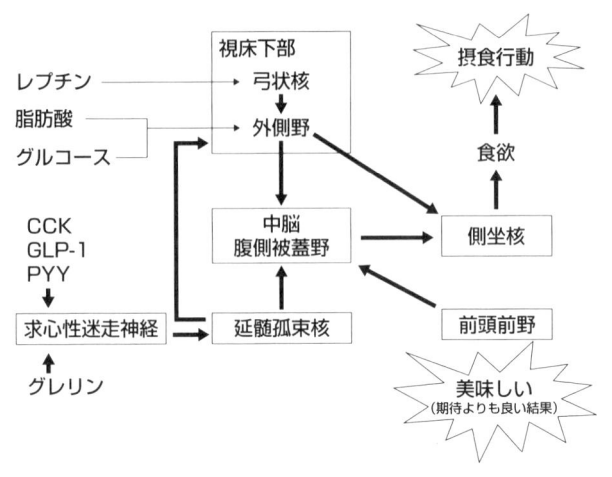

**図 2.15** 食欲・摂食行動に影響を及ぼすと考えられている経路

接的に作用すること，および腹側被蓋野のドーパミン作動性ニューロンを介して間接的に作用することで，摂食行動が生じると考えられている（図2.15）.

　視床下部には，摂食行動にストップをかける，満腹中枢も存在している（図2.14）. この満腹中枢には，摂食中枢とは逆に，グルコースによって活性化し，脂肪酸によって抑制されるニューロンが存在している. つまり食事によって血糖値が上昇すること，および脂肪酸濃度が減少することで活性化し，摂食行動を止める働きをしている. この満腹中枢を外科的に破壊した実験動物では，どんなに食べても食べるのをやめることができず，極度の肥満を発症するようになる.

　食欲の調節に関わる他の重要な因子として，消化管から分泌される消化管ホルモンの存在も知られている. 食事を摂取した際には，小腸が，そこに入ってきた栄養素を感知し，コレシストキニン（Cholecystokinin, CCK）やグルカゴン様ペプチド-1（Glucagon-like Peptide-1, GLP-1），ペプチド YY（Peptide YY, PYY）などのホルモンを分泌する. これらの消化管ホルモンは，その消化管の粘膜層にまできている求心性迷走神経線維の受容体に結合する. それにより，この求心性神経を活性化し，脳幹（延髄孤束核）さらには，腹側被蓋野や視床下部に作用することで，摂食行動を抑えるように働く（図2.15）.

一方，胃からは，その中身が空になると，そのゆるみ具合を感知して，グレリンというホルモンが分泌される．このグレリンは，CCK や GLP-1 とは逆に，上記の求心性迷走神経を抑制し，摂食行動を強力に促す作用を持っている．

ここまで見てきた血糖，脂肪酸および消化管ホルモンによる食欲の調節は短期的（摂食開始から数時間後まで）な調節であるが，より長期的に「恒常性維持のための摂食」の調節を担っている因子がある．第 1 章で，脂肪細胞からさまざまな物質が分泌されると説明したが，そのような物質の中で食欲調節にかかわるものとして，レプチンと呼ばれるものがある．レプチンは，脂肪から血液中に分泌されるアディポサイトカインであり，減量などで脂肪細胞が小さくなると，その分泌量が減り，逆に肥満にともない脂肪細胞が肥大すると分泌量が増える．つまり，1 回 1 回の食事によって変動するのではなく，長期的な体重・体脂肪量の変化に応じて変動する因子といえる．このレプチンは，主に視床下部の弓状核と呼ばれる部位に作用し，食欲を低下させる作用を持っている（最近では，「レプチンが分泌されると食欲が抑えられる」というよりも「レプチンが減少すると飢餓感を感じて食欲が増す」と考えたほうが良いといわれている）（図 2.15）．

以上のように，大変複雑なメカニズムで食欲や摂食行動が調節されているのであるが，では，なぜ食べ過ぎてしまうのであろうか？　これらの食欲調節のメカニズムのうち，どの部分が破綻してしまうのであろうか？

まず，短期的な食欲調節との関連では，「早食い」の問題が挙げられる．短期的な食欲の調節には，先に述べたように血糖値が関係している．食事を摂取して，血糖値が上昇するまでには少なくとも 20-30 分は要する．したがって，早食いをしてしまうと，その血糖値の上昇，さらには満腹感が生じる前に食べ過ぎてしまうことになる．また，消化管ホルモンも，このような早期の満腹感を生み出す要因になっているが，早食いは，この消化管ホルモンの効き目にも影響を及ぼすことが知られている．食欲を高める作用を持つグレリンの血中濃度は，食事前の空腹時がもっとも高い．このグレリンは，求心性迷走神経が CCK や GLP-1 などで活性化されるのを抑える作用を持つ．したがって，早食いをした場合，このグレリンの血中濃度およびその作用が

低下する前に，CCK や GLP-1 が分泌されてしまうため，これらのホルモンによる食欲抑制作用が十分に発揮されなくなるという可能性も示唆されている [22]．血糖値の上昇とグレリンの減少が生じるのを待ちながら，ゆっくり食事を摂ることが，毎回の食事で食べ過ぎてしまうのを防ぐことにつながるようである．

　レプチンに関しては，「レプチン抵抗性」と呼ばれる状態が知られている．肥満者では，脂肪細胞の肥大にともない，レプチンが多く分泌され，血中濃度も高くなっている．しかしながら，それに比例して肥満者の食欲が低下する，ということはほとんどない．このようにレプチンによる食欲低下作用が生じていない状態＝レプチンの効き目が悪化している状態を「レプチン抵抗性」といい，肥満が進行する際の原因の一つであると考えられている．レプチン抵抗性が発症する原因は明らかとなっていないものの，脂質の過剰摂取などにより，視床下部，特にレプチンが作用する弓状核に慢性的な炎症が生じることが原因となっているのではないかといわれている [18]．

　また，先ほど述べたように，美味しいものを食べると，側坐核にドーパミンが放出され，快感が得られるようになる．しかしながら，このような快感・快楽刺激を受け続けていると，ドーパミン受容体が減少し，側坐核に入る報酬刺激が弱まってしまう．どんなに美味しいものであっても食べ続けると飽きがきて，満足感が得にくくなってしまうという経験をしたことがないだろうか．その原因の一つが，このドーパミン受容体の減少にあるといわれている．このような状態になると，脳が以前と同じ快感・報酬を得るためには，よりたくさん美味しいものを食べなければならなくなる．このようにして過剰摂取や依存症に結び付くことになる．このメカニズムは，実は，覚醒剤や麻薬に対する依存症のメカニズムと同じであるといわれている．多くの薬物は，ドーパミン作動性ニューロンを活性化し，ドーパミンの放出を強力に促すことが知られている．それによってドーパミン受容体の減少が生じ，それまでの使用量では満足できなくなり，さらなる刺激・快感を求めて使用量が増す，という悪循環に陥ってしまうのである．

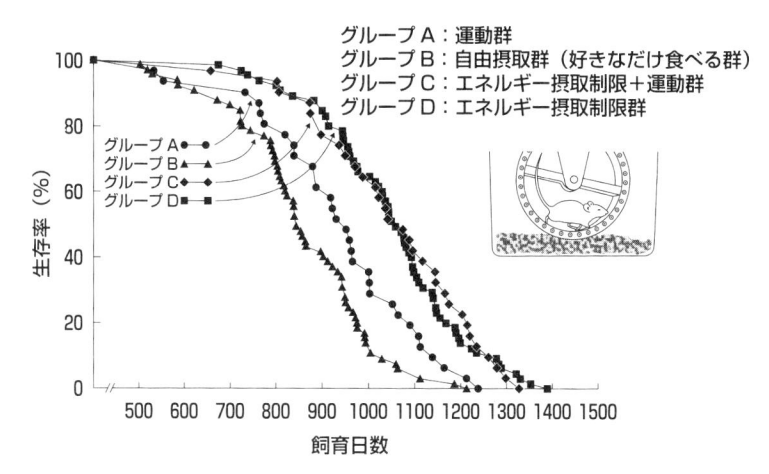

図2.16　エネルギー摂取制限および運動がラットの寿命に及ぼす影響 [9]
エネルギー摂取制限を行う群では，自由摂取群の摂食量の7割程度の餌を毎日与えた．
運動群には，右図のような回転ケージを用いて，自由にランニング運動を行わせた．

## 「腹八分目」で得られる効果——エネルギー摂取量の制限と長寿効果

　「腹八分目」と昔からよくいわれているが，毎日のエネルギー摂取量を少しずつ制限することが健康や寿命の延伸につながるのではないかと期待されている．図2.16は，実験動物（ラット）を対象とした研究であるが，毎日餌を自由に好きなだけ摂取するラットに比べて，毎日の餌の摂取量を7割程度に抑えたラットでは，平均寿命および最高寿命の両方が延びることが報告されている [9]．また，この研究では，運動による効果も検討されている．自由に運動ができるように，回転ケージと呼ばれる滑車が設置された飼育ケージで飼育したラットでは，エネルギー摂取量を制限したラットほどではないものの，平均寿命が延びるという結果が報告されている．残念なのは，エネルギー摂取制限と運動を組み合わせても，寿命に対するさらなる効果が得られないことであるが，この実験結果に基づいて考えると，少なくともラットのような小動物においては，エネルギー摂取量を制限すること，もしくは運動を行うことで，より長生きできる可能性が高まるといえそうである．では，ラットよりもヒトに近い動物ではどうなのであろうか？

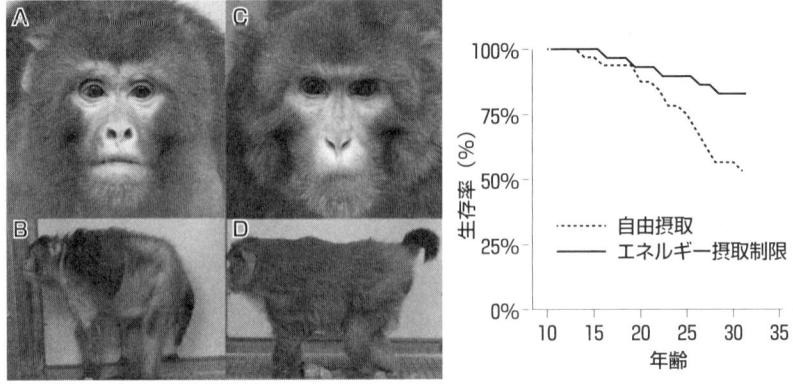

**図 2.17** アカゲザルにおけるエネルギー摂取制限の効果 [1]
WNPRC で行われた研究では，エネルギー摂取制限を行ったサル（写真右）は，毛並みもよく若々しく見える（両方のサルともに，アカゲザルの平均寿命に近い 27.6 歳）．このように，エネルギー摂取制限は，老化に関連した疾患の発症と死亡率を低下させる．


　アメリカの National Institute on Aging（NIA）と Wisconsin National Primate Research Center（WNPRC）というそれぞれ別の研究機関において，アカゲザルを対象としてエネルギー摂取制限の効果に関する研究が行われている．両グループともにすでに 30 年という長い年月をかけて研究を実施してきており，数年前に両グループからその結果が報告された．WNPRC から出された報告では，ラットを対象とした研究と同様に，エネルギー摂取量を制限したサルでは，自由に餌を食べ続けたサルに比べて外見も若々しく，寿命が延長することが示されている（図 2.17）[1]．一方，NIA の研究では，エネルギー摂取量を制限しても効果が認められなかったという．WNPRC とは相反する結果が報告されており [15]，エネルギー摂取制限による寿命延長効果が果たしてあるのかないのかといった論争が繰り広げられていた．最近になり，この論争に終止符を打つべく，両研究グループが共同で実験データの解析を行った結果が報告された [16]．両者の研究手法には大きな違いがあり，それらが結果に影響したと考えられている．特に対照群（エネルギー摂取制限を行わない群）に対する対応が大きく異なっており，WNPRC では対照群に対して自由に好きなだけ餌を摂取させていたが，効果が認められ

なかった NIA による研究では，年齢と体重のデータを基に一定量の食事が与えられていた（つまり，ある程度のエネルギー摂取制限が行われていたことになる）．さらに，WNPRC の研究が主に成熟した中高齢のサルを対象としていたのに対して，NIA では若齢期からエネルギー摂取制限を行っていたサルも含まれていた．そこで NIA の研究において，若齢期のサルと中高齢期のサルに分けて見てみると，中高齢期のサルでは，対照群のエネルギー摂取量も少なく，その量は WNPRC の研究におけるエネルギー摂取制限群とほぼ同等であった（つまり，対照群もエネルギー摂取制限が行われていたこととなり，それ以上のエネルギー摂取制限を行ってもさらなる効果は得られなかったと考えられる）．以上のような再解析の結果に基づき，「サルが成人から中高齢期においてエネルギー摂取制限を行った場合，老化が遅れ，寿命の延長が期待でき，このことはヒトに置き換えて考えることもできるだろう」という結論が示されている．

エネルギー摂取量の制限は，確かに肥満の予防および治療に結びつき，寿命を延ばす可能性があるかもしれないが，毎日腹八分目を続けることは大変難しい．そこで，より負担が少ない形でエネルギー摂取量を制限できる方法が続々と考案されている．その中の一つに，間欠的絶食（英語では，Intermittent Fasting もしくは Alternate-day Fasting）と呼ばれるような 1 日置きに食べる日と食べない日を繰り返すダイエット法がある．この方法では，食事を摂る日は好きなだけ食べられるため，満腹感が得られることから，毎日空腹を感じるエネルギー摂取制限よりも継続率が高まるといわれている．しかしながら，脂肪量の多い食事を食べ続け肥満を発症した実験動物を対象として行われた研究では，確かに間欠的絶食を行うことで内臓脂肪量は減少するものの，糖代謝機能（血糖を処理する能力）はむしろ悪化してしまう可能性が示されている [7]．また，週末に食事を抜く「プチ断食」と呼ばれる方法でも，同様に体重と内臓脂肪量の減少が認められるものの，全身の糖代謝機能が低下する可能性が示されている．したがって，見かけ上痩せたと思っても，体の機能はそれほど良くなっていないか，むしろ悪化してしまう可能性もあることから，このような絶食をともなう減量の実施には注意が必要であろう．

エネルギー摂取制限の効果に関しては，細胞内でどのようなことが起こっているのかということに関しても精力的に研究が行われている．そのなかで，サーチュイン（Sirtuin）遺伝子という分子が近年注目を集めている．この分子は，エネルギー摂取量の制限を行い，細胞内が低栄養状態になると働きだすもので，ミトコンドリアなどを増やし，細胞の寿命を延ばす働きがあると考えられている（ただし，サーチュイン遺伝子とミトコンドリアとの関係に関しては反証結果も報告されている [8]）．エネルギー摂取制限をすれば寿命が延びるとはいっても，先ほど述べたように腹八分目を長期間継続することは正直難しい．そこで，エネルギー摂取制限をしなくても，サーチュイン遺伝子を活性化できるようなサプリメントの開発が世界中ですすめられている．そのなかでも有名なものが，レスベラトロールと呼ばれるものである．レスベラトロールはブドウの皮に含まれる微量成分であり，これを摂取することで，ラットやマウスなどの実験動物がより健康的になることや，運動パフォーマンスが向上するという研究結果が報告されている [13]．ただし，最近ではこのレスベラトロールを摂取しても，そのような効果は認められないという研究結果も報告されており [8]，果たして本当に効果があるのかどうかについては見解が分かれている．

## アスリートにおけるエネルギー有効性——正常な生理機能と骨密度を維持するために

　ここまで主にエネルギー摂取量とエネルギー消費量のバランス（エネルギー収支・エネルギーバランス）と体重調節との関係について述べてきた．近年，アスリートおいては，エネルギーバランスよりもエネルギー有効性（エナジーアベイラビリティ）と呼ばれる考え方が重要視されている．

　エネルギー有効性とは，1日のエネルギー摂取量から運動によるエネルギー消費量を差し引いたものであり，通常は除脂肪量（FFM，第1章を参照）で除して求める（単位：kcal/kg FFM/日）．エネルギー摂取量から運動によるエネルギー消費量を差し引いた残りの部分には，基礎代謝量と食事誘発性熱産生が含まれる．上述したように，これらのエネルギー消費量は，体温維持，細胞内外のイオンバランスの保持，消化・吸収といった生体の基本的な

機能の維持に使われるエネルギー量ということになる．このエネルギー有効性が低い状態においては，体温の維持や成長，生殖機能などのために使われるエネルギー量を減らすことで，エネルギーバランスを保とうという適応が生じる．つまり，エネルギー有効性が低い状態では，たとえ体重変化が認められなくても，このような代償反応で何とか帳尻を合わせている状態であり，結果的に健康が損なわれることになる．

　体操，フィギュアスケートといった体重がパフォーマンスに大きな影響を及ぼすスポーツや審美系スポーツ，さらにはボクシングなどの階級制スポーツでは，体重および体脂肪量の減少を望むあまり，極端な食事制限が行われる場合が多い．さらに，減量効果を高めるために，トレーニングなどによってエネルギー消費量を増やすことから，当然エネルギー有効性が低下しやすくなる．エネルギー有効性の著しい低下は，女性アスリートにおいて，直接的もしくは月経異常（無月経）にともなう女性ホルモンの分泌不全を介して間接的に骨密度を低下させ，骨粗鬆症を引き起こすことが知られている．このような「低エネルギー有効性」，「無月経」，「骨粗鬆症」という 3 つの症状は，女性選手に共通する健康問題として捉えられており，「女性選手の三主徴（Female Athlete Triad, FAT）」と呼ばれている [19]．

　この FAT は，図 2.18 のように立体的に表現されている．エネルギー有効性と月経状態および骨密度は，それぞれ食事制限の有無やトレーニング・練習量によって，右奥の健康な状態から左手前の疾病に及ぶ範囲を移動する [19]．手前のような状態にならないために重要なことは，早い段階でその兆候を発見することである．そのためには，競技参加前のスクリーニングや定期的にアセスメントを実施し，初潮の遅れ，月経異常，過度の運動や食事制限の有無，骨量の変化などを検知する必要がある．

　ところで，なぜ，エネルギー有効性が低下すると無月経や骨粗鬆症を発症してしまうのだろうか？　それには，食欲との関係で説明したレプチンが一部関与していると考えられている．女性ホルモンのエストロゲンは，図 2.19 に示すように，骨芽細胞および破骨細胞と呼ばれる細胞に作用し，骨密度の維持に寄与している．このエストロゲンは，脳下垂体前葉から放出される性腺刺激ホルモンによって卵巣からの分泌が促される．さらに，この性腺刺激

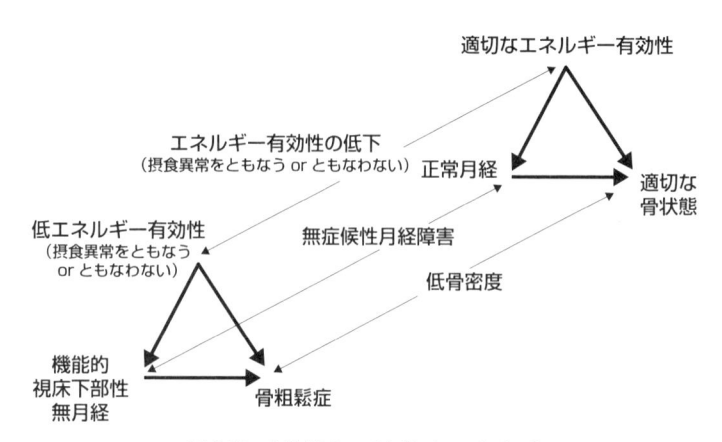

**図 2.18** 女性選手の三主徴（FAT）[19]

エネルギー有効性，月経状態，骨密度の分泌範囲を細い矢印で示してある．食事制限や運動量によって，この矢印の方向は変わり，左右を行ったり来たりする．エネルギー有効性は，直接的もしくは月経状態（女性ホルモンの分泌）を介して間接的に骨密度に影響を及ぼす（太い矢印で示してある）．

ホルモンの分泌は，視床下部から放出される性腺刺激ホルモン放出ホルモンによって調節されている．実は，この性腺刺激ホルモン放出ホルモンの分泌に，レプチンが関与していることが明らかとなっている（図2.19）．つまり，飢餓状態（脂肪組織が大きく減少した状態）においては，レプチンの血中濃度が低下し，この経路の働きが減弱することになる（実際にレプチンの投与により，視床下部性無月経が改善したという報告もある[25]）．これまで行われた研究結果によると，エネルギー有効性が 30 kcal/kg FFM/日を下回ると，性腺刺激ホルモンの一つである黄体形成ホルモンの分泌が阻害されることが明らかとなっており[14]，骨密度の低下・骨粗鬆症の発症につながる一つの要因になっていると考えられている．

　また，レプチンの受容体は，骨芽細胞にも存在しており，レプチンが骨芽細胞に直接働き，その増殖を促す作用があることも知られている[5]．したがって，エネルギー有効性が低い状態においては，骨の材料であるカルシウムやたんぱく質の摂取量が少なくなることに加えて，このような骨代謝に対するレプチンの作用が減弱することも，骨密度の低下・骨粗鬆症の要因となっている可能性もある．レプチンには，交感神経を活性化することで骨形成

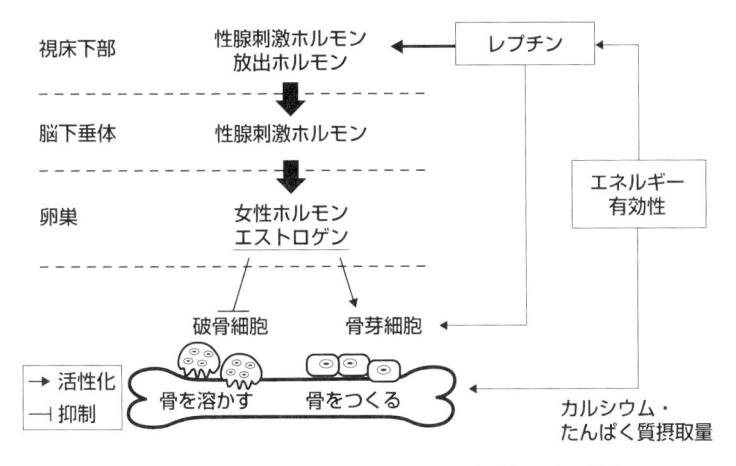

**図 2.19** エネルギー有効性が骨密度に及ぼす影響の作用機序
エネルギー有効性の増減は，レプチンや女性ホルモン・エストロゲンを介して骨密度に影響を及ぼす（男性では，男性ホルモンが直接骨芽細胞に作用したり，女性ホルモンに変換されたりすることなどにより骨量が維持されていると考えられている）.

を阻害する作用があることも知られており，通常の状態では，骨代謝に対するこのようなプラスの効果とマイナスの効果がバランスをとりながら，骨密度を調節している．しかしながら，エネルギー有効性が低い状態においては，このバランスが崩れ，骨粗鬆症の一因となってしまうようである．

　正常な生理機能と骨密度を維持するためには，45 kcal/kg FFM/日以上のエネルギー有効性が必要であるとされている．健康障害や生理機能の低下は，上記で示した閾値（30 kcal/kg FFM/日）を超えたら一様に生じるというわけではなく，閾値以下への低下が長期間続いた場合にさまざまな機能に障害が現れてくるようである．また，このようなエネルギー有効性の低下は，主に女性アスリートにおいて問題視されてきた．しかしながら，最近では，男性においても重大な影響を及ぼすことが明らかとなってきている．たとえば，エネルギー有効性が，8 kcal/kg FFM/日まで低下した男性自転車選手の症例が報告されており，また，体重制限を行うことが多い長距離陸上選手，自転車選手，スキージャンパー，競馬騎手などでは低骨密度のリスクを抱えている選手が多数存在することも知られている [17]．このような状況をふまえ，国際オリンピック委員会（International Olympic Committee, IOC）では，

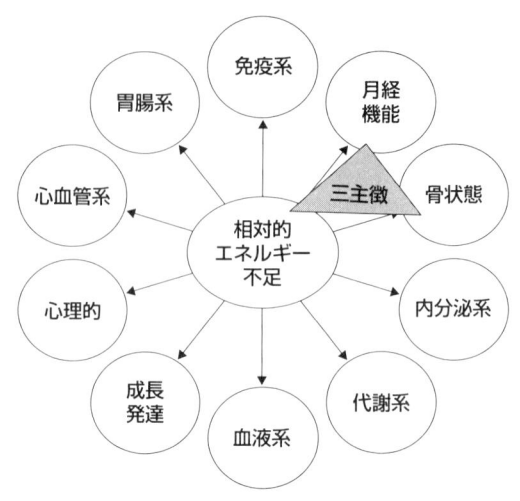

**図 2.20** 相対的エネルギー不足（RED-S）による健康への影響［17］

男女いずれのアスリートにおいても重要な健康問題として「相対的エネルギー不足（Relative Energy Deficiency in Sport, RED-S）」という概念を新たに提示し（図 2.20），警鐘を鳴らしている［17］．

　体重階級性スポーツや審美系スポーツの選手のように，つねに体重管理に曝されている選手は，自らの体型や体重の変化に過度な関心や不安を抱くようになり，異常な食行動に陥るケースもある．FAT や RED-S は，必ずしも選手側だけに問題があるのではなく，指導者からの体重減少に対する強力な指示やプレッシャーが大きな要因となっているケースもある．指導者がFAT や RED-S に関する正しい知識を持って，選手の状態をつねに把握し，過度の減量にストップをかけるように選手に接することが重要である．

**参考文献**

［1］ Colman, R. J. *et al. Science.* **325**: 201-204, 2009.
［2］ Diamond, P. and J. LeBlanc. *Am. J. Physiol.* **253**: E521-E529, 1987.
［3］ Gallagher, D. *et al. Am. J. Physiol.* **275**: E249-E258, 1998.

[4] Ganpule, A. A. *et al. Eur. J. Clin. Nutr.* **61**: 1256-1261, 2007.

[5] Gordeladze, J. O. *et al. J. Cell Biochem.* **85**: 825-836, 2002.

[6] Hamada, Y. *et al. Obesity* (Silver Spring). **22**: E62-E69, 2014.

[7] Higashida, K. *et al. Life Sci.* **93**: 208-213, 2013.

[8] Higashida, K. *et al. PLoS Biol.* **11**: e1001603, 2013.

[9] Holloszy, J. O. *J. Appl. Physiol.* **82**: 399-403, 1997.

[10] 川端輝江『しっかり学べる！栄養学』ナツメ社. 2012.

[11] King, N. A. *et al. Int. J. Obes* (Lond). **32**: 177-184, 2008.

[12] 厚生労働省.「日本人の食事摂取基準（2015年版）策定検討会」報告書. 2014.

[13] Lagouge, M. *et al. Cell.* **127**: 1109-1122, 2006.

[14] Loucks, A. B. and Thuma, J. R. *J. Clin. Endocrinol. Metab.* **88**: 297-311, 2003.

[15] Mattison, J. A. *et al. Nature.* **489**: 318-321, 2012.

[16] Mattison, J. A. *et al. Nat. Commun.* **8**: 14063, 2017.

[17] Mountjoy, M. *et al. Br. J. Sports Med.* **48**: 491-497, 2014.

[18] Myers, M. G. *et al. Annu. Rev. Physiol.* **70**: 537-556, 2008.

[19] Nattiv, A. *et al. Med. Sci. Sports Exerc.* **39**: 1867-1882, 2007.

[20] 斉藤昌之. 細胞工学. **32**: 779-782, 2013.

[21] Tanimoto, M. *et al. Clin. Physiol. Funct. Imaging.* **29**: 128-135, 2009.

[22] 上野浩晶・中里雅光. 実験医学 **34**: 105-109, 2016.

[23] van Marken Lichtenbelt, W. D. *et al. N. Engl. J. Med.* **360**: 1500-1508, 2009.

[24] Virtanen, K. A. *et al. N. Engl. J. Med.* **360**: 1518-1525, 2009.

[25] Welt, C. K. *et al. N. Engl. J. Med.* **351**: 987-997, 2004.

　第 1 章および第 2 章でもくわしく説明したが，近年，脂肪細胞の新たな機能が次々と明らかとなっている．この本を執筆している間にも，興味深い知見が報告されているので，ここでいくつか紹介したいと思う．

　まず，第 1 章で説明したように，継続的な運動，すなわちトレーニングを行った場合，皮下脂肪の中に第 3 の脂肪細胞・ベージュ脂肪細胞が現れる．このようにトレーニングによってその性質が変化した皮下脂肪の機能を評価するために行われた大変興味深い研究がある．それは，トレーニングを行ったマウスから摘出した皮下脂肪の一部を，トレーニングを行っていない肥満マウスの腹腔内に移植するという研究である [3]．驚くべきことに，トレーニングを行ったマウスの皮下脂肪を腹腔内へと移植した肥満マウスにおいて，骨格筋や褐色脂肪細胞の血糖取り込み機能や全身の糖代謝機能が改善することが明らかとなった．トレーニングを行ったマウスの内臓脂肪を移植した場合には，このような効果は認められないことから，皮下脂肪特異的なものであると考えられている．また，若齢マウスの皮下脂肪，つまり成熟しきっていないまだ小さな脂肪細胞を移植しても，効果は認められていない．したがって，脂肪細胞の大きさ（トレーニングを行うことで，皮下脂肪細胞が小さくなること）ではなく，細胞内部の質的変化，さらにいえばトレーニングによって皮下脂肪特異的に分泌されるアディポサイトカインのようなものが，糖代謝機能の改善において重要な役割を果たしているのではないかと考えられている．この研究は，あくまでもトレーニングに適応した皮下脂肪の機能に関する研究であり，移植法の開発を目指したものではない．したがって，この結果がすぐに「アスリートの皮下脂肪を肥満者に移植する」といったような治療法に結び付くわけではない．また，この移植による効果は一時的なものであり，たとえ移植法が開発されたとしても，その効果は大きなものではないと思われる．しかしながら，皮下脂肪の持つ可能性を示す大変興味深い研究成果であるといえる．

　もう一つ紹介する新たな知見は，ベージュ脂肪細胞の熱産生機能に関するものである．ベージュ脂肪細胞には，褐色脂肪細胞と同様に脱共役たんぱく質（UCP1）が発現し，熱産生を担っている，と第 1 章で解説した．しかしながら，ベージュ脂肪細胞には UCP1 以外の熱産生経路があることが最近明らかとなっている．それは，クレアチンサイクルと呼ばれるもので，ベージュ脂肪細胞のミトコンドリ

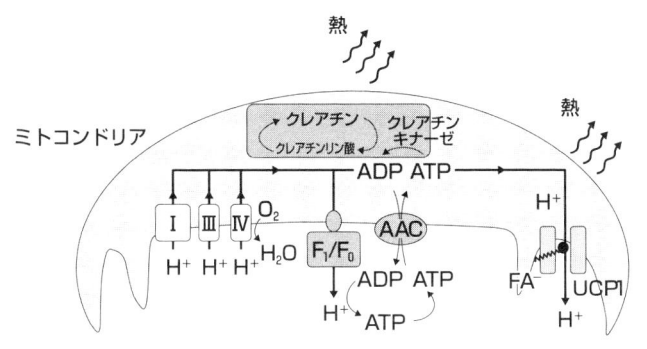

**図1** ベージュ脂肪細胞のミトコンドリアにおける UCP1 とクレアチンサイクルによる熱産生機構 [1]
UCP1 は，呼吸鎖によってミトコンドリアの内膜と外膜の間に汲みだされたプロトンの迂回経路となって熱を産生する．クレアチンサイクルは，ミトコンドリアで合成された ATP からクレアチンリン酸を合成することで，ATP を ADP へと戻す．それにより，ミトコンドリア呼吸を活性化し続け，エネルギー消費を高める．

アで合成された ATP（アデノシン三リン酸）からすぐに PCr（クレアチンリン酸）を合成すること，すなわち ATP をすぐに ADP（アデノシン二リン酸）に戻すことでミトコンドリア呼吸を活性化し続けるという仕組みになっている（図1）（PCr のリン酸は，他の分子に移され，最終的にフォスフォ1（Phospho1）という酵素によって脱リン酸化される（リン酸が外される）ことでこのクレアチンサイクルが動き続けるような仕組みになっている）[2].

　さらに，マウスの皮下脂肪（鼠径部脂肪）におけるベージュ脂肪細胞では，UCP1 とクレアチンサイクルの両方の熱産生経路が存在しているが，同じくマウスの腹腔内脂肪（副睾丸脂肪）に発現するベージュ脂肪細胞では，UCP1 がないものが大部分を占めている（UCP1 が発現しているベージュ脂肪細胞はわずか15％程度とのこと）[1]. そのような UCP1 が発現していないベージュ脂肪細胞でも，クレアチンサイクルが働くことで，熱産生を行っていることが明らかとなってきた（UCP1 がベージュ脂肪細胞かどうかを判別する際のマーカー分子として扱われてきたが，ミトコンドリアが多く，かつ多胞性の脂肪滴という褐色脂肪細胞に近い特徴を示しながらも UCP1 がないベージュ脂肪細胞も存在する）[1].

　このように脂肪細胞に関する研究は日進月歩であり，毎月，毎日のように新たな知見が報告されている（この本が出版されるまでに，さらなる発見がある可能

性が高い). この先も新たな機能が次々と発見されると思われる. しばらくは, その動向から目が離せない.

**参考文献**

[1] Bertholet, A. M. *et al. Cell Metab.* **25**: 811-822, 2017.

[2] Kazak, L. *et al. Cell.* **163**: 643-655, 2015.

[3] Stanford, K. I. *et al. Diabetes.* **64**: 2002-2014, 2015.

# 第3章 糖質
## ——パフォーマンスと健康のための三大栄養素摂取法 （その1）

　毎日の食事の中で摂取する栄養素の中で重要なものとして，「糖質」，「たんぱく質」，「脂質」が挙げられる．これらは，三大栄養素と呼ばれ，毎日の食事の中で欠かせないものとなっている．これら三大栄養素の摂取の仕方はスポーツのパフォーマンスや健康の維持・増進に深く関わっている．まずは，糖質とパフォーマンスおよび健康との関係について見ていくことにする．

## 3.1　運動と糖質

### 「糖類」，「糖質」，「炭水化物」の違いは？

　最近，「糖類オフ」や「糖質オフ」といった飲料が発売されていたり，書店では「糖質制限食」や「炭水化物制限ダイエット」といった本が並んでいたりするが，この「糖類」，「糖質」，「炭水化物」の違いをご存知であろうか？　これらの言葉の違いを意識することなく使用している人がほとんどだと思うが，実は厳密に定義されている（図 3.1）．「糖類」とは，単糖類もしくは二糖類といわれる分子量の小さい糖（糖の分子が1もしくは2個）で，代表的なものとして，ブドウ糖（グルコース），果糖（フルクトース）やショ糖（スクロース，いわゆるお砂糖といわれるものでブドウ糖と果糖が結合したもの）が挙げられる．一方，糖質は，糖類に加えて，糖類よりも分子量が多い（糖類がいくつも連結し，大きな分子となっているもの）多糖類や糖アルコールと呼ばれるものを含んだものを指す．たとえば，マルトデキストリンやデンプンがこれにあたる．さらに炭水化物は，糖質に加えて食物繊維を含んだものの

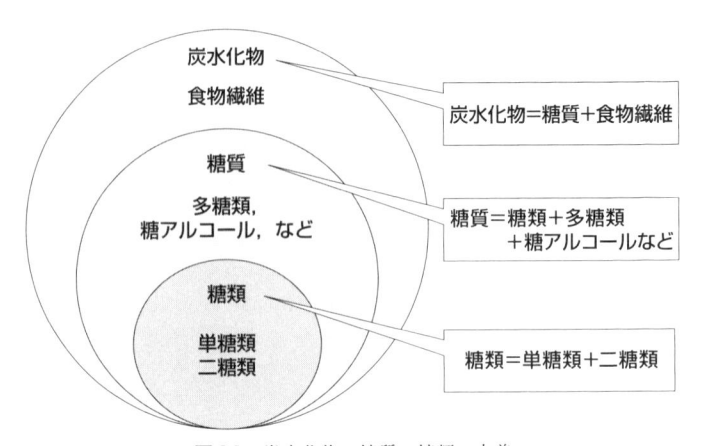

**図 3.1** 炭水化物，糖質，糖類の定義

糖質，糖類ともに 100 mL あたり 0.5 g 未満なら「ゼロ」，100 mL あたり 2.5 g 未満ならば「オフ」と表示できる.

総称を指す.

　2015 年に世界保健機関（World Health Organization, WHO）が，「糖類の摂取量を総エネルギー摂取量の 10% 未満にすべきである．5% 未満に減らすことができれば，さらなる健康効果が期待できる」というガイドラインを発表した［30］．これは，ブドウ糖や砂糖などの糖類（厳密にいえば，蜂蜜やシロップ，フルーツジュースなどにもともと存在する糖類，および製造者，調理人，消費者が食品に添加する単糖類と二糖類）の摂取量を少なくするということを意味している．インターネット上では，「WHO も，ごはんの摂取量を減らすべきと勧告している」という記事やコメントも見られたが，この WHO による勧告は，糖質や炭水化物の摂取量を減らすべき，というものではないので，注意が必要である.

## 運動時における糖質の重要性

　三大栄養素のうち，たんぱく質は骨格筋をはじめとする体づくりの材料として主に利用されるのに対し，糖質と脂質はエネルギー源として利用され，運動時にはその利用量が著しく増加する．第 1 章でも述べたように，一般成人男性の平均的な体脂肪率は 15% 程度であり，体重 60 kg の人でも，おおよ

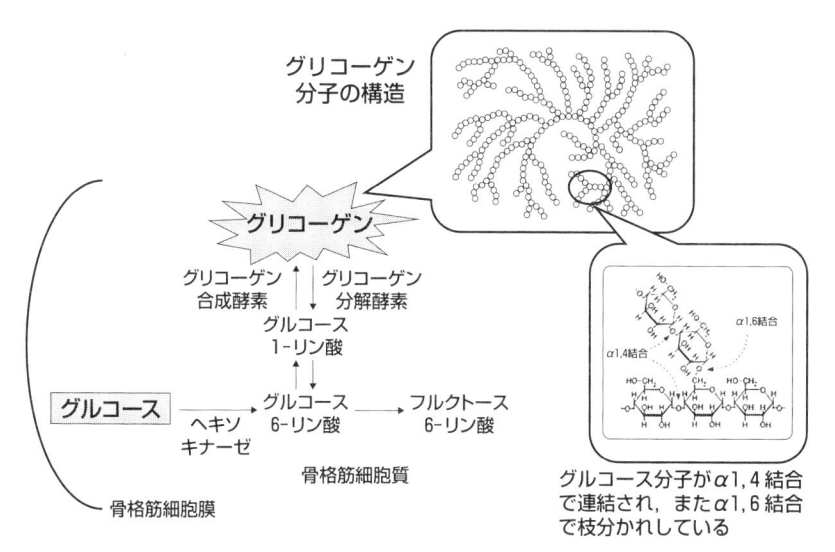

**図 3.2**　グリコーゲンの構造と代謝経路

そ 9 kg の脂肪量，すなわち約 65000 kcal（7.2 kcal/g として計算）という大量のエネルギーを体内に保持していることになる．一方，糖質は，生体内では血液中の血糖もしくは肝臓と骨格筋へグリコーゲンという状態で貯蔵されているが，これらの貯蔵量は脂肪に比べるとはるかに少ない．多く見積もっても約 2000 kcal 程度であるといわれている（おおよそ肝臓に 500 kcal，筋に 1500 kcal 程度）．

　グリコーゲンとは，図 3.2 に示すようにグルコースが連結された状態のものである．グリコーゲンは，エネルギー源として利用される際には，グルコース（正確にはリン酸が付加されてグルコース 1 リン酸）へと再度分解される．グルコースをそのままの状態で細胞内に保存するのではなく，わざわざこのようにいったんグリコーゲンへと変換して貯蔵するのは，一つの大きな分子になることで，肝臓や骨格筋の細胞内の浸透圧を下げ，より多くの糖質を細胞内に貯蔵できるようにするためである（図 3.3）．細胞内の浸透圧は，溶けている物質のモル濃度に比例して増加する．したがって，グルコースのまま細胞内に貯蔵しようとする場合には，モル濃度が増加する．その浸透圧を薄めようと大量の水が細胞内へと流入しようとするため，多くの糖質を細

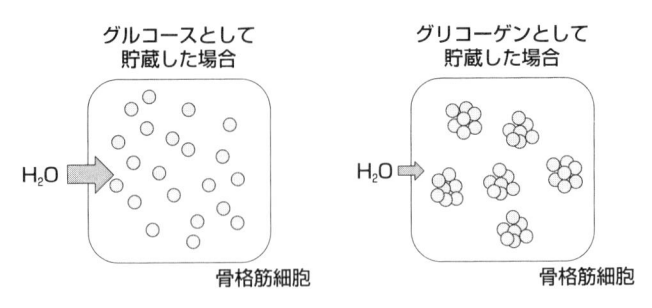

**図 3.3**　骨格筋細胞内にグルコースとして貯蔵した場合とグリコーゲンとして貯蔵した場合の浸透圧の違い

400 mM のグルコースはグリコーゲン 0.01 μM に相当する．モル濃度の低下にともない，細胞内の浸透圧も低下し，水の流入が少なくなる．

胞内に貯蔵できなくなる．一方，グルコースを連結し，大きな一つの分子とすることで，モル濃度さらには浸透圧が下がり，水の流入を防ぎ，より多くの糖質を細胞内に保存できるようになるのである（図 3.3）．

　マラソンのように運動時間が 1 時間を超える運動では，その後半（30-35 km くらい）になると，突如としてペースが落ちることがある．このような「30 km の壁」もしくは「35 km の壁」といわれる現象の主な原因として，体内の貯蔵量が少ないグリコーゲン，特に骨格筋のグリコーゲンが減少・枯渇することが関与していると考えられている．したがって，マラソンのような長時間運動で疲労が生じるのを遅らせ，パフォーマンスを向上させるためには，1）運動前および運動中に糖質を十分に摂取し，体内のグリコーゲン貯蔵量を増やしておく，もしくは 2）運動中のグリコーゲンの使用量を減らす，という 2 つの方法により，グリコーゲンが枯渇するのを防ぐことが重要となる．

　ところで，もう一つのエネルギー源である脂肪が大量に残っているのに，なぜグリコーゲンが枯渇するとペースダウンしてしまうのであろうか？　そのメカニズムは完全には明らかとなっていないものの，一つの理由としては，糖質は単位時間あたりのエネルギー産生能力（ATP 再合成率）が高いので，糖質がなくなることで，ある強度以上の運動を継続できなくなると考えられ

ている（運動強度が高くなると，それだけ ATP の利用が高まり，短時間のうち
に ATP を再合成する必要がでてくる．脂肪を使った場合，ATP の再合成には時
間がかかり，ATP の需要増に追いつかなくなる）．また，ミトコンドリアのク
エン酸回路（TCA サイクル）を回すためには，解糖系（ピルビン酸）から供
給されるオキサロ酢酸が必要とされる．たとえ脂肪があったとしても，グリ
コーゲンが枯渇し，オキサロ酢酸が供給されない場合，ミトコンドリアによ
る ATP の再合成がうまく進まなくなるということも，もう一つの原因とし
て考えられている．さらに最近では，グリコーゲンが筋収縮機構に直接関与
しているという説も示されている．筋グリコーゲンは，細胞膜直下（sub-
sarcolemma），筋原線維間（intermyofibrillar），筋原線維内（intramyofibrillar）
の 3 カ所に存在している．これらのうち，筋原線維内のグリコーゲンが減少
すると筋小胞体からのカルシウムイオン（$Ca^{2+}$）の放出がさまたげられ，筋
収縮活動が持続できなくなるという可能性が示されている［22］．

## 筋グリコーゲン量を高める──グリコーゲンローディング

　図 3.4 は，運動開始前の筋グリコーゲン量と運動持続時間の関係を表した
図である［3］．この実験では，被験者が自転車運動をどれくらい長く続けら
れるかというパフォーマンステストを行っている．その際，パフォーマンス
テストの 3 日間前に運動を 1 回実施し，筋グリコーゲン濃度をいったん減少
させた後，3 日間,「普通食」,「糖質制限食」,「高糖質食」のいずれかを摂
取した後で行っている．その結果，3 つの食事条件でパフォーマンステスト
前の筋グリコーゲン濃度が大きく異なり，当然グリコーゲンの材料となる糖
質を多く含む高糖質食を 3 日間摂取した試行でもっとも筋グリコーゲン濃度
が高くなっている．逆に糖質が少ない糖質制限食を摂取した試行でもっとも
低くなっている．このように運動前のグリコーゲン濃度が異なる状況で自転
車運動を行った場合，筋グリコーゲン濃度が高いほど，運動の持続時間が長
くなるという，とてもきれいな相関関係が認められている．この研究結果か
ら，運動前に糖質の多い食事を摂取し，筋グリコーゲン濃度を高めておくこ
とが，長時間運動時のパフォーマンスを向上させるうえで重要であると考え
られるようになっている．

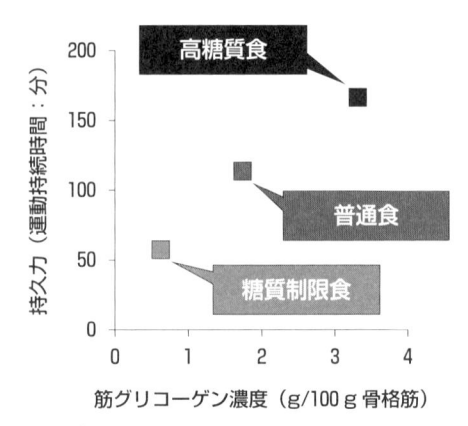

**図 3.4** 運動開始前の筋グリコーゲン濃度と持久的運動能力（自転車運動持続時間）との関係（[3] より作成）
運動開始 3 日前にグリコーゲンを枯渇させる運動を行い，その後 3 日間糖質含有量が異なる食事を摂取し，パフォーマンステストを行った.

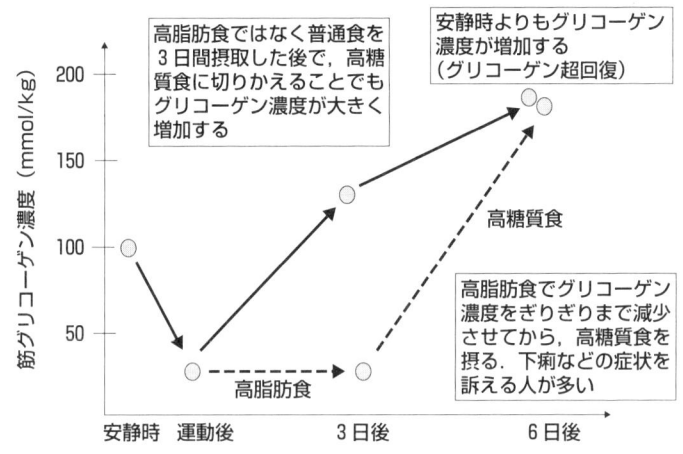

**図 3.5** 初期型グリコーゲンローディング法（点線）と改良型グリコーゲンローディング法（実線）

　上記のように，運動前の筋グリコーゲン濃度を高めておくことが長時間運動時の疲労の発現を遅らせ，パフォーマンスを向上させるうえで重要となる．そこで，スポーツの現場では，筋グリコーゲン量を高めるために「グリコー

ゲンローディング」と呼ばれる栄養学的手法が行われている．まずは，この方法が提案されはじめた初期の頃の方法について説明する（図 3.5）．最初に提案された方法では，まず一度運動を行い，筋グリコーゲン量を減らし，さらにその後 3 日間は高脂肪食を摂取することで，筋グリコーゲンが枯渇した状態を維持する．このようにして，骨格筋が糖質を「渇望」するような状況をつくり出し，その後ようやく高糖質食を摂取し，筋グリコーゲンを回復させる．このような方法により，単に筋グリコーゲン量が運動前の水準に回復するだけではなく，運動前よりもさらに高いレベルにまで増加する．このように筋グリコーゲン量が運動前よりも高い値にまで回復・増加する現象は「グリコーゲン超回復」と呼ばれ，効果的なグリコーゲンローディング法として推奨されていた（初期型）．しかしながら，運動後に 3 日間高脂肪食を続けることで，下痢などの症状を訴える人が多くいた．そのため，改良型として，運動後，最初の 3 日間は高脂肪食の代わりに普通の食事を摂取することが提案され，この方法でも，筋グリコーゲンが同程度にまで超回復することが明らかとなっている（図 3.5）．

　ところで，この「グリコーゲン超回復」はなぜ生じるのであろうか（なぜ，運動前の値よりも高い値にまで筋グリコーゲンが回復するのであろうか？）．図 3.6 に示した実験結果は，片方の脚だけで自転車運動を行った後に糖質を摂取した際の，両脚での筋グリコーゲン量の回復動態を示したものである [2]．当然，自転車運動を行った脚でのみ，運動後（0 日）において筋グリコーゲン量が減少している．その後，高糖質食を 3 日間摂取することで，運動を行っていない脚のグリコーゲン濃度は変化しないのに対して，運動を行った脚においてのみグリコーゲン超回復が生じている．当然，両脚で違う食べ物を摂取しているわけではなく，摂取した糖質は，血液にのって両脚に同じように運ばれている．しかしながら，最終的な筋グリコーゲン量はまったく異なってくる．つまりこの結果は，単に高糖質食を摂取することが重要なのではなく，運動を行い，筋グリコーゲンを一度減少させるということが，グリコーゲン超回復を生じさせるうえで重要であるということを示している．では，一度グリコーゲンを減少させることで，骨格筋のグリコーゲン合成過程ではどのようなことが起こっているのであろうか．

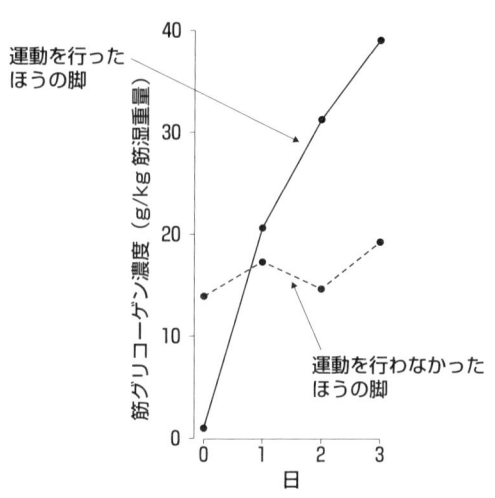

**図 3.6** 片脚自転車運動後の筋グリコーゲンの回復動態 [2]

片方の脚だけを使い自転車運動を行った場合，その後 3 日間にわたって高糖質食を摂取することで，運動を行った脚のみにおいてのみ筋グリコーゲンの超回復が認められる（0 日：運動直後のグリコーゲン濃度の値を示している）．

　それを理解するためには，まず骨格筋においてどのようにグリコーゲンがつくられているのか，ということを理解する必要がある．筋グリコーゲンを合成する際の主な過程は，1）血液中から骨格筋細胞内へと血糖（グルコース）を取り込み，2）グリコーゲン合成酵素の働きにより，グルコースを連結する，という 2 つのステップからなる．したがって，まずは材料となるグルコースを骨格筋細胞内へと取り込む必要がある．糖は水溶性であり，血液に溶け込んでいる．一方，細胞膜はリン脂質の二重膜からなっており，水溶性の物質を通過させることはできない．そこで，血糖を細胞内へと通過させるトンネルの働きをする分子が必要となる．それが，糖輸送体であり，骨格筋には GLUT-4 と呼ばれる糖輸送体が存在している（図 3.7）．この GLUT-4 は，食事を摂取していない場合には，骨格筋細胞の細胞膜ではなく，細胞質（内部）に存在している．一方，食事などを摂取し，血糖値が高まると，膵臓から血糖値を低下させる作用を持つホルモンであるインスリンが分

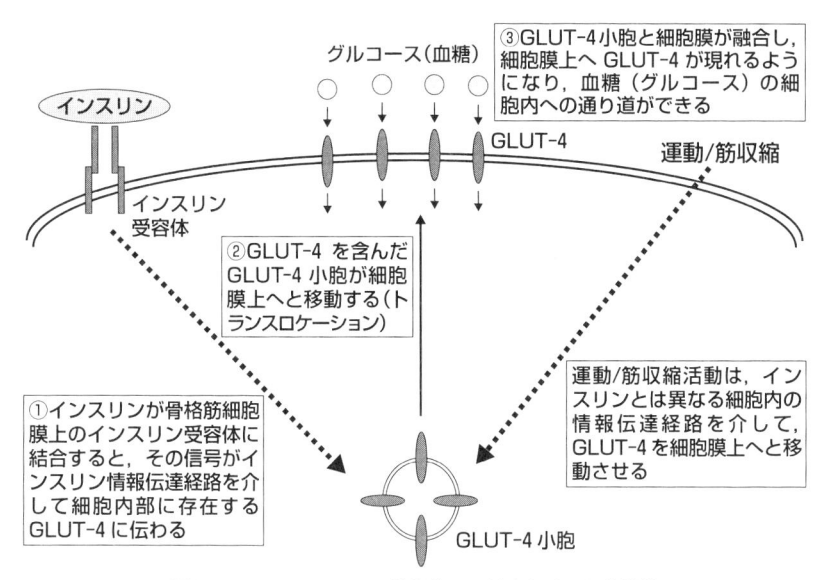

**図 3.7** インスリンによる骨格筋の血糖取り込み調節機構

泌され，そのインスリンが骨格筋細胞膜に存在するインスリン受容体に結合する．すると，その刺激により細胞内の情報伝達経路（インスリンシグナル経路）が活性化されることで，GLUT-4 が細胞膜上へと移動し，ようやく骨格筋細胞へと血糖を取り込むようになる．GLUT-4 は骨格筋だけではなく，脂肪細胞にも存在しており，同様のメカニズムで血糖値を取り込み，脂肪合成の材料として使用している．

　GLUT-4 は，なぜつねに細胞膜上に存在し，血糖を取り込んでいないのだろうか？　なぜ，インスリンが分泌されたときにだけ細胞膜上へと移動する，という一見面倒なシステムになっているのであろうか？　GLUT-4 がつねに細胞膜上に存在した場合，食事を摂取していない場合にも，骨格筋や脂肪組織に血糖が取り込まれることとなり，低血糖状態に陥ってしまう．したがって，血糖値が高まり，それを処理する必要が生じた場合にだけ，GLUT-4 が働くメカニズムが備わっているのである．

　このようなメカニズムで骨格筋はグリコーゲンの材料となるグルコースを細胞内へと取り込んでいるが，運動はこの血糖取り込み過程にも大きな影響

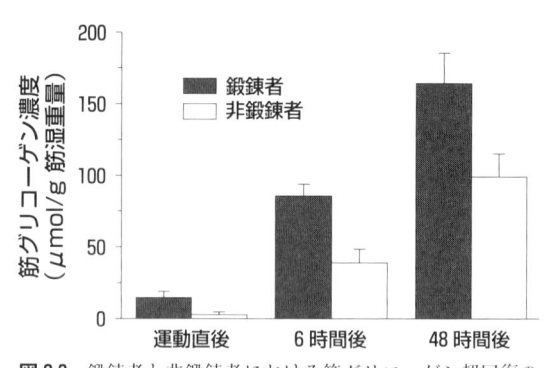

**図 3.8** 鍛錬者と非鍛錬者における筋グリコーゲン超回復の違い [9]
運動後にまったく同じ高糖質食を摂取しても，非鍛錬者に比べて鍛錬者では筋グリコーゲンの超回復が顕著に高くなる．

を及ぼす．運動を行った後の骨格筋では，インスリンの効き目が良くなり，同じ量のインスリンが膵臓から分泌され，その刺激がその筋に伝わったとしても，より多くの GLUT-4 が細胞膜上へと移動し，グルコースを多く取り込むことができるようになることが知られている．この状態を「インスリン感受性が亢進した」という．先に説明したように運動を行った脚（筋）だけグリコーゲンの超回復が生じるのは，このような運動による骨格筋のインスリン感受性の亢進によるものであると考えられている．

　図 3.8 は，トレーニングをよく行っている人（鍛錬者）と，普段トレーニングを行っていない人（非鍛錬者）のグリコーゲン超回復の動態を表したものである．両方のグループともに，筋グリコーゲンを減少させる運動を行い，その後にまったく同じ組成・量の食事（高糖質食）を摂取している．にもかかわらず，グリコーゲンの超回復の程度は大きく異なっているのがわかる [9]．トレーニングを行っている人といない人との間でみられるこのようなグリコーゲン超回復の違いはなぜ生じるのであろうか？

　これまでに行われた多くの研究において，骨格筋に存在する GLUT-4 の量とインスリンによる血糖取り込み量との間には，高い相関関係が認められており，GLUT-4 の量が多い骨格筋ほど血糖を取り込む能力が高いことが知られている．さらに，骨格筋の GLUT-4 の量と筋グリコーゲンの量の間に

も同じように相関関係が認められている．これらの研究結果は，GLUT-4 の量を増やすことができれば，それだけ多く血糖を取り込むことができ，グリコーゲンの合成が高まるということを示している．その GLUT-4 を増やすもっとも強力な刺激が，トレーニングである．マラソン選手のような低〜中強度での長時間のトレーニング，いわゆる持久的なトレーニングを行うことで，骨格筋の GLUT-4 が増加し，それにともないインスリンによる血糖取り込み能力さらにはグリコーゲン濃度が高まることが明らかとなっている [9]．上述したように，トレーニングを積んだ者で筋グリコーゲン濃度が高くなるのは，この GLUT-4 の増加によるものである．

　先ほど示した初期型と改良型グリコーゲンローディング法は，ともにレースや試合の数日から 1 週間ほど前にグリコーゲンを減少させる運動を行うことになっている．しかしながら，レースの直前にこのような強度が高めの運動を行うことで疲労が残る危険性もあり，実際のスポーツ現場ではその実施が難しいと感じることが多い．上述したように，トレーニングを十分に積んだ人では，骨格筋の GLUT-4 が大きく増加しており，血糖取り込み能力，さらには，グリコーゲン合成能力は著しく高い状態にあるといえる．したがって，十分にトレーニングを行っている場合には，普段のトレーニング量を調整しながら，高糖質食を摂取するだけでも十分であると思われる．また，試合前には，トレーニング量を徐々に減らし，テーパリング（調整）を行う場合が多い．その場合にはエネルギー消費量も減るため，グリコーゲンローディングを意識しすぎるあまり高糖質食を摂取しすぎて，体重が増えすぎないように注意する必要がある．

## 運動前の糖質補給に関する注意点

　試合前にグリコーゲンローディングを行う際には，体水分量の増加に注意しなければならない．骨格筋や肝臓にグリコーゲンが 1 g 貯蔵されると，グリコーゲンと同時に 2.6-2.7 g 程度の水分が貯蔵され，体重がそのぶん増えることになる．短距離などの高強度・短時間運動では，素早いエネルギー供給（ATP の再合成）が必要となるため，グリコーゲンが主要なエネルギー源となる．しかしながら，短距離では，それが枯渇することはなく，パフォーマ

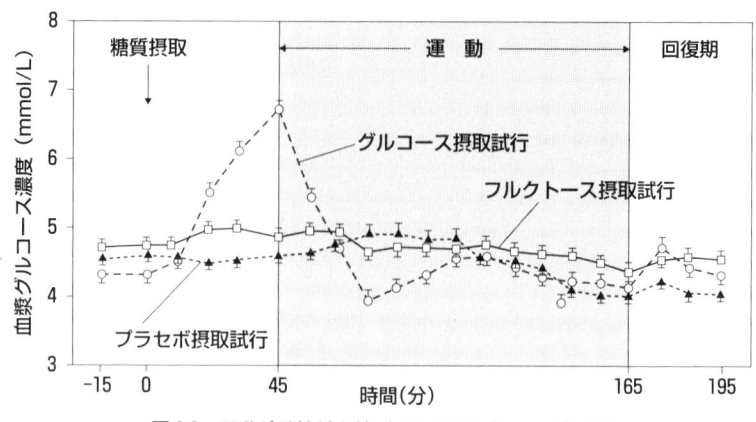

**図 3.9** 運動誘発性低血糖（インスリンショック）[7]
運動開始 30-45 分前に大量の糖質（グルコース）を摂取した場合，運動開始直後に血糖値が急激に低下する．フルクトースなどの消化・吸収がゆるやかな糖質では，そのような血糖値の低下は生じない．

ンスの規定因子・疲労の発現要因となる可能性も低いので，グリコーゲンローディングを行う必要がない場合が多い（1 日に何レースも行う場合には，筋グリコーゲンを枯渇させないような対応が必要になるケースもある）．むしろグリコーゲンローディングを行うことで，水分量さらには体重が増加し，パフォーマンスが低下する危険性がある．グリコーゲンローディングが必要なのは，あくまでも運動時間が 1 時間を超える長時間運動においてであろう．また，重要なレース前に，いきなりグリコーゲンローディングをするのではなく，体重がどれくらい増えるのか，動きにくくならないのか，長時間運動の後半でもエネルギー不足にならないかなど，まずは一度試してみる必要がある．

　運動前の糖質補給に関しては，注意すべき点がもう一つある．運動前に念のためスポーツドリンクなどで糖質補給をする場合，そのタイミングが重要となる．図 3.9 は運動開始後の血糖値の変動に対して運動前の糖質摂取がどのような影響を及ぼすのか示したものである．運動開始の 30-45 分ほど前に多量の糖質（この実験では 75 g のグルコース）を摂取した場合，運動開始時に血糖値が高くなっているものの，運動開始と同時に急激に血糖値が低下し，場合によっては低血糖症に陥ってしまうことが報告されている [7]．このよ

うな現象は"Reactive Hypoglycemia"もしくは"Rebound Hypoglycemia"（日本語名では「運動誘発性低血糖」や「インスリンショック」）と呼ばれており，運動開始直前（30-45分前）には糖質摂取を控えるべき，といわれている．

このように，糖質を大量に摂取しているにもかかわらず，運動により急激に血糖値が低下してしまうのはなぜであろうか？　先述したように，インスリンは糖輸送体GLUT-4を細胞膜上へと移動させて，血糖を骨格筋細胞内へと取り込ませる．実は，運動を行うこと，骨格筋を収縮させること自体も，インスリンとは別の経路を介してGLUT-4を細胞膜上へと移動させて，血糖を取り込ませる刺激となっている（図3.7）．運動中には，交感神経活動が亢進し，インスリンの分泌が減少するにもかかわらず，血糖値が徐々に低下してくる．これは，筋の収縮活動がインスリンとは関係なくGLUT-4を細胞膜上へと移動させて，血糖を取り込むためである．運動前に大量の糖質を摂取し，血糖値が高くなった状態で運動を開始すると，インスリン分泌が高まり，それによる骨格筋の糖取り込みの増加と，運動／筋収縮による糖取り込みの増加が合わさり，一気に骨格筋の糖取り込みが増強されることになる．それにより，血糖値が一気に低下する．

では，どのようにすれば，このような運動誘発性低血糖を予防することができるのであろうか．一つの方法としては，糖質を摂取するタイミングをずらすということが挙げられる．運動の1時間から1時間半ほど前に糖質を摂取することで，血糖値や血中インスリン濃度の上昇が落ち着いてから運動を開始できるようになる．また運動の直前に摂取することも一つの方法である．糖質を摂取して血糖値およびインスリン濃度が上昇する前に運動を開始することができれば，運動（にともなう交感神経活動の亢進）によりインスリンの分泌が抑えられ，低血糖状態に陥ることを防ぐことができる．

もう一つの方法としては，摂取する糖質の種類を変えることが挙げられる．グルコース（ブドウ糖）は，そのままの形で消化・吸収されるので，血糖値が上昇しやすく，インスリン分泌も高くなる．近頃よく耳にするグリセミックインデックス（Glycemic Index, GI値）は，血糖値の上昇度を表した指標である．このGI値は，このグルコースを100として，それに対する比として示している．したがって，GI値が低い糖質を運動前に摂取すれば，運動誘

発性低血糖が生じにくくなる．たとえば，図 3.9 に示すように，運動開始 45 分前にフルクトース（果糖）を摂取した場合には，血糖値の上昇がほとんど見られず，運動開始後にも低血糖状態にはならないことが報告されている [7]．このフルクトースは，グルコースと同じ単糖類ではあるものの，小腸での吸収がグルコースに比べてゆるやかに行われる．グルコースが，小腸に存在する SGLT1 と呼ばれる糖輸送体によって吸収されるのに対して，フルクトースは GLUT-5 という糖輸送体によって吸収される．この GLUT-5 の量は，SGLT1 よりも少なく，そのぶん吸収がゆるやかに行われる．さらに，フルクトースは吸収されたのち，いったん肝臓に取り込まれ，そこでグルコースに変換され，ようやく血糖として使用できるようになる．したがって，フルクトースを摂取しても，すぐには，血糖値は上昇せず（GI 値も低く，約 20 程度），運動誘発性低血糖も生じにくい．ただし，上述したように，フルクトースは小腸での吸収がゆるやかであるため，大量に摂取した場合，消化管に残ってしまい，胃腸での不快感や下痢が生じることがあるので注意が必要である．

　運動誘発性低血糖に関する研究はこれまでに数多く行われているが，血糖値の急激な低下などが生じてもパフォーマンスにはあまり大きな影響は認められないともいわれている．ただし，血糖値の変動の仕方やそれによる影響には大きな個人差があり，一般的な低血糖の判断基準である 3.5-4.0 mmol/L（63-72 mg/dL）以上であっても発汗，震え，意識の混乱といった「低血糖症」を発症する人もいるため，注意が必要である．

## 運動後のグリコーゲン回復

　スポーツの現場では，午前練習と午後練習など 1 日の中で練習が複数回行われたり，1 日の中で何試合か行われたりすることが多い．そのような場合，最初の練習や試合で使われた骨格筋や肝臓のグリコーゲンを次の練習や試合までに回復させる必要がある．十分に回復できない場合には，エネルギー不足となり，次の試合におけるパフォーマンスの低下やトレーニングの質の低下につながる（図 3.10）．また，筋グリコーゲンが減少した状態でトレーニングを行えば，骨格筋のたんぱく質を分解することで得られるアミノ酸をエネ

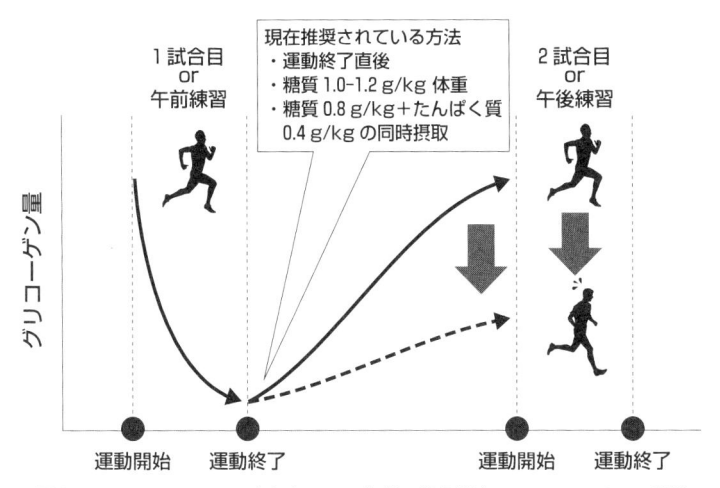

**図 3.10** トレーニング・試合を 1 日に複数回行う場合のグリコーゲン回復法

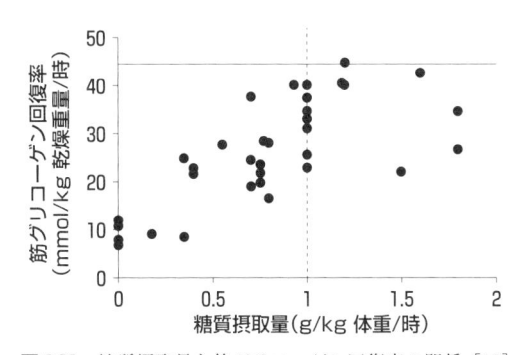

**図 3.11** 糖質摂取量と筋グリコーゲン回復率の関係 [15]

ルギー源として利用するようになり，筋肉づくり・体づくりの面からもマイナスとなる．したがって，このようなケースでは，運動後にできるだけ速やかにグリコーゲンを回復させることが重要となる．

　グリコーゲン回復のためには，当然その材料となる糖質を摂取しなければならない．運動後の筋グリコーゲン回復のための糖質摂取量に関しては数多くの研究が行われており，その結果をまとめたものを図 3.11 に示した [15]．糖質の摂取量が 1 時間あたり 1.0-1.2g/kg 程度のところで筋グリコーゲンの回復率が最大になり，それ以上増やしてもさらなる効果は得られないことが

わかる．これらの結果に基づき，アメリカスポーツ医学会（American College of Sports Medicine, ACSM）などによる最新の「スポーツ栄養と競技パフォーマンスに関する公式声明」では，体重 1 kg あたり 1.0-1.2 g 程度の糖質を毎時間摂取することが推奨されている [27]．しかしながら，この量の糖質を毎時間摂取するというのは，簡単そうに見えて難しい．たとえば，体重 60 kg の人では 60-72 g の糖質を毎時間摂取するということ，つまり，細いスティックシュガーを 20 本以上毎時間摂取するということになる（60 g を一度に摂取せずに，15-30 分ごとに 15-30 g ずつといったように小分けにして頻回摂取することのほうが効果的であるともいわれているが [1]，それでも大量に摂取することには変わらない）．したがって，糖質の量をできるだけ少なくできるほうが望ましい．そこで，近年注目されている方法が，糖質に加えて他の栄養素を摂取することである．たとえば，糖質に加えてたんぱく質（0.4 g/kg/ 時）を同時に摂取することで，糖質量を減らしても（0.8 g/kg/ 時），糖質を大量（1.2 g/kg/ 時）に摂取した場合と同じくらいに運動後の筋グリコーゲンが回復することが報告されている [29]（むしろ糖質単独に比べて糖質とたんぱく質を同時に摂取したときのほうが，グリコーゲンの回復が促進されるという研究結果もある [31]）．これらの結果から，筋グリコーゲン回復のためには，その材料である糖質だけではなく，たんぱく質も摂取することが勧められる（第 4 章でくわしく説明するが，運動後に糖質とたんぱく質を摂取するということは，骨格筋のたんぱく質合成を高めるうえでも好ましい手法である）．

　では，なぜ糖質とたんぱく質を同時に摂取するとグリコーゲンの回復が促進されるのであろうか？　実は，糖質とたんぱく質を同時に摂取した場合，血中のインスリン濃度がそれぞれ単独に摂取した場合やそれぞれの値を単純に足し合わせた値よりも高くなることが報告されている（図 3.12A）[31]．インスリンは血糖値の上昇によって膵臓の $\beta$ 細胞から分泌されるが，インスリンの分泌は血糖値によってのみ制御されているわけではない．糖質に加えてたんぱく質や脂質を摂取した際には，十二指腸や小腸からグルコース依存性インスリン分泌刺激ポリペプチド（Glucose-dependent Insulinotropic Polypeptide, GIP）やグルカゴン様ペプチド-1（GLP-1）などの消化管ホルモンと呼ばれる物質が分泌される．これらは，膵臓の $\beta$ 細胞に作用して，高血糖時

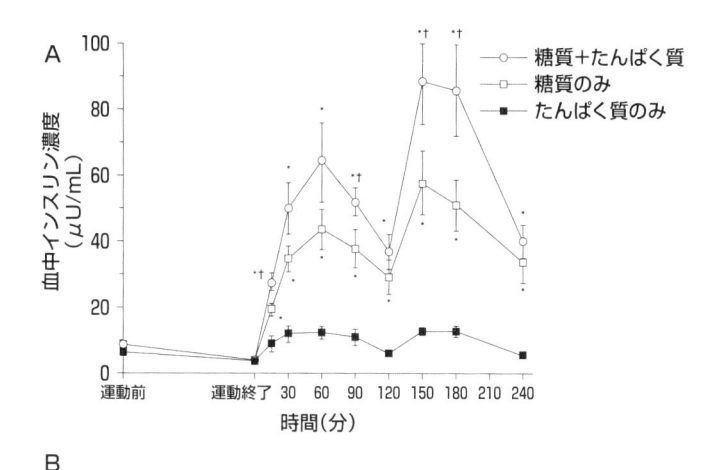

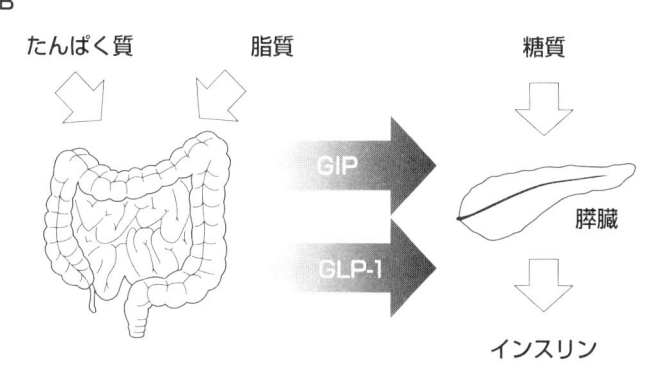

**図 3.12** 運動後の糖質+たんぱく質同時摂取後の血中インスリン濃度の変化
（A）［31］と消化管ホルモンによるインスリン分泌促進効果（B）
糖質とたんぱく質を同時摂取した試行では糖質のみおよびたんぱく質のみを
摂取したときのインスリン濃度を足し合わせたものよりもインスリン濃度が
高い値を示している.

にインスリン分泌を促進することが知られている（血糖値が低いときには，
たんぱく質や脂質を摂取して消化管ホルモンを分泌させても膵臓からのインスリ
ン分泌は刺激されない．消化管ホルモンは，あくまでも高血糖時においてのみイ
ンスリン分泌を増強する作用をもつ）（図 3.12B）．つまり，糖質とたんぱく質
を同時に摂取した場合には，この消化管ホルモンの作用により，インスリン
分泌が増強され，筋グリコーゲンの回復が促進されると考えられている.

　運動後のグリコーゲン回復を促進するためには，糖質を摂取するタイミン

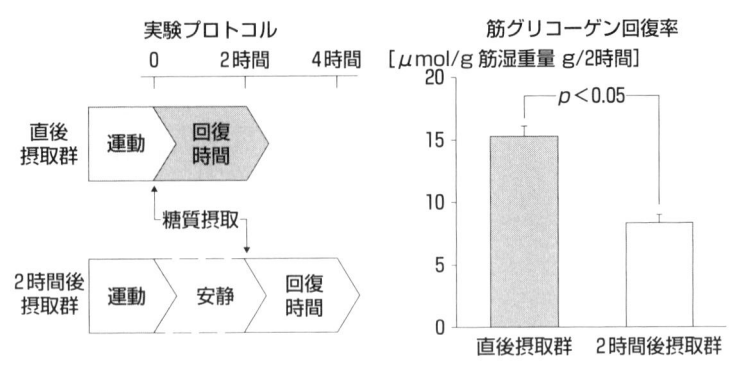

**図 3.13** 運動後の糖質摂取のタイミングが筋グリコーゲン回復率に及ぼす影響（[14] より作成）

まったく同じ組成の糖質溶液を摂取しても，運動終了直後に摂取した場合に比べて，運動終了 2 時間後に摂取した場合には，筋グリコーゲンの回復率が低下してしまう．

グも重要である．筋グリコーゲンの回復に関して，もっとも有名な論文は，1988 年に Ivy 教授らによって報告された論文である（図 3.13）[14]．この研究では，長時間の自転車運動を行った後，糖質をその自転車運動の終了直後もしくは終了 2 時間後に摂取した場合の筋グリコーゲン回復率を比較している．その結果，まったく同じ量の糖質を摂取したにもかかわらず，運動終了 2 時間後に摂取した場合に比べて，運動終了直後に摂取した場合には筋グリコーゲン回復率が約 2 倍高かったことが明らかとなっている．

　まったく同じ量の糖質を摂取しているにもかかわらず，グリコーゲンの回復率がここまで違うのはなぜであろうか？　先述したように，骨格筋を収縮させること自体が，インスリンとは別の細胞内情報伝達経路を使い，GLUT-4 を細胞膜上へと移動させ，血糖の取り込みを増やす．筋収縮活動によって細胞膜上へと移動してきた GLUT-4 は，運動（筋収縮活動）終了後，しばらくは細胞膜上に留まって，血糖の取り込みを担っている．したがって，GLUT-4 が運動終了後，細胞膜上に留まっている間に，糖質を摂取し，血糖値を高めることができれば，多くの糖が骨格筋内へと取り込まれ筋グリコーゲン合成に利用されると考えられている．また，運動中には，その運動に動員されている骨格筋へと優先的に血液が送られる．このような活動筋への血流の増

大も，運動終了後しばらくは維持されているので，この時間帯に糖質を摂取すれば，それだけ多くの血糖がそれまで活動していた筋へと送りこまれることになる．さらに，運動終了直後では，消化・吸収能力，特に胃から小腸への排出速度が低下するといわれているが，小腸での糖の吸収効率はむしろ安静時に比べて増加することが報告されている（小腸での糖の吸収速度が筋グリコーゲン合成の律速段階となっている，という仮説も示されている）[20]．以上のようなメカニズムが，運動終了直後に糖質を摂取することによる筋グリコーゲンの回復促進に寄与していると考えられている．

Ivy 教授の研究では，運動終了直後と 2 時間後の比較が行われているのみであり，運動終了後何分目までに糖質を摂取すべきか，ということに関しては必ずしも明らかとなっていない．現在のところ，国際スポーツ栄養学会（ISSN）による公式見解には，運動終了後 30 分以内に摂取すべき，と記されている [16]．しかしながら，最近の動物実験の結果からは，運動終了 30 分後に糖質を摂取した場合でも，すでに筋グリコーゲンの回復率が低下しているという可能性も示されており [11]，もっと早い時間帯に摂取すべきなのかもしれない．

運動後の糖質補給に関して注意すべきことが一点ある．それは，このように運動終了後の速やかな糖質補給が必要なのは，1 日に試合やトレーニングが複数回行われる場合に限る，ということである．試合やトレーニングが次の日まで行われないという場合，すなわちグリコーゲンを回復させるのに十分な時間がある場合には，運動後それほど急いで糖質を摂取する必要はない．運動後の速やかな糖質補給が必要なのは，あくまでも次の試合やトレーニングまでに時間が限られている場合である（回復までの時間が十分にあれば，たとえ糖質摂取が遅れて，回復率が低下したとしても，筋グリコーゲン量は十分に回復する）．

参考までに，表 3.1 に国際オリンピック委員会（IOC）から発表されているトレーニング量別の推奨糖質摂取量を示す．同じく表 3.2 にも，1 日のエネルギー消費量別の三大栄養素の摂取量および摂取比率を示した．これらの表を参考にしながら，トレーニング量やエネルギー消費量に見合った糖質が摂取できているのか確認してみてほしい．

表 3.1　トレーニング量別の推奨糖質摂取量（[12] より作成）

| トレーニング量 | | 体重 1 kg あたりの推奨糖質摂取量 |
|---|---|---|
| Light<br>（軽め・少なめ） | 低強度の運動もしくは技術練習を実施する場合 | 3-5 g/kg/日 |
| Moderate<br>（中程度） | 1 日 1 時間程度の運動を実施する場合 | 5-7 g/kg/日 |
| High<br>（多め） | 1 日 1-3 時間の中〜高強度の運動を実施する場合 | 6-10 g/kg/日 |
| Very High<br>（とても多い） | 1 日少なくとも 4-5 時間の中〜高強度の運動を実施する場合 | 8-12 g/kg/日 |

表 3.2　アスリートのための三大栄養素の摂取量・摂取比率 [20]

| | 1 日の総エネルギー消費量 | | | |
|---|---|---|---|---|
| | 4500 kcal | 3500 kcal | 2500 kcal | 1600 kcal |
| たんぱく質（g）<br>エネルギー比率 | 150<br>（13%） | 130<br>（15%） | 95<br>（15%） | 80<br>（20%） |
| 脂質（g）<br>エネルギー比率 | 150<br>（30%） | 105<br>（27%） | 70<br>（25%） | 45<br>（25%） |
| 糖質（g）<br>エネルギー比率 | 640<br>（57%） | 500<br>（58%） | 370<br>（60%） | 220<br>（55%） |

## 運動中の糖質の利用を減らすためには？

　長時間運動時においてグリコーゲンの枯渇を防ぐためのもう一つの方法は，運動中のグリコーゲン利用をできるだけ少なくするというものである．では，運動中のグリコーゲン利用を減らすためにはどのような方法があるのだろうか？

　図 3.14 に 12 週間の持久的なトレーニングを行う前後において，同じ強度で自転車運動を行ったときの筋グリコーゲンおよび血糖（血漿グルコース）の利用動態を示した [5]．トレーニング前に比べてトレーニング後において，血糖および筋グリコーゲンの利用量がともに少なくなっていることがわかる．つまり，トレーニングを行うことで，まったく同じ強度の運動を行っても，糖質を使わない体に変わったことを意味している．このように糖質の利用が減少する一方で，体内に多量に存在するエネルギー源である脂質の利用が増

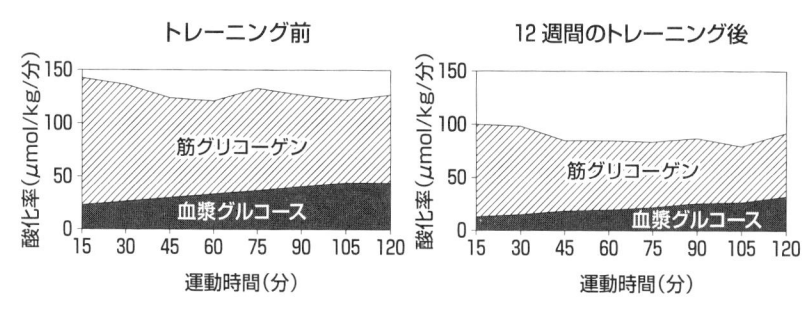

**図 3.14** 12 週間の持久的トレーニング前後で同一の運動を行った場合の血糖および筋グリコーゲン利用（酸化率）の違い [5]
トレーニング後では，筋グリコーゲンおよび血糖（血漿グルコース）の利用率が減少していることがわかる（白い部分は主に脂質の利用を示している）．

えることになる．

　では，なぜマラソン選手のような持久的なトレーニングを行うことで運動時の糖質利用が減少するのであろうか？　実はこの適応・変化にはミトコンドリアの適応が深く関わっている．ミトコンドリアは，酸素を利用しながら，糖質と脂質から得られるエネルギーを使い ATP を再合成する細胞内小器官である．運動強度が高くなるほど，ATP の再合成の需要が高まるが，ミトコンドリアによる ATP 再合成の能力が間に合わなくなると，細胞内には ATP の分解物である ADP と Pi（無機リン酸）が増加することになる．このようにして増加した Pi は，グリコーゲンを分解する反応（グリコーゲン分解酵素（グリコーゲンフォスフォリラーゼ）がグリコーゲンを分解してグルコース 1 リン酸をつくる反応）において利用される（図 3.15）．つまり，この Pi の増加がグリコーゲン分解を活性化させる重要なスイッチの一つになっているのである．逆に，この Pi が増加しなければ，つまりミトコンドリアが細胞内に多く存在し，ATP の再合成が速やかに行われれば，グリコーゲン分解のスイッチが入らないということになる．骨格筋のミトコンドリアが持久的トレーニングによって増加することが 1960 年代後半に発見され，このミトコンドリアの増加が運動中のグリコーゲンの利用低下につながっていることが明らかとなっている [10]．

　以上のように，マラソン選手のように持久的トレーニングを積んだ人の骨格筋では，1）糖輸送体 GLUT-4 が増加し，血糖取り込み能力，さらにはグ

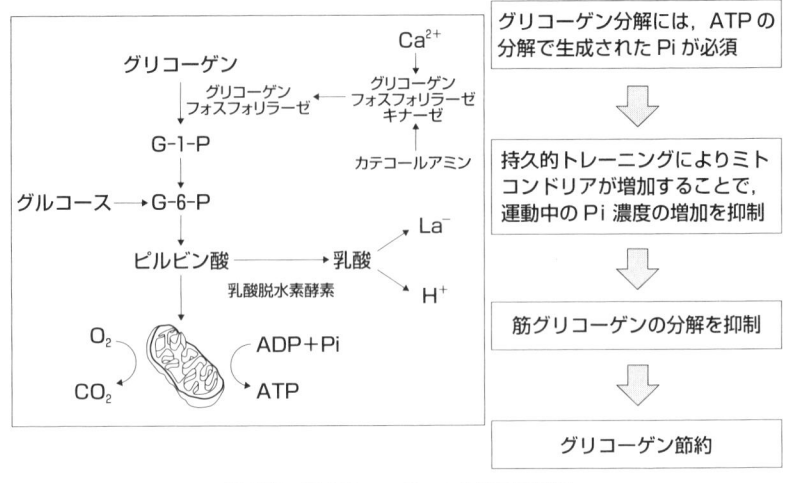

**図 3.15** 筋グリコーゲンの分解調節機構

持久的トレーニングを行うと骨格筋ではミトコンドリアが増加し，ATP の再合成が速やかに行われる．その結果，グリコーゲンの分解に必要な無機リン酸（Pi）の増加が抑えられ，グリコーゲンが使われなくなる．

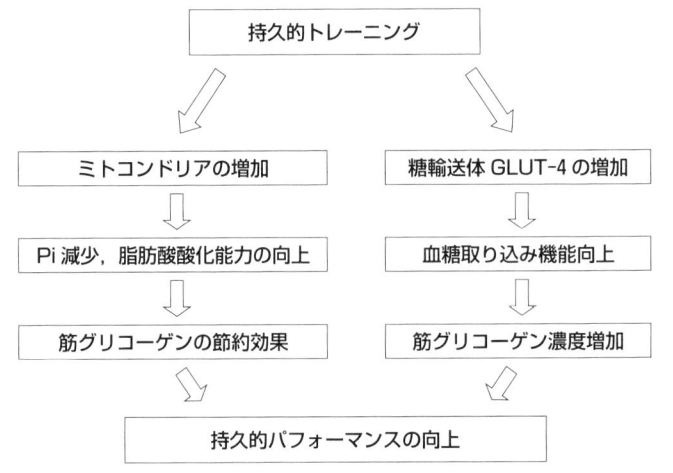

**図 3.16** 持久的トレーニングに対する骨格筋の糖代謝機能の適応とパフォーマンス向上効果 [24]

リコーゲン貯蔵量が増加する，2）ミトコンドリアが増加し，運動時のグリコーゲン利用が低下する，という2つの適応が起きる．このようにして，長時間の運動を行っても，筋グリコーゲンの枯渇を防ぐことができ，長時間ペースを落とすことなく運動を継続することができるようになる（図3.16）．

## 持久的トレーニングの効果を高める方法
### —— Training-Low, Compete-High 法，Sleep-Low 法

　持久的トレーニングの効果を高める方法として，最近 Training-Low, Compete-High という手法が注目されている．この手法を説明する前に，持久的トレーニングが骨格筋のミトコンドリアや GLUT-4 を増加させるメカニズムについて簡単に説明する．

　スポーツ科学に関するこれまでの研究の多くは，「このようなトレーニングをしたら，これだけトレーニング効果があった，パフォーマンスが向上した」というような「記述的な研究」であった．しかしながら，近年，スポーツ科学の分野にも生化学的・分子生物学的手法が導入され，「運動トレーニングを行ったときには，骨格筋細胞の中ではどのような変化が起きているのか？」ということを探り，運動トレーニングによる効果の分子レベル・細胞レベルでのメカニズムを解明しようという研究が盛んに行われるようになっている．このようなメカニズムの解明が進み，たとえば，「A という細胞内の分子が，このトレーニング効果を生み出すうえで重要な働きをしている」ということが明らかになると，その A という分子を効果的に活性化できるトレーニング方法や栄養素の摂取法の開発が可能になる．

　持久的トレーニングに関しても，このようなメカニズムを探る研究が進み，「AMP 依存性プロテインキナーゼ（AMP-activated Protein Kinase, AMPK）」と呼ばれる酵素が重要な働きをしていることが近年明らかとなっている．AMP（アデノシン1リン酸）とは，ATP が分解されることで生成される代謝産物である．筋収縮が行われ，エネルギー源である ATP や同じリン酸化合物であるクレアチンリン酸が減少し，反対にそれぞれの代謝産物である AMP やクレアチンが増加したことを感知して，この AMPK が活性化される．つまり，AMPK とは，強度の高い運動を行ったり，運動を長時間行ったり

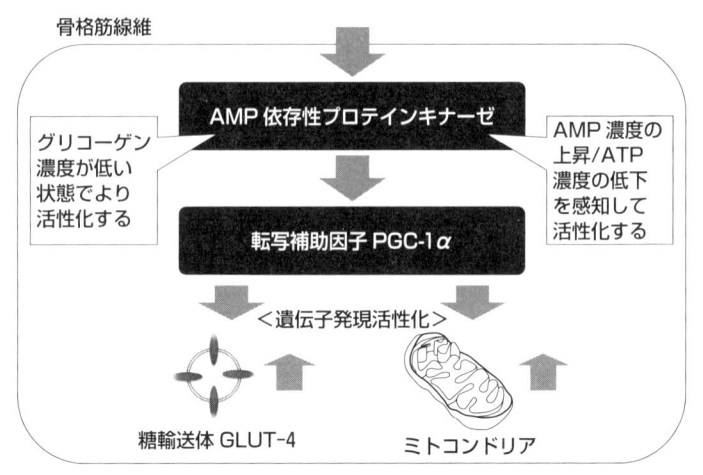

持久的トレーニング

骨格筋線維

AMP 依存性プロテインキナーゼ

グリコーゲン濃度が低い状態でより活性化する

AMP 濃度の上昇/ATP 濃度の低下を感知して活性化する

転写補助因子 PGC-1α

＜遺伝子発現活性化＞

糖輸送体 GLUT-4　　ミトコンドリア

**図3.17**　持久的トレーニングにより骨格筋の糖輸送体 GLUT-4 およびミトコンドリアが増加する分子メカニズム
運動／筋収縮活動により骨格筋では AMP 依存性プロテインキナーゼが活性化する．それにより転写補助因子 PGC-1α を介して糖輸送体 GLUT-4 およびミトコンドリアの遺伝子発現にスイッチが入る．

することで活性化される酵素である．最近の研究により，骨格筋の AMPK が活性化すると，ミトコンドリアや GLUT-4 などの持久的運動に関連した遺伝子に働きかけることが明らかとなっている（図 3.17）[25]．

　このような研究結果から，持久的トレーニングの効果を高めることを目的として，AMPK を効率よく活性化できる方法が模索されている．その一つの方法が，Training-Low, Compete-High という手法である．AMPK は，ATP や AMP といった物質の濃度だけではなく，実は筋グリコーゲン濃度の影響も受けることがわかっている．同じ運動を行ったとしても，筋グリコーゲン濃度が高い場合に比べて，低いときに運動を行ったときには，AMPK がより活性化し，ミトコンドリアや GLUT-4 の遺伝子の発現が高まることが報告されている．このような研究結果から，糖質をあまり摂取せずに筋グリコーゲン量が少ない状態で持久的トレーニングを行い（Training-Low），レース前にはグリコーゲンローディングを行い，筋グリコーゲン濃度が高い状態でレースに臨む（Compete-High）という理論が生み出されている [4]．筋グ

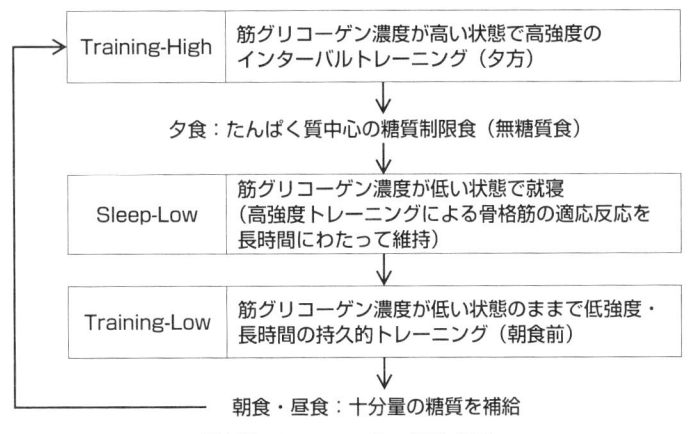

**図 3.18** Sleep-Low 法の概要［26］

リコーゲン濃度が低い状態でトレーニングを行った場合に注意すべきポイントがいくつか挙げられる．まず一つは，当然エネルギー不足の状態でトレーニングを行うため，トレーニングの質の低下，特に高い運動強度でのトレーニングが行えなくなることが挙げられる．さらにもう一つのポイントとしては，筋グリコーゲン濃度が低い状態でトレーニングを行った場合，エネルギー不足を補うために筋たんぱく質（第 4 章参照）の分解が進むということである．このことは，筋肉づくり，体づくりという点では当然マイナス要素となる．

　Training-Low 法による上記のようなデメリットを克服する方法として，新たに「Sleep-Low 法」と呼ばれる方法が考案されている［17］．この方法では，まず，きちんと食事を摂り，筋グリコーゲン濃度が高い状態で強度の高い（質の高い）トレーニングを行う．そのトレーニングの後の食事（夕食）では糖質を摂取せずに，筋グリコーゲン濃度が低い状態をつくり出し，その状態で睡眠をとることで高強度トレーニング後の遺伝子発現を促す．さらに，翌朝，筋グリコーゲン濃度が低い状態で低強度の持久的トレーニングを行うことで，ミトコンドリアや GLUT-4 の遺伝子発現をさらに活性化させる．その後，糖質を十分に摂取し，グリコーゲンの回復を図り，午後の高強度トレーニングに備える，という一連の流れになる（図 3.18）．つまり，運動後の

栄養補給法を工夫することで，1日の中で筋グリコーゲン濃度が低くなる状況と高くなる状況をつくり出し，それぞれの状況下で持久的トレーニングと高強度トレーニングを行うというものである．この「Sleep-Low 法」を行うことで，まったく同じ量の糖質を3食でほぼ均等に割り振った場合に比べて，運動中のエネルギー効率が改善し，さらに高強度運動の持続時間が延長するという研究結果が報告されている [17]．Sleep-Low 法を検討した最初の研究では，3週間の介入期間が設けられていたが，1週間でも効果が得られることが報告されており，まずは短期間で試してみるのもよいかもしれない（1週間という短期間の介入で効果が得られたことや，介入前後で糖質や脂質の利用動態に変化が認められなかったことから，遺伝子発現や代謝機能の適応による効果ではなく，別のメカニズムによってパフォーマンスが改善したのではないかとも考えられている）．ただし，この方法においても，グリコーゲン濃度が低い状態で持久的なトレーニングを行うことには変わりないため，やはり筋たんぱく質の分解に対する影響が懸念される．今後，筋たんぱく質の合成・分解に及ぼす影響も含めてさらなるエビデンスの蓄積が必要である．

## 3.2 糖尿病と運動・栄養

### 糖尿病の原因は？

近年，糖尿病患者が日本でも急増しており，成人の5人に1人が糖尿病を罹患している，もしくは糖尿病を否定できない状態であるといわれている．この糖尿病とは，食事などで摂取した糖質が，体内で処理しきれずに血液中に高濃度で残ってしまう病気である．通常，血糖は腎臓で再吸収を受けるため，尿中にはでてこないのであるが，それが血中に高濃度で存在すると，再吸収しきれずに，尿中にでてくるようになる．このように尿中に糖がでてくることよりも（尿路感染などの問題があるが），むしろ，血糖が高く維持されてしまう結果，その余分な糖がさまざまな細胞に付着し，ダメージを与えることが大きな問題となる．特に末梢の毛細血管がダメージを受けることで，腎不全（糖尿病性腎症），網膜症・失明，足の壊疽といった状態に陥ってしま

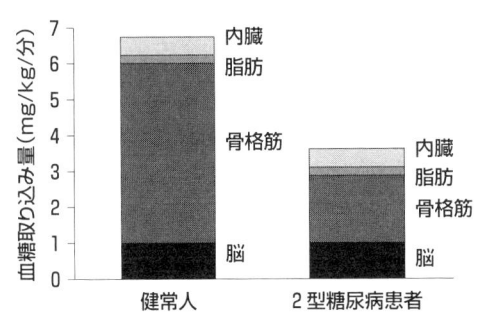

**図 3.19**　健常者と 2 型糖尿病患者の各組織における血糖
取り込み能力（[6] より作成）
　2 型糖尿病患者では，内臓，脂肪，脳などの血糖取り込
み能力は健常者と変わらないものの，骨格筋の血糖取り
込み能力が著しく低下していることがわかる．

う．糖尿病には，1 型と 2 型があるが，1 型は，先天的もしくは何かの疾患
が原因となって，インスリン分泌不全になってしまったケースをいい，肥満
や運動不足が原因となって生じる，いわゆる生活習慣病としての糖尿病は 2
型を指す．

　では，なぜ食事などで摂取した糖質を処理できなくなってしまうのであろ
うか？　図 3.19 は，健康な人と 2 型糖尿病患者において，インスリンによっ
て血糖がどの組織で処理されているかを示した図である [6]．健康な人では
骨格筋による血糖処理が大きな割合を占めており，おおよそ 8 割以上が骨格
筋において処理されていることがわかる．一方，2 型糖尿病患者ではインス
リンによる体全体での血糖処理量が健康な人の半分程度にまで落ち込んでお
り，いわゆる「インスリン抵抗性」と呼ばれる状態になっている．さらにそ
の内訳を見てみると，脳，内臓および脂肪の血糖処理量は健康な人とほとん
ど差がないものの，骨格筋による血糖処理量が半分程度となっていることが
わかる．つまり，骨格筋が血糖を処理できなくなっていること＝骨格筋のイ
ンスリン抵抗性が，血糖値が高くなってしまう主な原因の一つとなっている．

　では，さらに一歩踏み込んで，「なぜ，2 型糖尿病患者では，骨格筋の血
糖処理機能が低下してしまうのだろうか？」ということについて考えてみた
い．現時点では，大きく 2 つの要因が関与しているだろうと考えられている．

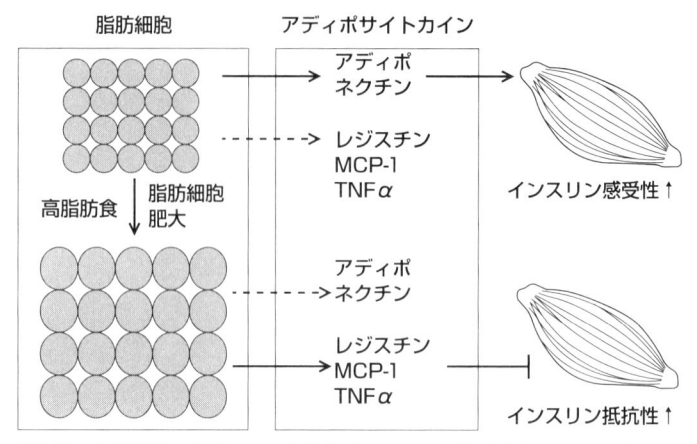

**図3.20** 内臓脂肪の蓄積による骨格筋インスリン抵抗性発症のメカニズム（メタボリックシンドロームの概念）

一つは，メタボ健診でおなじみの内臓脂肪と，もう一つは異所性脂肪と呼ばれるものである．

　まず，内臓脂肪については，第1章で説明したアディポサイトカインと呼ばれる物質が関与していることが知られている．過剰なエネルギー摂取により肥大した内臓脂肪からは腫瘍壊死因子$\alpha$（TNF$\alpha$），レジスチン，単球遊走因子-1（Monocyte Chemotactic Protein-1, MCP-1）などのアディポサイトカインが分泌されるようになる．これらが骨格筋に作用すると，インスリンの効き目が悪くなり（インスリン抵抗性），全身の糖代謝機能が悪化すると考えられている（図3.20）．2008（平成20）年から行われている特定健康診査いわゆるメタボ健診では，内臓脂肪量の指標として腹部周囲径が測定されているが，それはこのような科学的根拠に基づいて行われているのである．

　また，最近では骨格筋のインスリン抵抗性の原因として，異所性脂肪が注目されている．異所性脂肪とは，本来，脂肪は脂肪細胞に蓄積するはずであるが，過剰なエネルギー摂取や脂肪量の多い食事を摂取することで，骨格筋や肝臓などの脂肪細胞以外の組織（異所）に蓄積した脂肪を指す．骨格筋細胞内に蓄積した脂肪（中性脂肪）やその分解物が，インスリンの効き目を悪化させ，骨格筋の血糖処理能力を低化させるという研究結果が報告されている．ただし，インスリン抵抗性における異所性脂肪の関与に関しては，異所

性脂肪の蓄積量とインスリン抵抗性の程度の間に乖離があるケースも報告されるなど，その理論に対して否定的な見解も存在する．内臓脂肪（から分泌されるアディポサイトカイン）と異所性脂肪のいずれも，インスリンによる細胞内情報伝達経路さらには糖輸送体 GLUT-4 の細胞膜上への移動を阻害することで，骨格筋の血糖取り込み能力を悪化させていると考えられている．

## 運動・栄養による糖尿病予防効果

ここまで，糖尿病の原因について述べてきたが，ここからはその予防・治療法に関して見ていきたい．先に述べたように，過剰なエネルギー摂取による内臓脂肪や異所性脂肪の蓄積が，骨格筋のインスリン抵抗性を生じさせ，糖尿病の原因になっているといわれている．それに対して，逆にエネルギー摂取量を制限することで，インスリン抵抗性が改善できることはよく知られている．このことは，第2章でくわしく解説してあるので，そちらを再度参照していただきたい．

一方，エネルギー消費量を高めることで内臓脂肪を減少させることがよく知られている運動の効果はどうであろうか？ 運動は，内臓脂肪を減少させて，TNF$\alpha$ やレジスチンなどのアディポサイトカインを減少させる．しかしながら，それ以上に骨格筋に対する直接的な作用のほうが，より大きな糖尿病の予防・治療効果を持っている．

運動と筋グリコーゲンのところでも解説したように，運動（筋収縮活動）はインスリンとは別の経路で糖輸送体 GLUT-4 を細胞膜上へと移動させ，血糖を細胞内へと取り込ませる（インスリン非依存的な血糖の取り込み亢進）．つまり，インスリン抵抗性と呼ばれるインスリンの効き目が悪くなった2型糖尿病患者の骨格筋でも，運動によるこのような GLUT-4 の細胞膜上への移動は悪化することなく，正常に機能している．運動が糖尿病患者における血糖コントロールに効果的であるのは，このようなメカニズムによるものである．ちなみに，この運動による GLUT-4 の細胞膜上への移動にも，AMPK が関与していることが明らかとなっている．AMPK はパフォーマンスの向上だけではなく，生活習慣病の予防・治療においても大変重要な分子として位置づけられている．

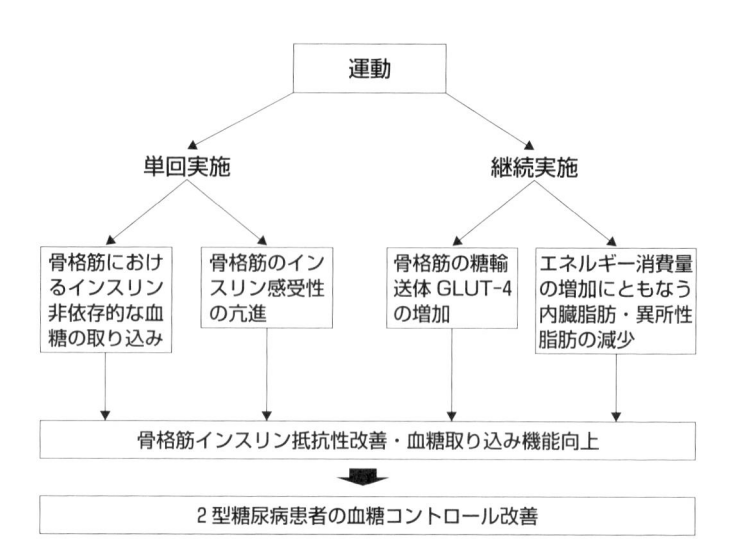

**図 3.21** 2型糖尿病患者が運動を単回実施した場合と継続実施した場合で得られる血糖コントロール改善効果

　また，グリコーゲン超回復に関して，運動後にはインスリン感受性が亢進し，さらに運動を継続して行うと GLUT-4 が増え，骨格筋の血糖取り込み能力が向上すると述べたが，このような運動による適応は，インスリン抵抗性を発症した患者でも生じる．エネルギー摂取制限を行った場合には，確かに内臓脂肪量を減少させることができるが，このような骨格筋に対する適応効果は得られない．また，それだけではなく，過度なエネルギー摂取制限は，内臓脂肪だけではなく骨格筋量を減少させ，むしろその血糖処理機能を低下させる可能性もある．したがって，内臓脂肪と骨格筋の両方に好ましい影響を及ぼすことができる運動の効果は，とても大きなものであるといえる（図3.21）．

### 糖質制限食の効果

　最近巷では，「糖質制限食」「炭水化物制限食」がブームとなっている．その理論的根拠はどのようなものなのか？　また，どれくらいの減量効果が期待できるのであろうか？

　まず，糖質制限食の理論的根拠について見ていきたい．第2章で説明した

ように，体重の増減は，基本的にはエネルギー摂取量とエネルギー消費量のバランスによって決まると考えられている．その一方で，糖質摂取にともなう血糖値の上昇によって分泌されるインスリンも体重決定の重要な要因であるという説もある．このインスリンには，1）骨格筋と同様に脂肪細胞の糖輸送体 GLUT-4 を細胞膜上へと移動させ，血糖の取り込みを増加させる（取り込まれた血糖は脂肪合成の材料として利用される），2）脂肪合成に関与する酵素（脂肪酸合成酵素（Fatty Acid Synthase, FAS）など）の発現量を増加させる，3）脂肪分解に関係する酵素（ホルモン感受性リパーゼなど）の働きを弱める，という作用があることが知られている．つまり，インスリンは脂肪の合成を促すホルモンであるといえる．したがって，糖質を制限し，インスリンの分泌を減少させることで，脂肪合成の抑制さらには肥満の予防効果を得ようとするのが，糖質制限食ということになる．

では，このような糖質制限食が体脂肪・体重減少に有効なのだろうか？くわしくは第7章で説明するが，ある食事摂取方法が効果的であるかどうかに関して，もっとも信頼性の高い科学的根拠・情報源は「メタ解析」と呼ばれるものである（第7章参照）．メタ解析とは，多くの臨床研究のデータを収集・統合し，統計的方法を用いて解析したものであり，2014年に糖質制限食（低糖質食）に関するメタ解析結果が報告されている [19]．このメタ解析では，糖質制限食に関する数多くの研究論文のなかから，実験手法が妥当であると認められた19個の研究が抽出され，そこで得られたデータの解析が行われている．このメタ解析では，糖質からのエネルギー摂取量が45%以下のものを糖質制限食として定義し，それが一般的に健康的であるといわれている対照食と比較して，体重減少効果があるのかどうかを検証している．その結果，最終的に導かれた結論は "There is probably little or no difference in weight loss."，つまり，対照食との差はほとんどない，というものであった．また，このようなメタ解析以外にも，メタボリックチャンバーを用いた研究でも，糖質制限食によって体重減少効果が得られることを支持する結果は，残念ながら得られていないようである [8]．今後，糖質制限食・低糖質食に関する研究はさらに増え，それによって結論が変わる可能性は否定できないものの，現時点においては糖質を制限するメリットは必ずしも大きくないの

かもしれない.

　実験動物を対象としても糖質制限食の効果は検討されている．実験動物では，糖質を制限し，たんぱく質摂取量を増やすと，食べる餌の量（摂餌量）が減ってしまうことが多い．ヒトでも同様に，たんぱく質の摂取量を増やすと食欲が抑えられることが知られており，糖質制限食（というよりもむしろ高たんぱく質食と呼んだほうが適切と思われるが）は，減量のために食欲をコントロールするという面では有効な手段であるのかもしれない．ただし，そのような場合，減量効果が認められたとしても，それが，糖質が少ないという餌（食事）の組成が要因となっているのか，食べる餌（食事）の量が減ったこと（＝エネルギー摂取量が減ったこと）が要因となっているのかはわからない．そこで，このような研究を行う場合には，糖質制限飼料を食べる群と通常飼料を食べる群でその摂餌量をあわせる「ペアフィーディング法」という実験が行われる．このペアフィーディング法を用いた研究では，糖質制限による減量効果・脂肪減少効果は，糖質がまったくない「無糖質飼料」で，しかもたんぱく質からのエネルギー摂取量が全体の80％を占めるという大変厳しい条件でないと認められないことが報告されている（このときの脂肪減少効果は，主にたんぱく質摂取による食事誘発性熱産生（第2章参照）によるものだと考えられる）[18]．また，このような無糖質・高たんぱく質食を摂取した場合，実験動物の内臓脂肪量が減少するものの，腎臓および肝臓に肥大がみられるなど，これらの臓器に負荷がかかっている様子がうかがえる（表3.3）．肝臓が肥大しているのは，糖質がない状況において，肝臓でたんぱく質（アミノ酸）から糖をつくり出す機能（糖新生）が過剰に働いたためであると考えられる．

　最近では，糖質制限食による長期的な死亡・心血管疾患リスクについてのメタ解析結果も報告されているが，この中でも，糖質制限食を摂取した場合には，死亡リスクが高くなるという解析結果も示されている[21]．糖質制限に関する検証は今後も引き続き行われるべきであるが，ダイエットの効果を急ぐあまり，極端に糖質制限をすることは，現時点では避けるべきなのかもしれない．

表3.3 無糖質食・高たんぱく質食を6週間摂取したラットの内臓脂肪, 腎臓, 肝臓重量（寺田ら, 未発表資料）

| | 普通食 | 無糖質食 |
|---|---|---|
| | (g/100g 体重) | |
| 内臓脂肪量 | 6.11 ± 0.24 | 3.66 ± 0.15** |
| 肝臓重量 | 3.00 ± 0.10 | 3.97 ± 0.14** |
| 腎臓重量 | 0.61 ± 0.02 | 0.91 ± 0.02** |

**：普通食群との間に有意な差があることを示す．同じエネルギー量の食事を摂取した場合でも，無糖質食群では，内臓脂肪量が少なくなるが，肝臓や腎臓の重量は大きくなる．

## 食物繊維の効果

　食物繊維は，炭水化物の一種であり，「ヒトの消化酵素で消化されない食物成分」と定義されている．食物繊維は動物性食品にも含まれるが，通常の食事のなかで摂取される食物繊維のほとんどが植物性食品に含まれる難消化性多糖類（セルロース，グルコマンナン，ペクチンなど）である．食物繊維は，水に溶ける水溶性食物繊維と溶けない不溶性食物繊維に分けられる（表3.4）．食物繊維は，消化・吸収されずに消化管を移行して大腸に到達し，その過程で機能を発揮する．食物繊維の生理機能を表3.4にまとめた．食物繊維の生理機能の一つに，ゲル化することで小腸において糖質や脂質を吸収し，それらの消化・吸収を阻害するという作用がある．最近，特定保健用食品（トクホ）として販売されている商品の多くに「難消化性デキストリン」と呼ばれる成分が配合されている．この難消化性デキストリンも食物繊維の一つであり，上記の糖質・脂質の吸収阻害作用を活用した商品となっている．

　食物繊維は，消化されないことから，エネルギー量を含まないものとして扱われていた．しかしながら，近年，この食物繊維が腸内細菌によって分解・発酵され，それによって生成された短鎖脂肪酸がエネルギー源として利用される（2 kcal/g のエネルギー量を持つ）ことや，さまざまな機能を有していることが明らかとなっている．短鎖脂肪酸（第5章参照）は，腸内細菌によって生成された後，大腸のエネルギー源として利用されている．短鎖脂肪酸は，大腸で吸収される際に，水とともに吸収される．その結果，水っぽか

**表 3.4**　食物繊維の種類と主な生理機能

| | 名称 | 主な含有食品 |
|---|---|---|
| 不溶性 | セルロース | 大豆，ゴボウ，小麦ふすまなど |
| | ヘミセルロース | 小麦ふすま，大豆，野菜類など |
| | リグニン | 小麦ふすま，穀類，完熟野菜など |
| | キチン | カニやエビなどの外皮，キノコ類 |
| 水溶性 | ペクチン | 果実類，イモ類，キャベツ，大根など |
| | ガム質 | 麦類，大豆など |
| | グルコマンナン | コンニャクイモ |

### ①排便の促進・大腸機能の改善

水を吸収すると体積が増加し，粘性のゲル状となるため，かさ（容量）が増し，腸管内の成分を吸着する性質を持つようになる．そして糞便の水分量を適度に維持し，速やかな排便を促す．排便を促進することで，糞便の腸内滞留を防ぎ，有害物質の生成を抑制する．また，腸内細菌によって分解されることで，腸内を酸性に保ち，ビフィズス菌や乳酸菌といった有用菌の増殖を促す．

### ②コレステロール，血糖値の低下作用

食物繊維の粘性が，小腸内のでんぷんの消化を遅らせ，腸管のグルコースの吸収を低下させる．胆汁酸やコレステロールの排泄も増加させる．糖質や脂質はゲルに取り込まれることで，拡散しづらくなり，消化・吸収が遅れる．

った便から水が除かれることになり，糞便の固形化にも貢献している．

　また，短鎖脂肪酸により，腸内環境は酸性に保たれる．これにより，酸性に弱い腐敗菌や病原菌などは増殖が抑制され，反対に酸性環境に強いビフィズス菌や乳酸菌などの有用菌の増殖が促される．有用菌の増加は，消化管免疫機能を改善し，生体防御能力の向上に寄与しているといわれている．最近，新たな乳酸菌を配合した乳製品（ヨーグルトなど）が続々と販売されているが，これらは，上記のような消化管免疫機能の向上を狙った商品となっている．

　短鎖脂肪酸の機能はこれだけにとどまらない．短鎖脂肪酸は，直接もしくは消化管ホルモンの分泌を介して間接的に摂食中枢に作用し，食欲を低下させたり，また，白色脂肪細胞への脂肪酸流入を予防し，褐色脂肪細胞におけるエネルギー消費量を高めることで脂肪の蓄積を予防したりする効果がある

という興味深い知見も報告されている［13］．また，無菌マウスに対して肥満マウスから得られた腸内細菌を移植した場合，正常マウスからの腸内細菌を移植した場合に比べて，その後の体重増加が大きくなるといった，腸内細菌の重要性を示す研究成果も続々と報告されている［28］．

　私たちの体には，数百種類，100兆個以上の腸内細菌が存在していると推定されている（総量1 kgにも及び，水分を除いた糞便の半分は腸内細菌であるとも言われている）．これは，地球上でもっとも高密度に微生物が生息している場でもあり，この腸内細菌の集団は腸内細菌叢（gut microbiota）と呼ばれている．上記のように，食物繊維とそれを分解する腸内細菌は，健康の維持・増進との関係で注目を集めている．ただし，その種類と数の多さから，それらのうちどの腸内細菌が良い効果をもたらすものなのか，その全容は必ずしも明らかとなってはいない．現時点では，健康な人の便と病気の人の便から腸内細菌を採取し，腸内細菌の全体的なプロフィールを比較検討することで，健康状態との関係をみるという研究が主流となっているようである．今後研究が進み，重要な役割を果たしている細菌群が同定されることが期待されている．

**参考文献**

[1] Beelen, M. *et al. nt. J. Sport. Nutr. Exerc. Metab.* **20**: 515-532, 2010.
[2] Bergström, J. and E. Hultman. *Nature.* **210**: 309-310, 1966.
[3] Bergström, J. *et al. Acta. Physiol. Scand.* **71**: 140-150, 1967.
[4] Burke, L. M. *Scand. J. Med. Sci. Sports.* **20**(Suppl 2): 48-58, 2010.
[5] Coggan, A. R. and B. D. Williams. *Exercise Metabolism* (Hargreares, M. ed.). Human Kinetics. pp. 177-210, 1995.
[6] DeFronzo, R. A. *Diabetes.* **37**: 667-687, 1988.
[7] Koivisto, V. A. *et al. J. Appl. Physiol.* **58**: 731-737, 1985.
[8] Hall, K. D. *et al. Cell Metab.* **22**: 427-436, 2015.
[9] Hickner, R. C. *et al. J. Appl. Physiol.* **83**: 897-903, 1997.
[10] Holloszy, J. O. *J. Biol. Chem.* **242**: 2278-2282, 1967.
[11] 稲井真ほか．日本スポーツ栄養研究誌．**10**: 48-57, 2017.
[12] International Olympic Committee. Nutrition for Athletes, 2012.
[13] 入江潤一郎ほか．実験医学．**34**: 215-220, 2016.

[14] Ivy, J. L. *et al. J. Appl. Physiol.* **64**: 1480-1485, 1988.

[15] Jentjens, R. and Jeukendrup, A. E. *Sports Med.* **33**: 117-144, 2003.

[16] Kerksick, C. *et al. J. Int. Soc. Sports Nutr.* **5**: 17, 2008.

[17] Marquet, L. A. *et al. Med. Sci. Sports Exerc.* **48**: 663-672, 2016.

[18] Marsset-Baglieri, A. *et al. J. Nutr.* **134**: 2646-2652, 2004.

[19] Naude, C. E. *et al. PLoS. One.* **9**: e100652, 2014.

[20] 日本体育協会スポーツ医・科学専門委員会監修. 『アスリートの栄養食事ガイド』第一出版. 2006.

[21] Noto, H. *et al. PLoS. One.* **8**: e55030, 2013.

[22] Ørtenblad, N. *et al. J. Physiol.* **591**: 4405-4413, 2013.

[23] Rose, A. J. *et al. Am. J. Physiol, Endocrinol Metab.* **281**: E766-E771, 2001.

[24] 寺田新. トレーニング科学. **20**: 213-224, 2008.

[25] 寺田新ほか. 体育の科学. **63**: 608-615, 2013.

[26] 寺田新, 稲井真. 臨床スポーツ医学. **33**: 1144-1149, 2016.

[27] Thomas, D. T. *et al. Med. Sci. Sports Exerc.* **48**: 543-568, 2016.

[28] Turnbaugh, P. J. *et al. Nature.* **444**: 1027-1031, 2006.

[29] van Loon, L. J. C. *et al. Am. J. Clin. Nutr.* **72**: 106-111, 2000.

[30] World Health Organization. Information note about intake of sugars recommended in the WHO guideline for adults and children. 2015.

[31] Zawadzki, K. M. *et al. J. Appl. Physiol.* **72**: 1854-1859, 1992.

## コラム4　栄養素の組み合わせによる相乗効果・相殺効果

　第3章では，糖質とたんぱく質を組み合わせることで，運動後のグリコーゲン回復が促進されるという研究結果を紹介した．このように，1＋1が2以上の効果をもたらすような栄養素の組み合わせを探すことが，今後の栄養学研究の一つの流れになるといわれている．

　これまでの栄養学研究では，既存の栄養素もしくは新しく見つかった栄養成分・機能性成分が，何らかの生理機能に及ぼす影響について，できるだけ他の要因を排除した純度の高い環境下で検討するというものが多かった．たとえば，上記のような運動後の栄養補給に関して言えば，グルコースもしくはフルクトース（果糖）だけを摂取し，どちらが運動後の筋および肝グリコーゲン回復のために効果的なのかを検討する研究や，牛乳由来のたんぱく質であるカゼインとホエイたんぱく質をそれぞれ単独で摂取し，どちらのほうが筋たんぱく質合成において有効かを比較検討するといった研究が行われてきた．しかしながら，実際のスポーツの現場では，何かの栄養素を単独で摂取するということは少なく，別の栄養素と一緒に摂取することが多いのではないだろうか．したがって，何かを単独で摂取した際に認められた効果が，そのまま実際の生活やスポーツ現場でも同じように得られるとは限らない．また，何かを組み合わせることで予想以上の効果が得られるのであれば，そのような食べ方を探すことも重要な研究テーマだといえる．

　組み合わせによって相乗効果が得られる例としては，上述した糖質＋たんぱく質摂取による筋グリコーゲン回復促進効果や，第5章で紹介する糖質と脂質もしくは糖質と牛乳の同時摂取による筋グリコーゲンの回復促進効果などが挙げられる．一方，好ましくない効果に関する報告もみられる．フルクトースは，小腸において発現量の少ないGLUT-5によって吸収され，また吸収後も肝臓において代謝されることから，血糖値の上昇効果やインスリン分泌効果は小さい．したがって，運動後に摂取した場合には，筋グリコーゲンの回復促進効果は，グルコースなどに比べて劣ることが知られている．一方，肝臓でグルコースに変換され，そのまま肝臓のグリコーゲン合成の基質として利用されることから，運動後の肝グリコーゲン回復には効果的であることが報告されていた [1]．ただし，これらの結果はあくまでもフルクトースを単独もしくはマルトデキストリンなどの他の糖質と混合したドリンクとして摂取した場合に認められたものであり，たんぱく

質や脂質などの他の栄養素と一緒に混合食として摂取した場合に同様の効果が得られるかは不明であった．最近，運動後において混合食としてフルクトースを摂取した場合には，肝グリコーゲン回復に対する好ましい効果が得られなくなる可能性が示されている [2]．このような研究結果は，栄養学研究が思っていたほど単純なものではなく，大変複雑で奥深いものであることを示す一例であるといえる．

　栄養素は数多く存在しており，その組み合わせはほぼ無限に存在する．すべての組み合わせを検討するのは大変ではあるが，重要な栄養素に関してはさまざまな組み合わせを検討してみる必要がありそうである．

**参考文献**
[1] Décombaz, J. *et al. Med. Sci. Sports Exerc.* **43**: 1964-1971, 2011.
[2] Rosset, R. *et al. Am. J. Clin. Nutr.* **105**: 609-617, 2017.

# 第4章 たんぱく質
──パフォーマンスと健康のための三大栄養素摂取法
（その2）

　骨格筋は，体重の約40％を占める生体内で最大の組織であり，スピードやパワーが求められる競技においては，その量を増加させることが重要となる．また，加齢にともなう筋量・筋力の低下は生活の質の低下や寝たきりに繋がるため，高齢者においては骨格筋量をできるだけ維持することが求められる．骨格筋の主な構成成分は，その70-80％を占める水分を除けば，たんぱく質である．したがって，骨格筋の主要な材料であるたんぱく質をいかに摂取し，骨格筋量を維持・増加させるかということは，スポーツ栄養学の中心的な課題となっている．

## 4.1 筋肉とたんぱく質

### 「たんぱく質」，「アミノ酸」，「ペプチド」の違いは？

　たんぱく質とはどんなものなのであろうか．たんぱく質を構成する最小単位はアミノ酸であり，アミノ酸がペプチド結合によって多数つながったものをたんぱく質という（図4.1）．多数というのは，50個以上を意味し，それ未満のものはペプチドと呼ばれる．アミノ酸が2個もしくは3個つながったものをそれぞれジペプチド，トリペプチドといい，4-9個のものをオリゴペプチドという．さらに10個以上のものをポリペプチドという．

　たんぱく質は，トリプシンなどの消化酵素により分解されてから，最終的にはアミノ酸やペプチドとして小腸から吸収される．冬になると主に女性をターゲットとして「コラーゲン鍋」が多くのお店で出される．コラーゲンは，

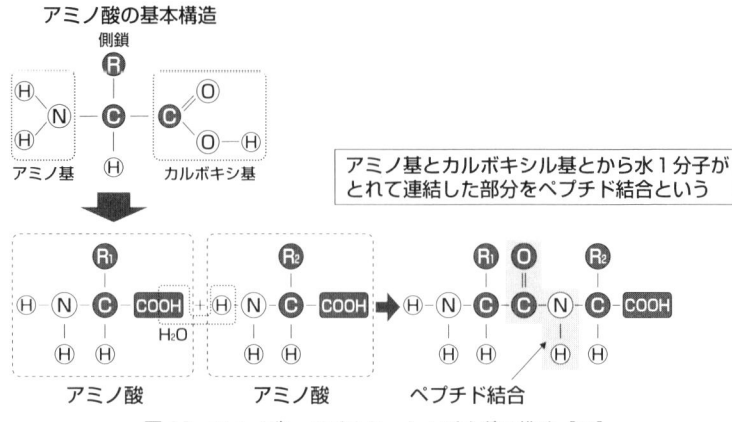

**図 4.1** アミノ酸，ペプチド，たんぱく質の構造 [18]

それ自体とても大きく複雑な構造をしている分子であり，そのまま摂取して
もほとんど吸収されない．コラーゲン鍋として売られているものは，それを
酵素処理したゼラチンと呼ばれるものであり，これも最終的にはアミノ酸，
ペプチドにまで分解されることではじめて体内へと吸収される．つまり，コ
ラーゲン，ゼラチンを食べたからといって，それがそのままの形で吸収され
るわけではない．また，コラーゲンはお肌に多く含まれるといわれるが，骨
の基本構造にもなっている．「コラーゲンを食べてお肌がプルプルになった」
とよく聞くが，「骨が丈夫になった」ということはほとんど耳にしない．し
たがって，残念ながら，コラーゲンやゼラチンを食べることで，そのままの
状態で皮膚に届き，その材料として使われるという科学的根拠は現在のとこ
ろ報告されていないのが現状である．ただし，ゼラチンの分解物を摂取した
場合には，皮膚ではないが，軟骨組織への蓄積が認められたという動物実験
の結果が報告されており，ゼラチンとして摂取することが軟骨組織において
は効果的である可能性が示されている [27]．

## 筋肥大のメカニズム

筋力トレーニングを長期間にわたって行うことで，骨格筋は大きく肥大す
る．ボディービルダーなどでは，一般の人では考えられないほど骨格筋が大
きくなり，芸術品の域にまで達する．では，筋力トレーニングを行った場合，

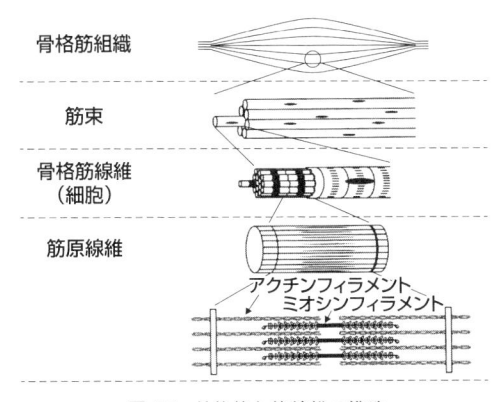

**図 4.2** 骨格筋と筋線維の構造

どのようにして骨格筋が肥大するのであろうか？

　骨格筋は，直径が 50-100 μm の筋線維という細長い 1 本の細胞が束になってできている（この筋線維は，多数の前駆細胞（筋芽細胞）が管状に融合したものであり，1 個（本）の細胞内に多数の細胞核が存在する多核細胞である）．したがって，骨格筋が肥大するというときには，この 1 本 1 本の筋線維が太くなること，および筋線維の数が増えることの両方，もしくはそのどちらかが生じていることになる．

　図 4.2 に骨格筋と筋線維の構造を示した．筋線維は，筋原線維の束でできており，さらに，筋原線維は主にアクチンとミオシンと呼ばれる収縮たんぱく質から成り立っている．筋収縮は，運動神経からの信号が筋線維に伝わり，筋小胞体から放出されたカルシウムイオン（$Ca^{2+}$）が引き金となって生じる．最終的には，アクチンとミオシンの間にクロスブリッジと呼ばれる結合状態が形成されることで，筋張力が発生する．筋力トレーニングを継続的に行うと，1 本 1 本の筋線維が太くなることがよく知られている．このことは筋線維のハイパートロフィー（Hypertrophy）と呼ばれているが，これは，アクチンやミオシンなどの収縮たんぱく質が増加することで生じている．つまり，筋力トレーニングというのは細胞の中のたんぱく質の合成を増加させる刺激ということになる．

　では，たんぱく質はどのように生体内，細胞内で合成されるのであろう

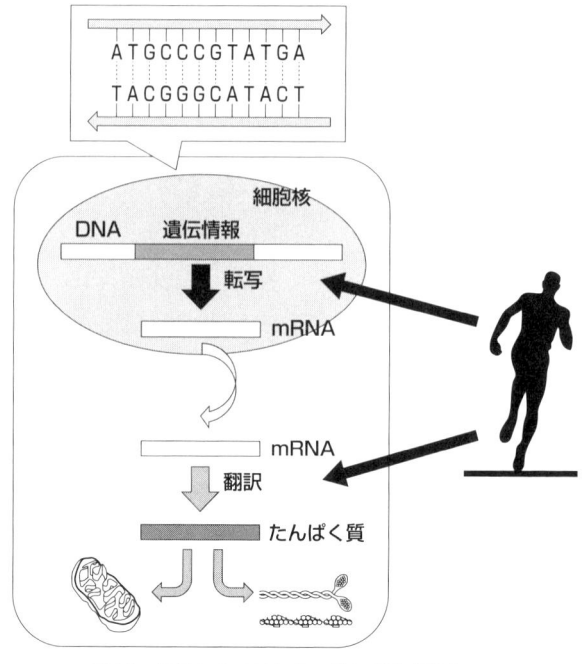

**図 4.3** 運動による骨格筋の遺伝子発現調節

か？　細胞は，数多くのたんぱく質分子を細胞内に保有しており，細胞内外の環境変化に対応して，その細胞が生きていくために必要なたんぱく質を適切な量とタイミングで合成している．そのたんぱく質の設計図が，細胞核のDNA（デオキシリボ核酸）に保管されている遺伝子である．この DNA 上に存在する遺伝情報のコピーを mRNA（メッセンジャー RNA）という形で写し取り，さらにその mRNA の情報をもとにアミノ酸を連結して，たんぱく質をつくり出すのである（図 4.3）．この mRNA をつくる段階を「転写」，アミノ酸を連結する段階を「翻訳」という．細胞は，細胞内外の環境変化を感知し，必要なたんぱく質をつくろうと，これらの遺伝子の発現過程に働きかけ，そのたんぱく質をつくるスイッチを入れることになる．つまり，トレーニングも骨格筋細胞（筋線維）にとっては，大きな環境変化・刺激であり，それに対応しようと骨格筋細胞はミオシンやアクチンの遺伝情報にスイッチを入れ，それらの発現量を増やそうとしているのである．普段何気なく，運

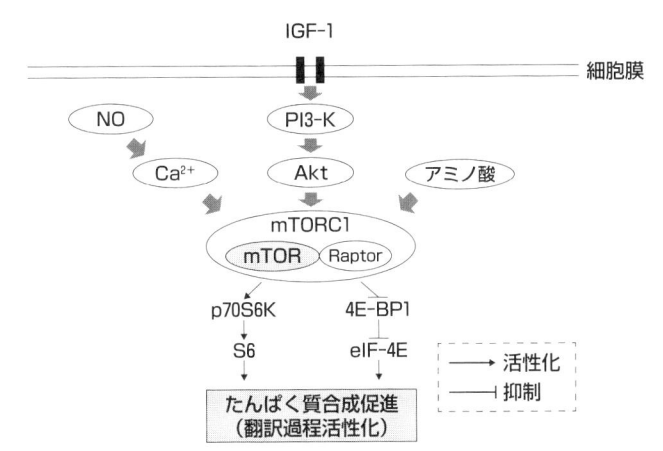

**図 4.4** 筋線維の肥大を生じさせる細胞内情報伝達経路
成長因子である IGF-1 によって PI3-K → Akt → mTOR という経路が
活性化されることにより，翻訳さらには筋たんぱく質の合成が促進され
る．また，mTOR は一酸化窒素（NO）→ $Ca^{2+}$ 濃度の上昇，という経路
やアミノ酸（特にロイシン）によっても活性化されるといわれている．

動やトレーニングを行っている方が多いと思うが，トレーニングというのは，
実は骨格筋の遺伝子が働き出すようにスイッチを入れる役割を果たしている
のである．

　アクチンやミオシンの遺伝子発現およびたんぱく質の合成はどのようにし
てスイッチが入るのであろうか？　21 世紀に入り，身体運動科学・スポーツ
科学の分野でも分子生物学的手法の導入が進み，身体運動・トレーニングが
どのようなメカニズムで生体機能の適応を生じさせているのか，ということ
の解明が進んでいる．筋力トレーニングなどの力学的な負荷によって骨格筋
のたんぱく質の合成が亢進する際の分子メカニズムの解明も進んでおり，図
4.4 に示すようなインスリン様成長因子（Insulin-like Growth Factor-1, IGF-1）
とその細胞内情報伝達経路が重要な役割を果たしていることが明らかとなっ
ている [8]．また，その情報伝達経路のなかでも，哺乳類ラパマイシン標的
たんぱく質（mechanistic Target of Rapamycin, mTOR）と呼ばれる分子（酵
素）が特に注目を集めている．これまでの多くの研究により，力学的な負荷
により骨格筋から分泌された IGF-1 によって活性化された mTOR は，その

下流に位置する p70S6 キナーゼ（p70S6K）を活性化，または，翻訳抑制因子 4EBP-1 を不活性化し，遺伝子発現の翻訳段階を促進することで，たんぱく質の合成さらには筋肥大を生じさせていることが明らかとなっている [8].

　先述したように，筋線維は細胞核を多数持つ多核細胞であり，その一つ一つの核が遺伝子発現やたんぱく質合成などの機能を調節できる領域には上限があると考えられている [28]．そこで，筋力トレーニングによってアクチンやミオシンなどのたんぱく質の合成が高まり，1 本 1 本の筋線維の肥大が進んだ場合，筋線維をさらに肥大させるためには，新たに細胞核が必要となる．この新たな核の供給源となっているのが，筋サテライト細胞（筋衛星細胞）と呼ばれる細胞である（図 4.5）．筋サテライト細胞とは，文字通り筋線維の周辺（表面）に衛星のように点在し，筋線維にならずに残された未分化の細胞である．この筋サテライト細胞は，安静状態では休眠状態にあるものの，骨格筋組織に大きな力学的な負荷が加わると活性化され，増殖を開始する．増殖した筋サテライト細胞は，既存の筋線維と融合することで，新たな核を供給し，さらなる筋肥大に貢献していると考えられている [22].

　以上のように 1 本 1 本の骨格筋線維が太くなるということはよく知られている一方で，骨格筋の筋線維の数の増加に関して，特にヒトにおいてそのような増加が生じるのか否かということについては明確な結論が得られていない．というのも，筋線維の数が増えるということを正確に証明しようとすると，トレーニングした骨格筋組織とそうでない骨格筋組織を丸ごと取り出して，その中に含まれているすべての筋線維の数を正確に数えるというとても困難な作業をともなうためである．それでも，現在のところ，筋力トレーニングによって，骨格筋線維の数が増加し，筋肥大に一部寄与していることを示す動物実験の結果が報告されている [13]．骨格筋線維の数が増えることをハイパープラージア（Hyperplasia）といい，そのメカニズムとしては，1）筋サテライト細胞と 2）分岐化筋線維，という 2 つの要因が関与しているといわれている．筋サテライト細胞は，既存の筋線維に取り込まれるだけではなく，互いに融合する能力も備えている．筋力トレーニングによって活性化し，増殖した筋サテライト細胞同士が融合することで，新たな筋線維が形成され，筋線維数の増加をもたらしていると考えられている（図 4.5）．一方，

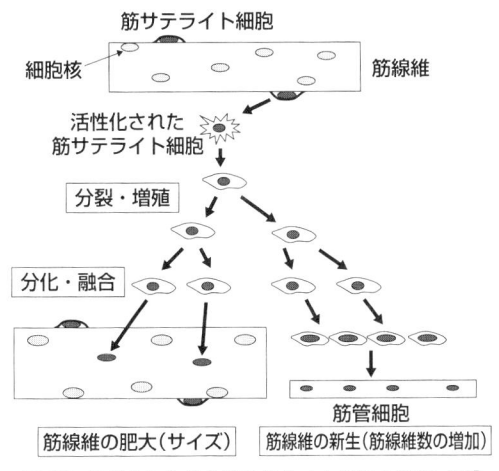

**図 4.5** 筋肥大における筋サテライト細胞の役割 [22]

分岐化筋線維とは，太くなった筋線維が，物理的ストレスによって断裂したり，小さな損傷部分から枝分かれしたりすることで，結果として筋線維の数が増えることをいう [35]．以上のようなメカニズムで，筋力トレーニングにより筋線維数の増加が生じるといわれているが，その増加率はわずか数％以内であり [13]，筋肥大に対しては 1 本 1 本の筋線維が肥大することがより大きく貢献している．

## 筋力の生理的限界・心理的限界

「火事場の馬鹿力」という言葉を一度は聞いたことがあると思う．この言葉は，火事のような非常事態においては，それまで経験したことのないような力発揮ができることをさしている．このように実は，普段私たちがどんなに思いきり筋力を発揮しようとしたとしても，骨格筋にあるすべての筋線維を動員して 100％の力を発揮することはできていない．これは，骨格筋線維をすべて動員した場合，骨格筋組織や腱組織に大きな負担がかかり，怪我の原因となることを予防するための防御機構であると考えられている．このように筋力発揮にストッパーがかかっている状態を，「心理的限界」といい，中枢神経系に抑制がかかっていることが原因であるといわれている．一方，

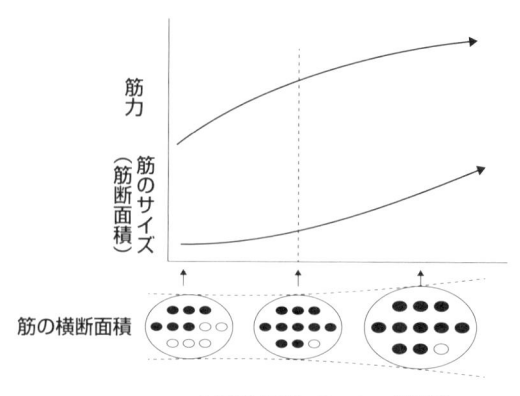

筋力

筋のサイズ（筋断面積）

短期トレーニング　　長期トレーニング

筋の横断面積

○ 活動参加していない筋線維
● 活動参加している筋線維

**図 4.6**　筋力トレーニングの効果の現れ方（[12] より改変）

強力な電気刺激を筋組織に加えて，すべての筋線維を強制的に収縮させたときの最大筋力は，「生理的限界」と呼ばれている．

　筋力トレーニングを行った場合，すぐに筋線維が肥大したり，筋線維数が増えたりということはなく，骨格筋が目に見えて肥大してくるまでには，少なくとも 1-3 カ月間のトレーニングが必要であるといわれている．しかしながら，筋力トレーニングをしていると，骨格筋が明らかに肥大する前に，大きい筋力が発揮できるようになることが多い．これは，トレーニングを行うと，その初期においては，筋収縮を生じさせる神経系の働きが改善され，このストッパーが一部解除でき，より多くの筋線維が動員できるようになるためであるといわれている（図 4.6）[12]．神経系の改善とは，具体的には，骨格筋を支配している運動神経（$a$ 運動ニューロン）の発火頻度が増えたり，それにより動員される運動単位（一つの $a$ 運動ニューロンとそれが支配している一群の筋線維）が増えたり，また運動単位の同期化（複数の運動単位が同時に活動し，力発揮が行えるようになること）などが挙げられる．このように，筋力トレーニングの初期においては，神経系の改善・筋線維の動員増加が生じ，さらにトレーニングを継続すると，今度は筋肥大が生じることで，大きな筋力発揮ができるようになる．

## 骨格筋の膨張現象──パンプアップとは？

ところで，急に腕立て伏せを行ったりすると，なぜか胸周りの筋肉（大胸筋など）が瞬く間に大きく膨らんだように感じたことがないだろうか．たった1回の筋力トレーニングでも筋が肥大したような錯覚を起こすが，しばらくすると元通りになってしまう．これは通称「パンプアップ」と呼ばれる現象で，けっして骨格筋の肥大が生じているわけではない．急に筋力トレーニングをすることで，骨格筋細胞からさまざまな代謝産物が放出される（代表的なものとしては，乳酸やアデノシンなどが挙げられる）．その結果，筋力トレーニング中に使った筋肉の周囲では，それらの代謝産物により体液中の物質の濃度が高くなり，浸透圧も上昇する．その高まった浸透圧を薄めようと水分が集まり，膨張することで，筋肉が肥大したと感じる，というわけである．ちなみに，ボディービルのコンテストなどでは，筋肉を大きく見せるために，ステージに出る直前に一過性の筋力トレーニングを行う選手が多くいるが，これもパンプアップ効果を活用しているのである．また，第3章で解説したように，筋肉中にグリコーゲンが合成される際には，グリコーゲン1gに対して約3gの水分が付着する．このようにグリコーゲンにより細胞内水分量が増え，筋細胞が膨張することを期待して，コンテストの前に糖質を多く摂取するボディービル選手も多いようである．

## たんぱく質の分解と合成──動的平衡

体内のたんぱく質は，一度つくられた後は，亡くなるまでずっと保持されるというわけでない．たんぱく質には寿命があり，寿命がくるとたんぱく質分解酵素の働きによりアミノ酸にまで分解される．そのたんぱく質の寿命の長さを表す指標として「半減期」というものがある．半減期とは，その組織に含まれるたんぱく質全体のうち半分が分解されるのに要する時間のことを指す．体全体のたんぱく質の半減期は約80日とされているが，その値は組織や臓器によって大きく異なり，たとえば，肝臓のたんぱく質の半減期は，約12日と短いのに対して，骨格筋では，約180日と長くなっている [33]．

骨格筋は体全体の約40%を占める大きな組織であるが，上記の半減期から

推定すると，その骨格筋のたんぱく質は，1年後にはすべて分解されるという計算になる．しかしながら，大きな怪我や入院などをしていない限り，1年前の状態と比べても骨格筋はそれほど萎縮せず，ほとんど変わらずに安定した状態を保っているようにみえる．これは，毎日私たちの体の中では，多くのたんぱく質が分解されている一方で，実はそれとほぼ同じだけのたんぱく質が合成されているためである．このように体内では大きな変化が生じながらも安定した状態を保っていることを「動的平衡」と呼ぶ．

体重 60 kg の成人の場合，1 日に約 180 g のたんぱく質が分解され，アミノ酸プールと呼ばれる体内のアミノ酸貯蔵庫にいったん保管される（図 4.7）[18]．食事で摂取したたんぱく質も分解され，アミノ酸として吸収された後，このアミノ酸プールに保管される．このアミノ酸プールの一部を使い，分解されたものと同じ量（180 g）の新たなたんぱく質を合成している．また，一般的な成人では，毎日 70 g 程度のたんぱく質を摂取しているが，その一方で，同量のたんぱく質を体外に排出している．このようにして，たんぱく質の摂取と排泄，合成と分解のバランスを保ちながら，寿命がきたたんぱく質をつねに新たなものにつくりかえ，体内のたんぱく質の品質を保持し，生命活動を維持しているのである（図 4.7）．

日常の生活のなかでたんぱく質がいつ，どのようにして分解・合成されているのであろうか？　たんぱく質の合成は，食事などでたんぱく質を摂取することで促進され，一方，空腹状態においては，逆にたんぱく質の分解が亢進する．たんぱく質の合成が進むことを「同化作用」といい，たんぱく質の分解が進むことを「異化作用」というが，図 4.8 で示すように，日常生活においては，この同化作用と異化作用の部分（面積）が同じであることで，体内のたんぱく質量がほぼ一定に保たれることになる．

この「動的平衡」は，スポーツ栄養学においてもっとも重要な考え方の一つである．食事は薬剤のような即効性はない．何かを摂取したからといって，すぐにパフォーマンスが向上したり，健康になったりすることはほぼ皆無である（そのような効果があった場合には，それはドーピングであり，食品ではなく医薬品である）．では，食事でどのように体を変えるのかというと，この動的平衡を利用することになる．私たちの体は，一見安定しているように見え

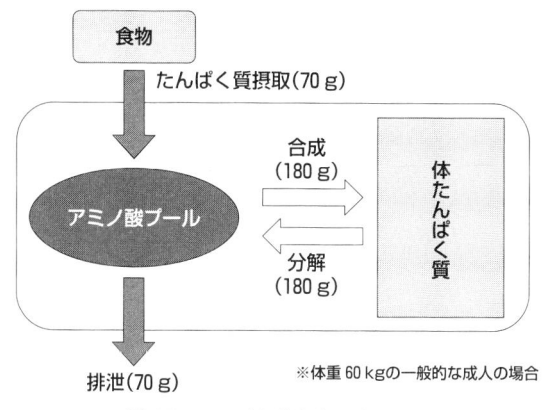

**図 4.7** たんぱく質代謝の動的平衡

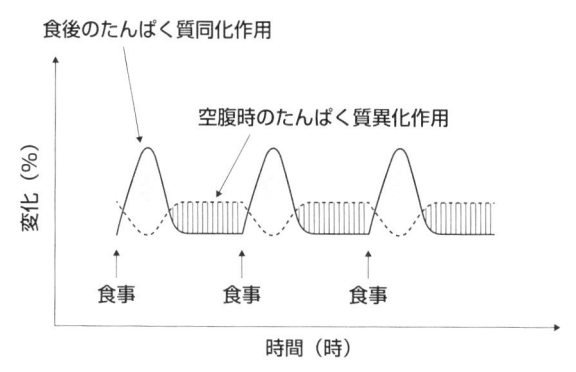

**図 4.8** 日常生活におけるたんぱく質の合成と分解（[10] より改変）

て，絶えずその中身は入れ替わっている．このような状況において，体にとってよりよい材料を食事から摂取することで，体の中身を少しずつ入れ替え，徐々に良い方向へと持っていくということなのである．つまり食事を数日間変えただけでは効果はすぐには現れず，効果が感じられるまでには時間がかかる．そのため，途中で「効果がない」と簡単に切り捨てられがちであるが，地道に継続していくことが重要なのである．一缶食べただけで簡単にパワーアップできる「ポパイのほうれん草」は存在しないということをもう一度心にとどめておいてほしい．

## 運動による筋たんぱく質の分解と合成

先述したように，私たちの身体のなかでは，たんぱく質の合成と分解が毎日繰り返し行われており，その量は同等であるため，体のたんぱく質量はほぼ一定に保たれている．したがって，スポーツ選手のように，骨格筋が肥大する場合には，このバランスが崩れ，分解量に比べて合成量が上回る必要がある．

筋力トレーニングは，このたんぱく質の合成と分解に対してどのような影響を及ぼすのであろうか？　筋力トレーニングを1回行った後の筋たんぱく質（骨格筋中に含まれるたんぱく質）の分解と合成の動態を図4.9に示した[30]．筋力トレーニングは，筋たんぱく質の分解を活性化し，トレーニング開始前に比べて，トレーニング終了後24時間目くらいまで，筋たんぱく質の分解が亢進した状態が続く．運動中の主なエネルギー源は糖質と脂質であるが，一部たんぱく質も利用される．運動により筋たんぱく質の分解が亢進するのは，それによりアミノ酸をエネルギー源として利用するためである．一方，筋力トレーニングは，筋たんぱく質の合成も同時に活性化し，その活性化状態は少なくともトレーニング終了48時間目まで続くことが明らかとなっている．このように，筋力トレーニング後には，筋たんぱく質合成の活性化が分解に比べてより長時間にわたって持続する．しかしながら，この研究は，ほぼ絶食状態で行われており，その結果，筋たんぱく質合成がトレーニング前に比べて高くなっているとはいうものの，筋たんぱく質分解の量が大きく，筋たんぱく質の合成と分解のバランスもマイナス（分解が優位）に傾いている．つまり，食事を摂取しないままでは，実は筋たんぱく質分解のほうが大きくなっており，このままでは筋肥大は生じることはない（図4.9）．したがって，筋力トレーニングだけでは筋肥大が生じることはなく，トレーニング後において適切な栄養補給が必要となる．

また，運動後において栄養補給を行った場合，ただ単に食事でたんぱく質を摂取した場合に比べて，筋たんぱく質の合成が著しく亢進し，相乗効果が得られることが知られている（図4.10）[4, 6]．つまり，筋力トレーニングには，それ自体に筋たんぱく質合成を促進する効果があるだけではなく，たん

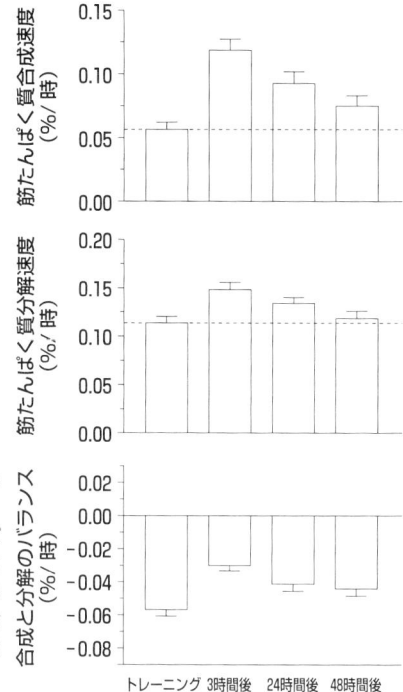

**図 4.9** 一過性の筋力トレーニング後の筋たんぱく質の合成と分解速度の変化 [30]
一過性の筋力トレーニング終了後の筋たんぱく質分解の亢進が 24 時間目までであるのに対して，筋たんぱく質の合成は，48 時間後においても高く維持されている．ただし，食事・栄養素を摂取しないままでいると，合成と分解のバランスはマイナス（分解が優位）となったままである．

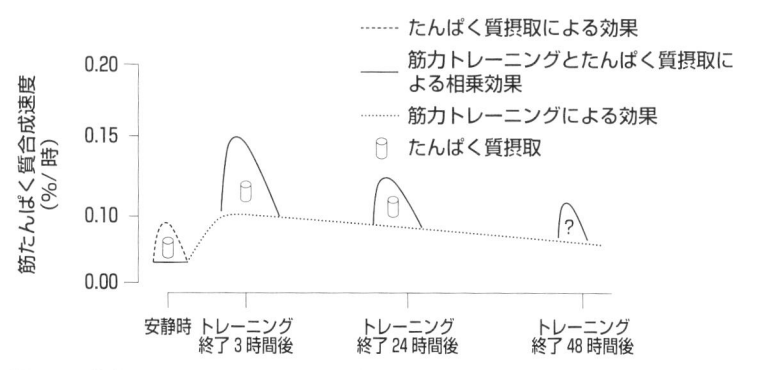

**図 4.10** 筋力トレーニングとたんぱく質摂取の組み合わせによる筋たんぱく質合成促進効果 [6]
筋力トレーニング後では，骨格筋のたんぱく質・アミノ酸に対する感受性が亢進し，ただ単にたんぱく質を摂取した場合に比べて，より大きな筋たんぱく質合成促進効果が得られる．また，そのような効果はトレーニング終了後少なくとも 24 時間目まで持続する．

ぱく質やアミノ酸摂取に対する感受性を高める効果があり，筋力トレーニングと栄養素摂取の効果が組み合わさって，筋たんぱく質合成が顕著に活性化され，筋肥大が生じることになる．

## 4.2　たんぱく質の摂取法

### たんぱく質の摂取量

　上記のように，筋肥大を生じさせるためには，筋力トレーニングだけではなく，食事によるたんぱく質の摂取が重要である．では，骨格筋量を増やすためにはどれくらいのたんぱく質摂取量が必要なのであろうか？

　まず，一般的な成人に対するたんぱく質摂取量は，どれくらいなのであろうか？　健康な個人または集団を対象として，国民の健康を維持・増進し，生活習慣病を予防するためのエネルギーおよび各栄養素の摂取量の基準として『日本人の食事摂取基準（2015年版）』というものが厚生労働省から発表されている [14]．たんぱく質の摂取量に関しては，主に窒素出納実験法という手法を用いて検討された研究結果をもとに基準が策定されている．たんぱく質は，分子内に窒素を平均16%含有しており，たんぱく質が体内で代謝・利用される際，アミノ酸のアミノ基部分（窒素を含む部分）は肝臓で尿素となり，腎臓から排出される．窒素出納法とは，体内に入ってくる窒素量（食事中の窒素量）と，体内から出ていく窒素量（主に尿中窒素）を測定することで，両者のバランスを知る方法である．窒素出納が0であれば，平衡状態を意味し，正（プラス）の場合には，体内のたんぱく質合成が促進された状態を，負（マイナス）の場合には，たんぱく質の分解が優位である状態を示す．現行の食事摂取基準では，窒素平衡を維持するのに必要なたんぱく質摂取量を検討した複数の研究で得られた値の平均値である 0.65 g/kg 体重 /日に，消化率（90%）を考慮した値（0.72 g/kg 体重 /日）がたんぱく質維持必要量（推定平均必要量の参照値）とされている．

　では，トレーニングを行っている人ではどれくらいの摂取量が必要なのだろうか？　たんぱく質量を維持するだけではなく，筋たんぱく質の合成を促

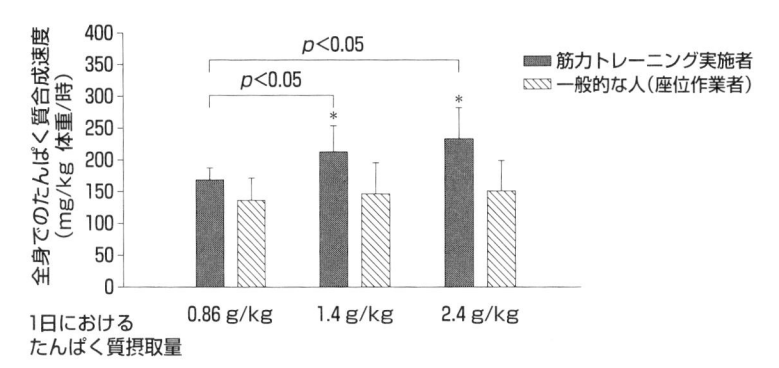

**図 4.11** 筋力トレーニング実施者と一般的な人においてたんぱく質合成を高めるうえで必要なたんぱく質摂取量 [36]
＊は同じ摂取量の一般的な人の値よりも有意に高いことを示す.

進し，筋肥大を生じさせるためには，当然，たんぱく質の必要量が，一般的な人に比べて多くなる．たんぱく質の摂取量と身体全体に含まれるたんぱく質（体たんぱく質）の合成に関する代表的な研究を一つ紹介する [36]．この研究では，筋力トレーニング実施者と一般的な人（トレーニングを行ってない人）に対して，たんぱく質摂取量を変えた際の，体たんぱく質の合成速度の違いを検討している．トレーニングを行っていない一般的な人では，1 日体重 1 kg あたり 0.86 g のたんぱく質を摂取した場合とそれ以上（体重 1 kg あたり 1.4 もしくは 2.4 g）摂取した場合とでは，体たんぱく質の合成速度に大きな違いが認められないのに対して，筋力トレーニング実施者では，体重 1 kg あたり 0.86 g のたんぱく質を摂取した場合に比べて体重 1 kg あたり 1.4 g を摂取した場合において，体たんぱく質の合成速度が有意に高い値を示すこと，さらに，体重 1 kg あたり 2.4 g のたんぱく質を摂取しても，それ以上のたんぱく質合成速度の増加は認められないことが報告されている（図 4.11）．さらにこの研究では，窒素出納の測定も行われており，筋力トレーニングの実施者において窒素平衡が得られるたんぱく質摂取量が 1.41 g/kg 体重/日になると推定され，測定誤差や個人差などを考慮し，1.76 g/kg 体重/日と少し高めの値が推奨摂取量として示されている．このような研究結果から，国際オリンピック委員会（IOC），アメリカスポーツ医学会（ACSM），国際スポーツ栄養学会（ISSN）が発表している公式見解においても，スポーツ選手の

たんぱく質摂取量として，体重 1 kg あたり 1.2-2.0 g/日という値が示されている（競技種目の特性や個人差などを考慮し，少し幅を持った設定となっている）[16, 17, 38].

## 良質なたんぱく質とは？

「良質なたんぱく質を摂りましょう」とよくいわれるが，「良質なたんぱく質」の定義はいったい何であろうか？　私たちの体内のたんぱく質は，20 種類のアミノ酸から構成されているが，それらは，必須アミノ酸（9 種類）と非必須アミノ酸（11 種類）の 2 種類に大きく分けられる（表 4.1）．必須アミノ酸は，体内で合成することができず，食事で摂取することが「必須」なアミノ酸のことをいい，一方，非必須アミノ酸は，体内で合成することができるアミノ酸のことを指す.

「アミノ酸スコア」もしくは「アミノ酸価」という言葉を聞いたことがあるだろうか？　これは，食品のたんぱく質の質を表す指標の一つであり，特に必須アミノ酸の含有量を表している．具体的には，食品に含まれる必須アミノ酸の含有量が，国連食糧農業機関（Food and Agriculture Organization, FAO），世界保健機関（WHO）および国連大学（United Nations University, UNU）によって定められた基準（アミノ酸評価パターン：食品中の窒素 1 g あたり（おおよそたんぱく質 6.25 g に相当）の必須アミノ酸量）を満たしているかいないかで評価するものとなっている．　9 種類のすべての必須アミノ酸の含有量が，この基準値を満たしている場合には，アミノ酸スコアが「100」となり，「良質なたんぱく質」とみなされる．反対に，必須アミノ酸のうち，1 種類でもこの基準を満たしていないときには，アミノ酸スコアが低くなってしまう．たとえば，精白米は，リジン以外の必須アミノ酸は，基準値を満たしているが，リジンは基準値の 64％程度となっている．この場合，リジンのように基準値よりも低い値を示したアミノ酸を「制限アミノ酸」と呼び，その食品のアミノ酸スコアは，制限アミノ酸の含有量が，そのアミノ酸の評価パターンの何％になるかで決まる．すなわち，精白米の場合は，アミノ酸スコアは「64」となる.

図 4.12 に各食品のアミノ酸スコアを示した．動物性食品では，この基準を

### 表 4.1 必須アミノ酸と非必須アミノ酸の種類

たんぱく質を構成する 20 種類のアミノ酸

| 必須アミノ酸（9 種類） | | 非必須アミノ酸（11 種類） | |
|---|---|---|---|
| ・ロイシン | ・リジン | ・アスパラギン酸 | ・セリン |
| ・バリン | ・スレオニン | ・アスパラギン | ・アラニン |
| ・フェニルアラニン | ・メチオニン | ・グルタミン酸 | ・プロリン |
| ・トリプトファン | | ・グルタミン | ・グリシン |
| ・イソロイシン | | ・システイン | ・チロシン |
| ・ヒスチジン | | ・アルギニン | |

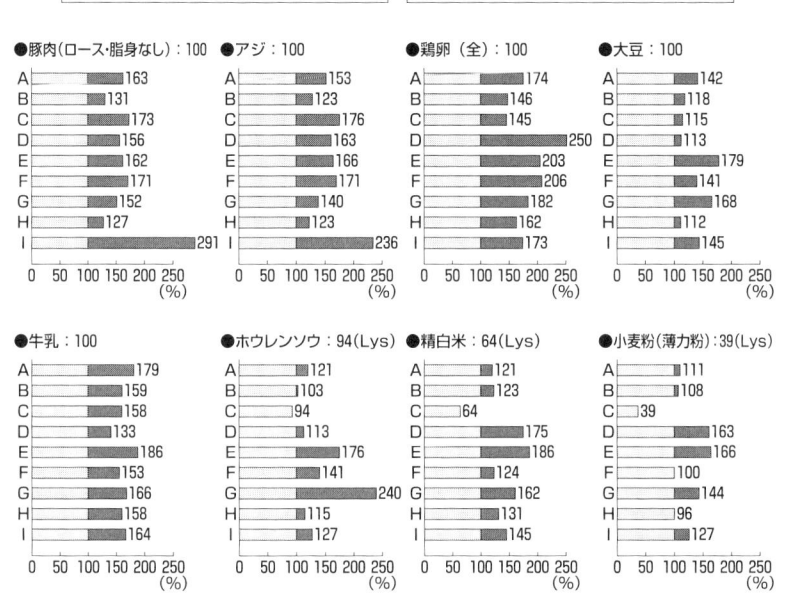

A＝イソロイシン(Ile)　　F＝スレオニン(Thr)
B＝ロイシン(Leu)　　　　G＝トリプトファン(Trp)
C＝リジン(Lys)　　　　　I＝バリン(Val)
D＝含硫アミノ酸(SAA)　　I＝ヒスチジン(His)
E＝芳香族アミノ酸(AAA)

※2007 年にWHO・FAO・UNUが合同で発表した基準アミノ酸パターン（1-2 歳）を用いて算出.
※各食品のアミノ酸量は,「アミノ酸成分表 2010」第 2 表,食品可食部の基準窒素 1 g あたりのアミノ酸組成表より抜粋.

### 図 4.12　各食品のアミノ酸スコア [18]

満たし，アミノ酸スコアが 100 となる場合が多い．したがって，動物性食品を食べることが，良質なたんぱく質を摂取することにつながるといえる．ただし，動物性食品を摂取する場合には，エネルギー摂取過剰にならないように注意する必要がある．たとえば，動物性食品を使った食事の代表例として，

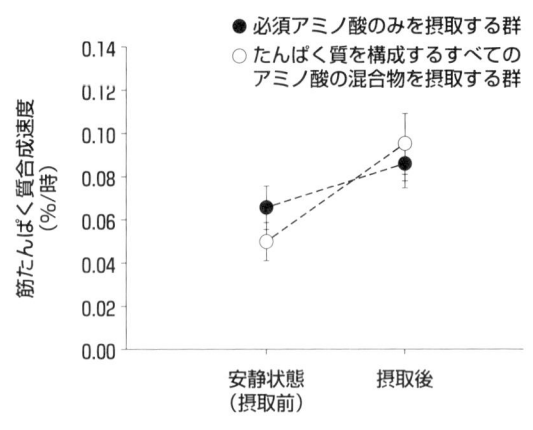

**図 4.13** 必須アミノ酸による筋たんぱく質合成促進効果 [43]

ステーキやハンバーグなどの肉料理が挙げられるが，美味しい肉料理には，たんぱく質だけではなく脂質も多く含まれている．次章でくわしく説明するが，脂質も重要な栄養素の一つであるものの，やはりその摂取量の増加は体重・体脂肪量の増加につながりやすいため，注意が必要である．

　ところで，なぜ，必須アミノ酸を多く含むたんぱく質が良質なたんぱく質なのであろうか？　必須アミノ酸の重要性を示す知見として，次のような研究結果が報告されている．この研究では，高齢者を対象者として，20種類すべてのアミノ酸を含むサプリメント（40 g），もしくは必須アミノ酸だけ（18 g）のサプリメントを摂取させた場合の筋たんぱく質合成速度を比較している [43]．その結果，図4.13に示すように，必須アミノ酸だけを摂取した場合でも，20種類のすべてのアミノ酸を含むサプリメントを摂取した場合とほぼ同程度の筋たんぱく質合成速度が得られるということが明らかとなっている．このような結果から，必須アミノ酸が筋たんぱく質合成において重要な役割を果たしていることがわかる．

　必須アミノ酸の中でも分岐鎖アミノ酸と呼ばれるアミノ酸（Branched-Chain Amino Acids, BCAA）が注目されている．分岐鎖アミノ酸とは，アミノ酸の側鎖が2つに分かれているアミノ酸を指し，ロイシン，バリン，イソロイシンの3つのアミノ酸がこれにあたる（図4.14）．他の必須アミノ酸は主

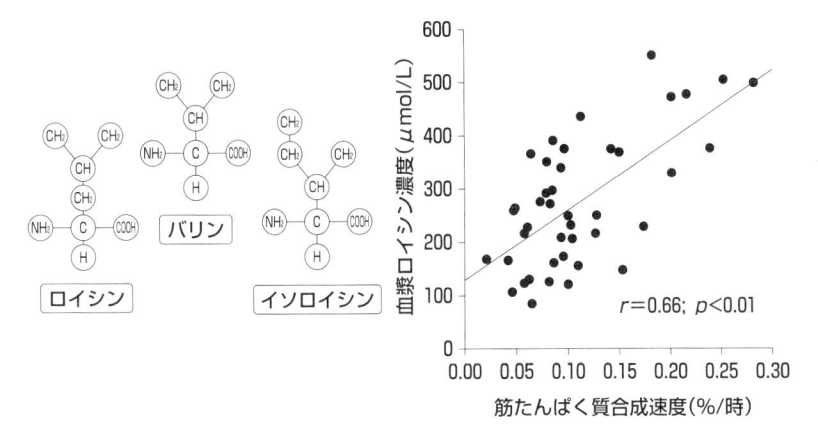

**図 4.14** 分岐鎖アミノ酸（BCAA）の構造（左）と血漿ロイシン濃度と筋たんぱく質合成速度との関係（右）[29]

に肝臓で代謝されるのに対して，BCAA は主に筋肉で代謝され，利用されることから，骨格筋にとっては重要なアミノ酸であるといえる．図 4.14 に示すように，BCAA の中でもロイシンの血中濃度と筋たんぱく質の合成速度の間には，相関関係が認められており［29］，さらに，ロイシンには，筋たんぱく質合成において重要な働きを担っている mTOR に対する活性化作用があることも明らかとなっている（図4.4）．つまり，ロイシン（を多く含むたんぱく質）の摂取は，骨格筋の材料を提供するだけではなく，このような重要分子の活性を調節することでも筋たんぱく質の合成さらには筋肥大を促進しているのである．

## たんぱく質摂取のタイミング

　スポーツ栄養学で考慮すべきポイントとして，「何を」「どれだけ」「どのタイミング」で食事・栄養素を摂取するかということが挙げられる．たとえば，第 3 章でも説明したように，運動後の筋グリコーゲン回復のためには，同じ糖質を摂取するとしても，運動終了 2 時間後に摂取するよりも運動終了直後に摂取したほうが効果的であることが明らかとなっており，摂取タイミングの重要性がうかがえる．では，筋たんぱく質の増加・筋肥大のためには，たんぱく質をどのようなタイミングで摂取したらよいのであろうか？　現時

点では，運動終了後できるだけ早い時間帯にたんぱく質を摂取したほうが効果的であるといわれている．

　図 4.9 に示したように，筋力トレーニング後の筋たんぱく質の合成は，運動終了から数時間目までがもっとも高くなっている．さらに，トレーニング直後のほうが，たんぱく質摂取に対する骨格筋の感受性が高くなっている．したがって，トレーニング終了から早い時間帯にたんぱく質を摂取するほど，たんぱく質合成に対する高い相乗効果が得られることが明らかとなっている（図 4.10）[6]．このように，筋力トレーニングを行うことで，たんぱく質摂取に対する感受性が亢進するのは，筋たんぱく質合成に関与する mTOR 関連の情報伝達経路がより活性化しやすくなっていることや，骨格筋においてアミノ酸を細胞内へと運び込む輸送体が増加すること，また，運動終了後の早い時間帯のほうが骨格筋への血流量が増加した状態であり，より多くのアミノ酸を骨格筋に供給できること，などの説があるが，まだ完全には明らかとなっていないようである [6]．なお，筋力トレーニングとたんぱく質摂取による相乗効果は，少なくとも運動終了後 24 時間の時点まで維持されているといわれている [4]．

　以上のように，トレーニング後にたんぱく質を摂取することで，より高い筋たんぱく質合成効果が得られるということであるが，では，どれくらいのたんぱく質を摂取すべきなのであろうか？　図 4.15 には，単回の筋力トレーニング後にたんぱく質（卵由来）を 5-40 g 摂取した際の筋たんぱく質合成速度を示してある．摂取量が 20 g（約 0.25 g/kg 体重）までは，摂取量依存的に筋たんぱく質合成速度が高まるが，それ以上（40 g）摂取しても，さらなる筋たんぱく質合成の増加は生じないことが明らかとなっている [24]．このような結果に基づき，個人差なども考慮したうえで，現在のところ 20-30 g（0.25-0.4 g/kg 体重）が運動後のたんぱく質摂取量として推奨されている [7, 16, 38]．

　筋力トレーニング後に 20-30 g，1 日の総摂取量が〜 2.0 g/kg 体重という摂取量が推奨されているが，では実際に 1 日のなかでどのようにたんぱく質を摂取するか，ということに関しては，3 回の食事および間食などで均等に分けながら，毎回 20 g の摂取量を維持できるのが望ましいといわれている（図

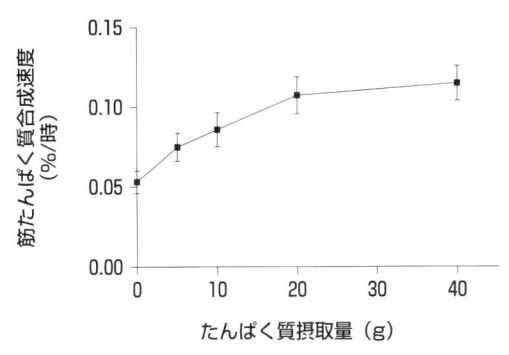

**図 4.15** トレーニング後のたんぱく質摂取量と筋たんぱく質合成速度との関係 [24]
一過性の筋力トレーニング後に卵由来のたんぱく質を 5-40 g 摂取した結果，20 g までは摂取量依存的に筋たんぱく質の合成の増加が認められた.

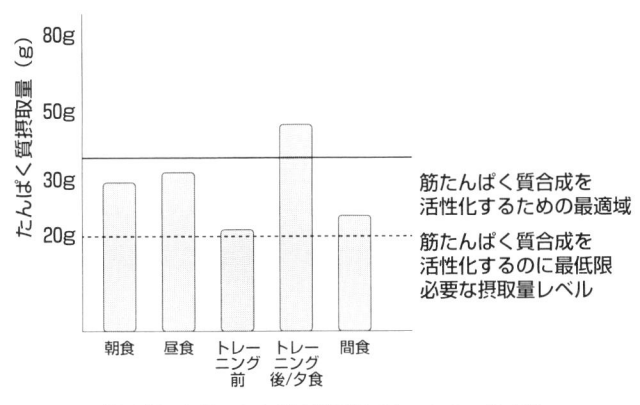

**図 4.16** 1 日のたんぱく質摂取パターンの一例 [7]

4.16) [7]．たんぱく質やアミノ酸を一度に大量摂取した場合，血中および筋中のアミノ酸濃度が高く維持されているにもかかわらず，高まっていた筋たんぱく質合成速度が数時間以内に元の状態に戻ってしまうことが知られている．このような結果から，筋たんぱく質合成に使用できるアミノ酸量には上限があるという仮説（muscle full effect 説）が提唱されている [2]．したがって，一度に大量に摂取するのではなく，筋たんぱく質の合成を増加させる閾値といわれる 20 g を保ちながら，1 日のなかで数回に分けながらたんぱく質

を摂取したほうが良さそうである.

　以上のように，筋たんぱく質合成を高めるうえでは，たんぱく質を運動終了後に摂取するほうが効果的であるようだが，では，運動終了後ではなく，運動前ではだめなのか，というと必ずしもそうではなさそうである．ある研究によると，筋力トレーニングの開始1時間前に必須アミノ酸と糖質を摂取した場合には，まったく同じものを運動終了1時間後に摂取した場合に比べて筋たんぱく質の合成速度が低くなることが示されている [9]．一方，別の研究では，運動直前に必須アミノ酸を摂取した場合には，運動終了後に摂取した場合よりも，筋たんぱく質の合成速度が高くなったという結果が報告されている [40]．このように異なる結果が得られた原因は必ずしも明らかではないが，摂取のタイミングの違いが影響した可能性がある．つまり，アミノ酸の体内への吸収は速やかに行われるため（血中のアミノ酸濃度のピークは摂取後30分程度で現れるといわれている），運動1時間前の摂取では，血中アミノ酸濃度のピークを過ぎたところでトレーニングを行うこととなり，アミノ酸によるたんぱく質合成効果が得られなかったのではないかと推察されている [34]．

## プロテインサプリメントの効果

　先ほど示したように，スポーツ選手では，1日，体重1 kg あたり〜2.0 g のたんぱく質を摂取すべきであるとさまざまなガイドラインで示されている．この2 g というのは，1日3食の食事から十分摂取可能な量である．筋たんぱく質の合成促進・筋肥大を目的とした具体的な料理内容・献立に関しては，他のスポーツ栄養関連の本を参考にしていただきたいが，簡単な一例を示すと図4.17のようになる．体重70 kg（一般人よりやや身体が大きめのアスリートを想定）で体重1 kg あたり2 g のたんぱく質を摂取しようとした場合，何か特別な内容の食事に変える必要はなく，このようなバランスのとれた普通の食事を摂れば十分可能である．つまり，高価なプロテインサプリメントを購入する必要はないということになる．ただし，一人暮らしの大学生アスリートなどでは，このような食事を毎食準備することは難しく，不足しがちになるかもしれない（たんぱく質だけではなく，他の栄養素も不足しがちである

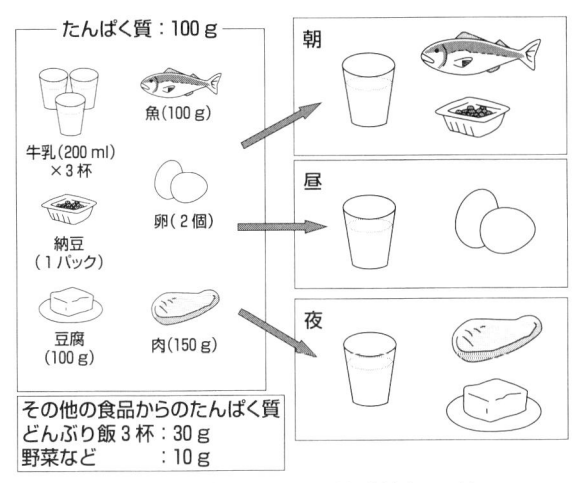

**図 4.17** 食事からのたんぱく摂取の一例
（体重 70 kg，140 g（2 g/kg 体重/日）のたんぱく質量を摂取する場合）

が）．また，練習後に家に帰ってから食事を準備して，いざ食べようとした
ときには，先に説明したような筋たんぱく質の合成効果が高い時間帯を過ぎ
てしまうかもしれない．このような場合においては，確かにプロテインサプ
リメントを摂取する意義・メリットがでてくるだろう（しっかりとした食事
を整えることをまずは優先させるべきではあるが）．プロテインサプリメントの
効果を検証した質の高い研究を集めて行われたメタ解析においても，筋力ト
レーニングを行いながらプロテインサプリメントを摂取することで，筋量や
筋力に対してポジティブな効果が得られることが確認されている（食事から
のたんぱく質摂取は，～ 1.2 g/kg 体重/日で，サプリメントによる追加摂取量は，
50 歳未満の場合，50 ± 32 g 程度であった [5]．また，プロテインサプリメント
の効果が得られるのは，食事からのたんぱく質摂取が 1.6g/kg 体重/日未満であ
った場合のみであるという解析結果もある [25]）．

　市販されている多くのプロテインサプリメントでは，ホエイプロテインも
しくはカゼインプロテインという乳たんぱく質が使用されている．ホエイプ
ロテインは，水溶性のたんぱく質であり，ヨーグルトなどの上澄み液に溶け
ているたんぱく質である．一方，カゼインプロテインは固形成分であり，さ

らに胃酸によるたんぱく質変性を受けやすいため，消化・吸収がホエイプロテインに比べてゆるやかとなる．このような消化・吸収の違いがたんぱく質代謝にも影響を及ぼすことが知られている．ホエイプロテインは消化・吸収が速やかに行われるため，血中のアミノ酸濃度が上昇しやすく，アミノ酸を骨格筋に素早く供給できる．しかしながら，筋に供給されたアミノ酸がたんぱく質合成の材料としてだけではなく，エネルギー源としても利用されやすく，血中のアミノ酸濃度も増加しやすい反面，下がりやすいという特徴も持つ．一方，カゼインプロテインは，消化・吸収がゆるやかであるため，摂取してもすぐには血中のアミノ酸濃度が上昇しないものの，長時間にわたって持続的なアミノ酸の供給が可能となる．したがって，摂取後の早い時間帯においては，ホエイプロテインを摂取した場合に高いたんぱく質合成効果が得られるのに対して，摂取数時間後からは，カゼインプロテインを摂取したほうが，たんぱく質合成速度がホエイプロテインを上回るようになる [31]．つまり，短時間でその効果を見た場合には，ホエイプロテインが効果的であるようにみえるが，長時間にわたってその効果を評価した場合には，両者の差はほとんどなくなるようである．

　プロテインサプリメントをはじめ機能性食品を販売する会社は，それぞれ得意とする素材を持っており，それがもっとも効果的であるようにデータを見せる工夫をしている．消費者には，そうしたデータを厳しく判断できる目が必要とされる．また，ホエイプロテインかカゼインプロテインのどちらか一つに固執する必要はなく，それぞれのメリットを生かした摂取方法をとれば良いだろう．

## たんぱく質摂取の効果を高める方法

　ここまでたんぱく質やアミノ酸のみを摂取したときの効果について説明してきたが，たんぱく質・アミノ酸だけではなく，糖質も同時に摂取することでその効果が高められることが知られている [11]．糖質を摂取することで膵臓から分泌されるインスリンは，骨格筋の糖取り込みを活性化させるだけではなく，筋血流量を増加させ，骨格筋へのアミノ酸の供給を促進する作用を持っている．さらに，インスリンは，ロイシンと同様にmTORを活性化

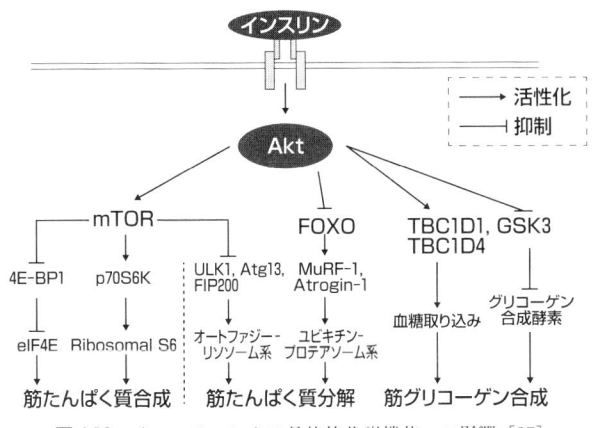

**図4.18** インスリンによる骨格筋代謝機能への影響 [37]

し，筋たんぱく質の合成を促進するのと同時に，骨格筋の主要なたんぱく質分解系であるオートファジー系およびユビキチン - プロテアソーム系（のちほどくわしく解説）の働きを抑制することも知られている（図4.18）．筋たんぱく質代謝に関しては，糖質摂取によるインスリン分泌は，合成促進というよりも分解抑制に対して強い効果を発揮するという意見もある [3]．いずれにしても，糖質を同時に摂取し，インスリン分泌を促進することは，筋たんぱく質代謝に対して好ましい効果をもたらすようである．

　このような糖質とたんぱく質・アミノ酸の同時摂取による効果は，残念ながら高齢者においてはあまり効果的ではないという報告もある．それは，高齢者ではインスリン抵抗性を発症している（骨格筋でのインスリンの効き目が悪くなっている）人が多く存在し，いくらインスリンの分泌を促進しても，上記のような効果が得られにくいためであると考えられている [10]．また，ロイシンによるたんぱく質合成作用も，若年者に比べて高齢者では低下していることも報告されており，若年者と同様のたんぱく質合成効果を得るためには，高齢者においてはより多くのロイシンの摂取が必要となるようである [10]．

　前章でも述べたように，糖質とたんぱく質を同時に摂取した場合には，それぞれを単独で摂取したときに比べて，インスリン分泌量が相乗的に増加し，運動後の筋グリコーゲン回復が促進される．このように，糖質とたんぱく質

を別々に摂取するのではなく，同時に摂取することは，筋グリコーゲンや筋たんぱく質それぞれの材料を供給するというだけではなく，インスリン分泌の促進・増強という副次的な効果を生み出し，糖質・たんぱく質代謝に対して好ましい結果をもたらしてくれる可能性が高い．このように単なる食品・栄養成分の足し算，引き算だけではなく，食品の組み合わせや食べ合わせによる相乗効果もしくは相殺効果まで考えるというのは，栄養学の難しい部分であり，また，たいへん面白い部分でもある．

## たんぱく質の過剰摂取による影響

　大学のトレーニング施設にいると，トレーニングを終えた学生が，大量のプロテインサプリメントを摂取しているのを目の当たりにする．また，普段からササミ肉をタッパーで持ち歩き，数時間ごとにそれを食べている学生アスリートもいる．そこまでしてたんぱく質を摂取しないとダメなのだろうか？　また，たんぱく質を摂取すればするほど筋肥大効果が得られるのであろうか？

　まず，たんぱく質の摂取を意識しすぎるあまり，逆に糖質の摂取がおろそかになるケースがある．この場合，骨格筋のグリコーゲン量，すなわちエネルギーが不足し，強度の高い（質の高い）トレーニングや，長時間のトレーニングが行えなくなることがある．また，エネルギー不足を補うために，筋たんぱく質を分解し，アミノ酸を代替エネルギーとして使用するようになる．つまり，せっかく筋肉づくりのためにたんぱく質を摂取しても，それをエネルギーとして消費してしまうような体質になってしまう．実際，筋グリコーゲン量が少ない場合ときちんと補充できていた場合とでは，体たんぱく質の合成と分解のバランスが大きく異なり，グリコーゲン量が少ない場合において，運動中のたんぱく質の分解が著しく亢進してしまうという結果が報告されている（図 4.19）[20]．

　先に紹介したたんぱく質の摂取量を検討した研究 [14] では，トレーニング実施者の 1 日のたんぱく質摂取量を，1.4 g/kg 体重から 2.4 g/kg 体重に増加させても体全体のたんぱく質合成速度に差がないということが明らかとなっている．このとき，たんぱく質の摂取量の増加にともない，実はアミノ酸

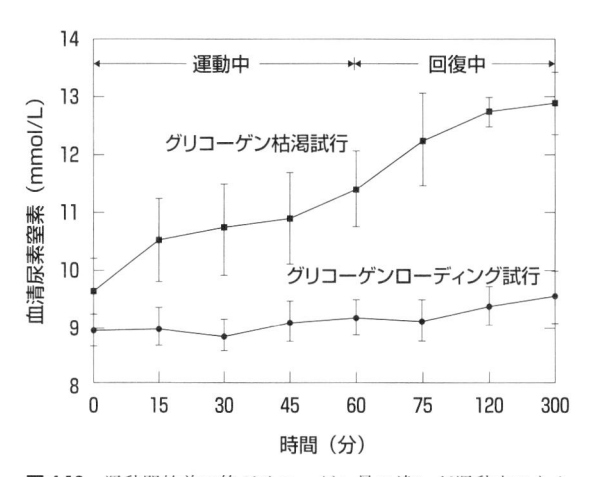

**図 4.19** 運動開始前の筋グリコーゲン量の違いが運動中のたんぱく質分解に及ぼす影響 [20]
グリコーゲンを枯渇させた状態とグリコーゲンローディングを行った状態で60分間の自転車運動を行い，運動中〜回復期にかけてたんぱく質分解の指標の一つである血清尿素窒素濃度を測定した.

がエネルギー源として利用され，酸化量が増加したことが示されている．さらに，最近の報告によると，1日，体重1kgあたり2.0g以上のたんぱく質を食事から摂っている場合，サプリメントでさらに体重1kgあたり0.3gほどのたんぱく質を追加摂取すると，追加分とほぼ同量の窒素が尿素窒素として排泄されること，すなわち追加で摂取したたんぱく質がたんぱく質合成に使われずに排泄されることも示されている [15]．このことからも，たんぱく質の摂取量の上限は，1日，体重1kgあたり2.0g程度であり，それ以上摂取してもたんぱく質の合成が促進されないといえそうである．また，このように窒素化合物の尿中への排泄量が増加すると，腎臓への負担が増す．腎不全の患者では，たんぱく質の摂取量が制限されているのも，このような理由からである．実際，健康な人であっても，体重1kgあたり2.0g以上のたんぱく質を摂取すると，腎機能障害や尿路結石，骨代謝異常のリスクも高まるというデータが示されている [23]．以上のことからも，IOC や ACSM が推奨しているように，1日，体重1kgあたり2.0g以上のたんぱく質を摂取するメリットはなさそうである．

## たんぱく質摂取の効果に関する最近の話題

　ここで，トレーニングとたんぱく質摂取に関する最近の話題をいくつか紹介したい．まず，先述したように，たんぱく質摂取のタイミングに関しては，トレーニング終了後，できるだけ早い時間帯で摂取すべきといわれている．これは，筋力トレーニングを単回で行った後の，筋たんぱく質合成速度の違いから導きだされた理論である．ところで，筋たんぱく質合成が高まったとはいえ，最終的には，このような筋力トレーニングやたんぱく質摂取を長期間行い，実際に筋量や筋力が増加するかどうかがもっとも重要なことである．そこで，実際に，たんぱく質摂取のタイミングに関して長期的な介入実験を行った23本の質の高い研究論文を集めて，メタ解析を行った結果が報告されている．その解析結果によると，長期間（6-21週間）の介入実験では，トレーニング前後のたんぱく質摂取のタイミング（トレーニングの前後1時間以内）が重要とする考えは支持されず，筋量や筋力に対しては，たんぱく質の摂取量がより重要な要因であることが示唆されている [32]．つまり，長期的にみると，たんぱく質摂取のタイミングによる違いは大きくはないということになる．

　運動後の糖質摂取とグリコーゲン回復のところでも述べたが，次の試合までに十分な時間が確保できる場合には，急いで糖質を摂取する必要はない．これと同様に，筋量・筋力増強のための十分な時間が確保できるのであれば，おそらくたんぱく質の摂取タイミングを考慮する必要性は低くなるものと思われる．逆に，できるだけはやく筋量・筋力を増強したい，また，すぐ後に控えている試合までにグリコーゲンを回復させたいという場合には，やはりタイミングや摂取物の組成に対して注意を払う必要がでてくるのであろう（図4.20）．

　また，先述したように，これまでのたんぱく質摂取の基準は，主に筋たんぱく質の合成率の結果を基に決められてきた．しかしながら，最近，筋たんぱく質の分解を抑制するという視点も必要だという意見もある．筋力トレーニング後の筋たんぱく質分解を最大限に抑制するためには，筋たんぱく質の合成を最大限に活性化するよりも多くのたんぱく質摂取が必要であるという

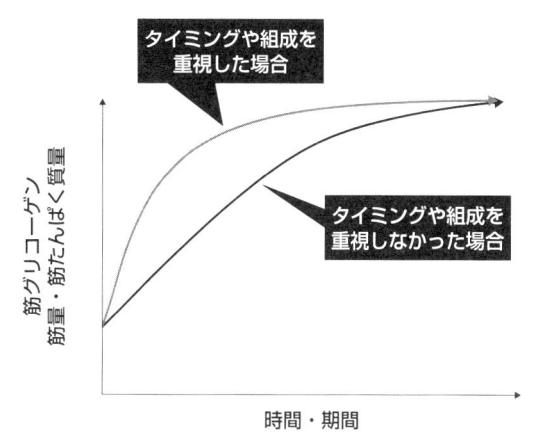

図 4.20　運動後の栄養摂取による効果の考え方
回復時間やトレーニング期間が限られており，効果をはや
く得たい場合には，タイミングや組成を重視する必要があ
る．十分な摂取量が確保できていれば，長期間かけること
で同じ効果が期待できる．

データが示されている［19］．ある試算によれば，全身のたんぱく質同化作
用を最大限に高めるためには，体重70 kgの人の場合，1回の食事で182 g
のたんぱく質が必要となるのではないか，という計算結果，つまり，先述し
たトレーニング後の推奨摂取量（20-30 g）よりも何倍も高い値が示されてい
る［19］．運動によるたんぱく質の分解に関しては，運動によって傷つき古
くなったたんぱく質を新たなものにつくりかえる，という側面もあるため，
分解を過度に止めてしまうことに対する反対意見も存在する．たんぱく質分
解をどの程度抑制すべきか，という点に関しては今後さらなる検討が必要で
あろう．

　タイミングとの関連でいうと，就寝前のたんぱく質摂取も注目を集めてい
る．就寝中は，当然のことながら，空腹状態になり，筋たんぱく質の分解が
進む．そこで，就寝前にたんぱく質を摂取し，就寝中にたんぱく質合成を高
める方法が提案されている［42］．具体的には，就寝前に40 gのたんぱく質
（摂取量が30 gの場合では，明確な効果が見えなかったため，最低40 g程度のた
んぱく質が必要であると考えられている），特に消化・吸収がゆるやかに進み，

アミノ酸が持続的に骨格筋へと供給されるカゼインを摂取することが効果的であるといわれている．ただし，これまでに行われた研究では，比較対照群に同じく 40 g のたんぱく質を追加で与えていない場合が多く，単にたんぱく質の摂取量が増加しただけではないかとの反論もある．1 日の摂取量の範囲内でいかに就寝中のたんぱく質合成を高めるかがポイントといえそうである．

## 減量・怪我による骨格筋の萎縮

　運動選手にとって体重管理，特に減量は非常に重要な問題である．たとえ同じ筋力を持っていたとしても，体重が軽いほうが有利に働くことが多いため，筋量を増やす一方で筋力発揮に直接関与しない脂肪をできるだけ減らすことが求められる．また，審美性のスポーツ，採点競技のスポーツでも体のラインが気になり，ダイエットに励む選手も多い．さらに，ボクシングや柔道などの体重階級制のスポーツでは，普段の体重から 10 kg 以上減量し，下の階級で体格の小さい相手と戦うことで試合を有利に運ぼうとする選手が多く存在する．このような減量を行うときに，もっとも気になるのが，脂肪を落とすだけではなく，骨格筋量まで落としてしまわないかということである．つまり，できるだけ骨格筋量を落とさずに脂肪量だけを落として体重を軽くできる減量法が望ましい方法であるといえる．

　減量中に骨格筋量を維持するためには，たんぱく質摂取量を増加させることが推奨されている．たとえば，筋力トレーニングやインターバルトレーニングを行いながら，毎日のエネルギー摂取量を 40% 減少させることで減量を行った場合，たんぱく質摂取量を体重 1 kg あたり 1.2 g/日から 2.4 g/日に増やすことで，脂肪量がより減少しただけでなく，除脂肪量（LBM）の増加が認められた，という報告がある [21]．このような結果から，エネルギー不足にともなう筋たんぱく質合成の低下および分解の亢進，さらには LBM の低下を予防するために，1 日のたんぱく質摂取量を 1.6-2.4 g/日に増やすと効果的であるといわれている．また，怪我をしているとき（不活動時）にも，その怪我の程度や種類にもよるが，トレーニングを行った場合とは逆に，アミノ酸やたんぱく質摂取による筋たんぱく質合成効果が落ち，骨格筋が萎縮する．その際にもやはり，たんぱく質摂取量は多め（体重 1 kg あたり〜2.5 g/

日）に確保することがすすめられている［39］．怪我にともない活動量が低下するため，エネルギー摂取量も減らすことが多いが，怪我の治癒のためには思ったよりも多くのエネルギーを使っている．したがって，エネルギー摂取量を減らし，エネルギーバランスがマイナスになってしまうと，怪我の治癒が遅れてしまうため，注意が必要である［39］．

　体重階級制のスポーツでは，「急速減量」と呼ばれる方法が用いられることが多い．これは，試合の数日前からほとんど飲まず食わずの状態にして，一気に体重を2-10%減少させる方法である．長期間にわたって毎日のエネルギー摂取量を少しずつ減らして徐々に体重を減らす「緩徐減量」の場合，長期間にわたって空腹が続くため，心理的・精神的な負担が大きい．その一方で，急速減量は，ほぼ絶食状態という過酷な減量であるものの，短期間の我慢ですむため，精神的な負担が長期間の減量に比べて少ないことから，多くのアスリートが採用している．では，このような急速減量と緩徐減量のどちらが骨格筋量を維持しながら，効果的に減量を行うことができるのであろうか？　実験動物（ラット）を対象として行われた研究であるが，まったく同じ量の体重を減らすために，毎日のエネルギー摂取量を30%減らし，数週間かけて徐々に減量した場合（緩徐減量）と最後の数日間だけ絶食することで急速に減量した場合（急速減量）における骨格筋組織重量と筋たんぱく質含量の結果を図 4.21 に示した．この実験では，急速減量を行った場合においてのみ，骨格筋，特に速筋線維優位型の骨格筋組織で骨格筋重量と筋たんぱく質量が，減少してしまう可能性が示されている［26］．したがって，急速減量は確かに精神的な負担が軽くなるのかもしれないが，骨格筋組織・たんぱく質代謝に対しては緩徐減量のほうがより好ましい減量法であるのかもしれない．また，この研究では，急速減量群の骨格筋ではグリコーゲン濃度が顕著に低くなっており，エネルギー状態という面においても，やはり好ましくない減量法であるといえる．

　日常生活でも空腹時には筋たんぱく質が一定量分解されており，さらにこのような絶食による減量中にはそれが著しく亢進するのであるが，では，どのようにして筋たんぱく質は分解されるのであろうか？　骨格筋には，たんぱく質の分解を担う経路が主に 2 つ存在する．一つはユビキチン‐プロテア

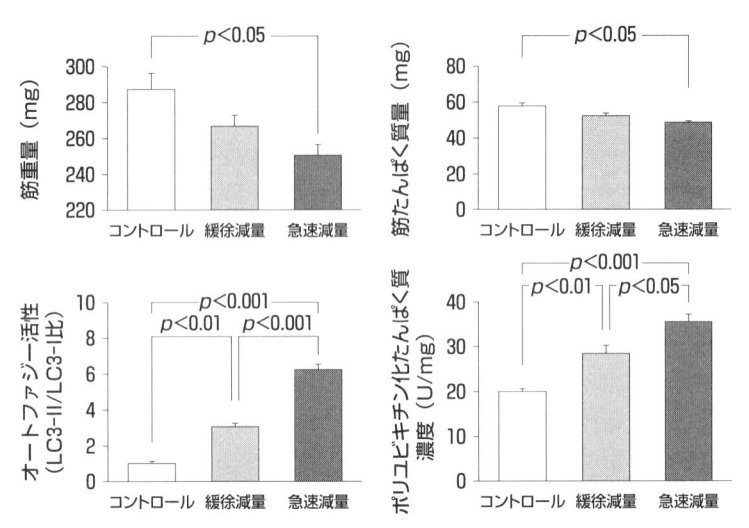

**図 4.21** 緩徐減量と急速減量が筋たんぱく質分解系および筋重量に及ぼす影響［26］実験動物（ラット）に対して緩徐減量（1日のエネルギー摂取量を30％減らす）もしくは急速減量（3日間の絶食）で体重を同程度に減少させた．その結果，急速減量では主要な筋たんぱく質分解系（オートファジー系，ユビキチン系）が活性化され，筋重量および筋たんぱく質量の減少が認められた．コントロール群は減量を行っていないラット．

ソーム系であり，もう一つはオートファジー系と呼ばれるものである（図4.22）．ユビキチン－プロテアソーム系は，原則として細胞内で分解すべきたんぱく質に目印をつけて選択的にたんぱく質を分解する仕組みである．一方，オートファジー系は，オートファゴソームという膜状のものでたんぱく質を囲い込み，非選択的に一度に多くのたんぱく質を分解する経路である．オートファジーは，主に飢餓状態において働くたんぱく質分解機構であり，一度に多くのたんぱく質を分解することで，それによって生じたアミノ酸をエネルギー源として供給していると考えられている．先ほどの，絶食による急速減量中においても，このオートファジーによるたんぱく質分解機構が骨格筋細胞内で顕著に活性化していることが確認されており，また，ユビキチン－プロテアソーム系によるたんぱく質分解も同様に亢進していることも明らかとなっている（図4.21）．

　このように急速減量は，骨格筋のたんぱく質分解系を著しく活性化させる

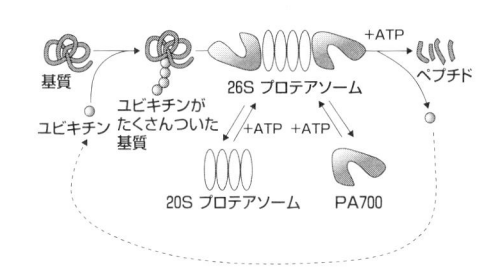

①ユビキチン-
プロテアソーム系

基質　ユビキチン　ユビキチンがたくさんついた基質　26S プロテアソーム　+ATP　ペプチド　+ATP　+ATP　20S プロテアソーム　PA700

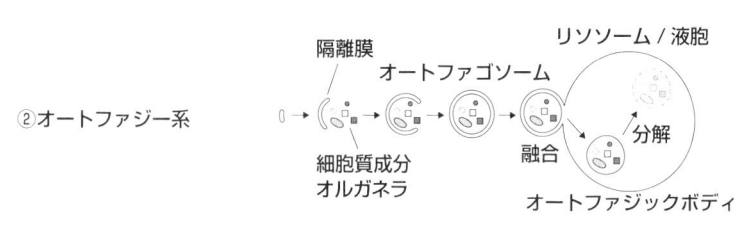

②オートファジー系

隔離膜　オートファゴソーム　リソソーム / 液胞　細胞質成分オルガネラ　融合　分解　オートファジックボディ

**図 4.22**　骨格筋における主要なたんばく質分解経路 [41]

など骨格筋に対して好ましくない影響をもたらす可能性が高い．また，それだけではなく，心肺機能にも大きな負担をかける．急速減量中は，食事だけではなく，水分摂取も控えることが多く，それにより血漿量が減少してしまうため，血液の粘性が高まり，血液の流れが悪くなるといわれている．サウナスーツなどを着て発汗量を増やして体重を減らすこともあるが，その際，体液量が減少することで，体温調節機能がうまく働かなくなる危険性がある．急速減量によって試合に臨むということは，その選手本来の体重ではない階級に下げて，体格が小さい相手と競技を行うということであり，さらに，一人の選手がこのような手法を採用すると，同じように過度な減量を行わないと不利になってしまうことから，他の選手も追随してやらざるを得なくなる．こうしたことは，フェアプレーの精神・スポーツマンシップに反し，かつ不当にパフォーマンスを向上させる方法ともいえる．このように，急速減量は，アスリートの健康を害する危険性が高く，かつスポーツマン精神に反する可能性のある行為であることから，世界アンチドーピング機構が定めるドーピ

ング基準に当てはまるものであり，すぐに禁止すべきであるという意見もある [1].

**参考文献**

[1] Artioli, G. G. *et al. Sports Med.* **46**: 1579-1584, 2016.

[2] Atherton, P. J. *et al. Am. J. Clin. Nutr.* **92**: 1080-1088, 2010.

[3] Beelen, M. *et al. Int. J. Sport Nutr. Exerc. Metab.* **20**: 515-532, 2010.

[4] Burd, N. A. *et al. J. Nutr.* **141**: 568-573, 2011.

[5] Cermak, N. M. *et al. Am. J. Clin. Nutr.* **96**: 1454-1464, 2012.

[6] Churchward-Venne, T. A. *et al. Nutr. Metab.* **9**: 40, 2012.

[7] Egan, B. *Nutr. Bull.* **41**: 202-213, 2016.

[8] Egerman, M. A. and Glass, D. J. *Crit. Rev. Biochem. Mol. Biol.* **49**: 59-68, 2014.

[9] Fujita, S. *et al. J. Appl. Physiol.* **106**: 1730-1739, 2009.

[10] 藤田聡. 体育の科学. **65**: 807-811, 2015.

[11] Fujita, S. and Volpi, E. *Nutr. Res. Rev.* **17**: 69-76, 2004.

[12] 福永哲夫. 『ヒトの絶対筋力』杏林書院. 1978.

[13] Gonyea, W. J. *et al. Eur. J. Appl. Physiol. Occup. Physiol.* **55**: 137-141, 1986.

[14] 菱田明・佐々木敏. 『日本人の食事摂取基準（2015年度版）』第一出版. 2014.

[15] 井上なぎさ他. 日本スポーツ栄養研究誌. **6**: 18-27, 2013.

[16] International Olympic Committee. Nutrition for Athletes, 2012.

[17] Jäger, R. *et al. J. Int. Soc. Sports Nutr.* **14**: 20, 2017.

[18] 川端輝江. 『しっかり学べる！栄養学』ナツメ社. 2012.

[19] Kim, I. Y. *et al. Clin. Nutr.* In press.

[20] Lemon, P. W. and Mullin, J. P. *J. Appl. Physiol. Respir. Environ. Exerc. Physiol.* **48**: 624-629, 1980.

[21] Longland, T. M. *et al. Am. J. Clin. Nutr.* **103**: 738-746, 2016.

[22] 町田修一. 『スポーツ現場に生かす運動生理・生化学』（樋口満編著）. 市村出版. pp. 49-60, 2011.

[23] Metges, C. C. and Barth, C. A. *J. Nutr.* **130**: 886-889, 2000.

[24] Moore, D. R. *et al. Am. J. Clin. Nutr.* **89**: 161-168, 2009.

[25] Morton, R. W. *et al. Br. J. Sports Med.* In Press.

[26] Nonaka, Y. *et al. Physiol. Res.* In press.

[27] Oesser, S. *et al. J. Nutr.* **129**: 1891-1895, 1999.

[28] Pavlath, G. K. *et al. Nature.* **337**: 570-573, 1989.

[29] Pennings, B. *et al. Am. J. Clin. Nutr.* **93**: 997-1005, 2011.

[30] Phillips, S. M. *et al. Am. J. Physiol.* **273**: E99-E107, 1997.

[31] Reitelseder, S. *et al. Am. J. Physiol. Endocrinol Metab.* **300**: E231-E242, 2011.

[32] Schoenfeld, B. J. *et al. J. Int. Soc. Sports Nutr.* **10**: 53, 2013.

[33] 下村吉治. 『基礎栄養学』（奥恒行，柴田克己編）. 南江堂. pp. 103-122, 2012.

［34］下村吉治. 体育の科学. **65**: 783-788, 2015.

［35］Tamaki, T. *et al. Am. J. Physiol.* **273**: C246-C256, 1997.

［36］Tarnopolsky, M. A. *et al. J. Appl. Physiol.* **73**: 1986-1995, 1992.

［37］寺田新, 稲井真. 臨床スポーツ医学. **33**: 1144-1149, 2016.

［38］Thomas, D. T. *et al. Med. Sci. Sports Exerc.* **48**: 543-568, 2016.

［39］Tipton, K. D. *Sports Med.* 45 Suppl **1**: S93-S104, 2015.

［40］Tipton, K. D. *et al. Am. J. Physiol Endocrinol Metab.* **281**: E197-E206, 2001.

［41］東京大学身体運動科学研究室編.『教養としての身体運動・健康科学』東京大学出版会.
2009.

［42］Trommelen, J. and van Loon, L. J. *Nutrients.* **8**: 763, 2016.

［43］Volpi, E. *et al. Am. J. Clin. Nutr.* **78**: 250-258, 2003.

　第4章では，骨格筋量の増加のためには，筋力トレーニングを行うとともに，たんぱく質を摂取することが重要であることを解説した．一方最近の研究では，たんぱく質の摂取量をむしろ減らしたほうが，ある部分においては好ましい効果をもたらすという可能性が示されつつある．

　第2章でエネルギー摂取量を毎日30%程度減らすことで寿命が延びる可能性があると述べた．さらに，エネルギー摂取制限は，内臓脂肪量を減らし，糖尿病などの生活習慣病の予防に効果的であることも知られている．このようなエネルギー摂取制限の効果は，実はエネルギー摂取量を減らすということよりも，たんぱく質の摂取量を減らすことによるものだという可能性が示されている．たとえば，低たんぱく質食（通常食に比べてたんぱく質量を3分の2程度減らしたもの）の摂取により体重の増加が抑えられ，空腹時の血糖値や耐糖能（食後の高血糖）が改善することが報告されている [1]．さらに，実験動物（マウス）を対象とした実験においては，餌の中に含まれる他のアミノ酸の量は減らさずに，分岐鎖アミノ酸（BCAA）の量だけを減らした餌を摂取させた場合でも，低たんぱく質食を摂取させた場合と同様に糖代謝機能が改善することが示されている [1]．これらの結果は，たんぱく質，特にBCAAの摂取を抑えたほうが，糖代謝機能を改善するうえでは効果的であるという可能性を示している．

　また，減量中において，骨格筋量を維持するためには，たんぱく質摂取量を増やしたほうが良いと述べた（第4章）．このことも，糖代謝機能の改善という面においては，むしろマイナスの効果をもたらすかもしれない．閉経後の肥満女性を対象として，平均27週間かけて体重の10%を減量した際の糖代謝機能の変化を検討した研究がある [2]．この研究において，減量によって全身のインスリン感受性が改善するが，この減量中にたんぱく質摂取量を増やした場合（0.8 g/kg体重/日から1.2 g/kg体重/日）には，減量にともなう除脂肪量の減少を一部（700 gほど）軽減できる一方で，インスリン感受性の改善が認められなくなってしまう，という結果が報告されている．

　このように，まだくわしいメカニズムは明らかとなってはいないものの，糖代謝機能の改善という部分においては，たんぱく質摂取量を増やしすぎない，もしくは減らしたほうが良いのかもしれない．ただし，糖代謝の改善が期待できるからといって，すべての人に対してたんぱく質摂取の制限が勧められるわけではな

い．たとえば，高齢者においては，食が細くなること，特に肉類を摂取する機会が少なくなることで，たんぱく質の摂取量が著しく減ってしまう場合がある．このようなたんぱく質摂取量の減少は，加齢性の骨格筋萎縮であるサルコペニアの進行を助長することに加えて，血中のアルブミン濃度の減少も引き起こす．アルブミンは，血液の浸透圧を維持するうえで重要な働きをしており，その濃度が減少すると，血液の浸透圧が低下し，血液中の水分が組織へと移動するようになる．その結果，浮腫や腹水，さらに悪化すると腎不全や心不全が引き起こされる．したがって，このような場合には，たんぱく質の摂取量を減らすよりもむしろ増やさなければならないのはいうまでもない．

　ある栄養素が良い，という情報を見かけたときにも，それがすべての人に当てはまるものではない．そのような情報に対して安易に飛びつくのではなく，自らの栄養状態，体調などをまずはしっかりと評価したうえで，その情報を取り入れるか否かを決めることが重要である．

**参考文献**
［1］Fontana, L. *et al. Cell Rep.* **16**: 520–530, 2016.
［2］Smith, G. I. *et al. Cell Rep.* **17**: 849–861, 2016.

# 第5章　脂質
## ──パフォーマンスと健康のための三大栄養素摂取法
## （その3）

　脂質は，一般的には健康を害したり，パフォーマンスを悪化させたりする悪者として扱われる場合が多い．しかしながら，炭水化物（糖質），たんぱく質と並ぶ三大栄養素の一つであり，毎日必ず摂取する栄養素である．したがって，その摂取方法を工夫することで，健康の維持・増進をはかることや，パフォーマンスを向上させることができる可能性が高い．しかしながら，現在のところ，脂質をどのように摂取したら健康の維持・増進およびパフォーマンスを向上させるうえでもっとも効果的なのか，ということについては，まだまだ不明な部分が多く残されている．本章では，これまでに得られている脂質摂取法に関する知見について，整理してみたい．

## 5.1　脂質の種類と健康

### 「脂肪」，「油」，「脂」，「脂質」の違いは？

　「あぶら」を指す言葉は数多くある．厳密には，これらはそれぞれ違うものを指している．サラダ油やキャノーラ油など普段私たちが使用している調理用のあぶらは，グリセロール分子に脂肪酸が3個結合した「トリアシルグリセロール（トリグリセリド）」もしくは「（中性）脂肪」と呼ばれるものである（図5.1）．このトリアシルグリセロールが，常温で液体であるものを「油」（サラダ油，キャノーラ油，ごま油など）と呼び，反対に常温で固体のものを「脂」（豚脂，牛脂など）と呼ぶことが多い．食品業界では，これらをまとめて「油脂」という言葉が使われている．

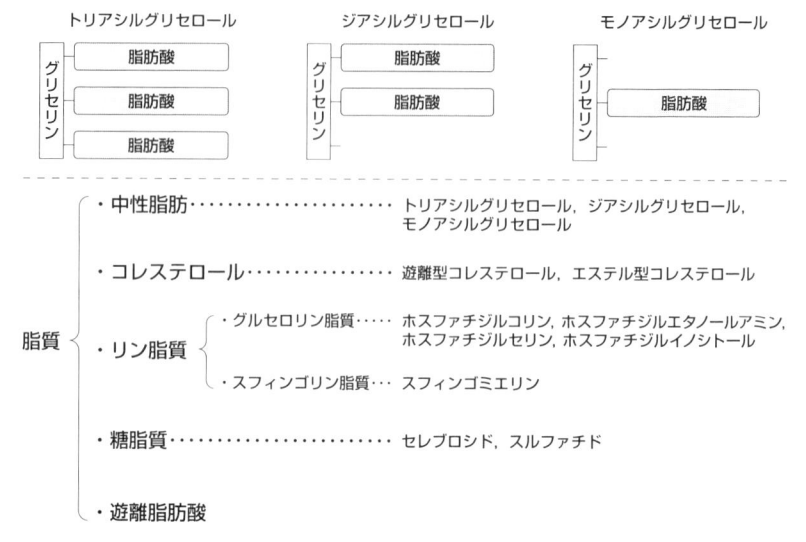

**図 5.1** 中性脂肪の構造と脂質の種類

グリセリンに脂肪酸が 2 個および 1 個結合したものは, ジアシルグリセロール, モノアシルグリセロールと呼ばれ, 中性脂肪の一つとなっているが（上段）, 中性脂肪の大部分はトリアシルグリセロールとなっている. したがって, 中性脂肪＝トリアシルグリセロールと同義とする場合が多い.

　一方,「脂質」とは, 主に栄養学の領域で使われる用語である. 脂質は,「有機溶媒に溶ける物質」と定義され, トリアシルグリセロール以外にも, リン脂質やステロールなども含まれる. 私たちは, トリアシルグリセロール以外にも, これらの物質を少なからず摂取しているため（図5.1）, 栄養学の分野では, この「脂質」という言葉が使われており, 実際に, 厚生労働省から出されている「日本人の食事摂取基準」にも「脂質」が使われている.

## 脂質のおいしさ

　テレビなどでグルメリポーターが,「肉汁たっぷりですね」とコメントしながら, とても美味しそうにステーキやハンバーグを食べている様子をよく目にする. この肉汁の大部分は脂質であるが, では, 私たちは脂質の美味しさをどのように感じとっているのであろうか？

　ヒトの味覚は「五味」といわれるように,「甘味」,「酸味」,「塩味」,「苦

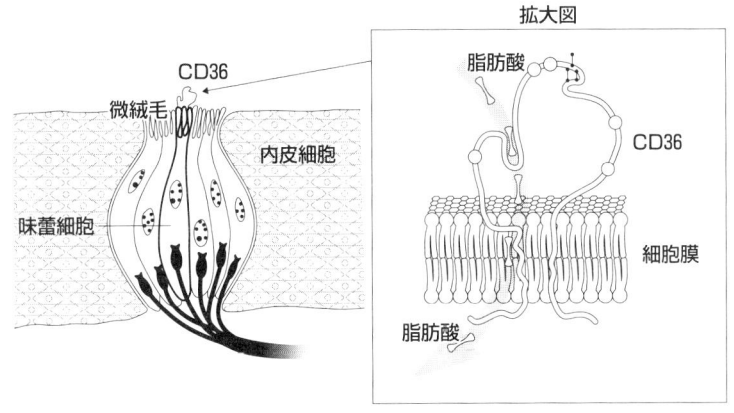

**図 5.2** 味蕾細胞において脂質を感知するメカニズム [1]
口の中で油の一部が分解されてできた脂肪酸が，CD36 という受容体に取り込まれ
て味蕾細胞を刺激する．その結果，脳内に β エンドルフィンが放出されて，幸福感
が得られる．

味」，「うま味」という 5 つの味を感知しているといわれている．つまり脂質
を感知する味覚は存在しないと長い間考えられてきた．しかしながら，最近，
第 6 の味覚として脂質を感知するシステムがヒトに備わっていることが明ら
かとなりつつある．そのメカニズムは，1）食事で摂取したトリアシルグリ
セロールが舌リパーゼといわれる酵素の働きにより一部（ほんの一部）が分
解され脂肪酸が遊離する，2）その脂肪酸が，舌に存在する味蕾細胞（味を
感知する細胞）の細胞膜上にある CD36 という脂肪酸の輸送体によって細胞
内へと運ばれる（図 5.2）[1]，3）脂肪酸の細胞内への流入が引き金となり，
神経細胞を刺激し，脳内において β エンドルフィンの分泌を促す．この β エ
ンドルフィンは良い気分を引き出す「快感物質」であり，このようにして生
み出された心地よい感覚こそが，脂質の美味しさの正体であることが明らか
となりつつある [27]．したがって，肉汁の多い食事を食べることで，より
多くの快感が得られ，美味しいと感じるようである．また，このような美味
しい食べ物は，第 2 章で解説したように，脳の報酬系と呼ばれる部位におい
てドーパミンの放出を促す．これにより「もっと脂っこいものを食べたい」
というやみつきの行動につながるといわれている．

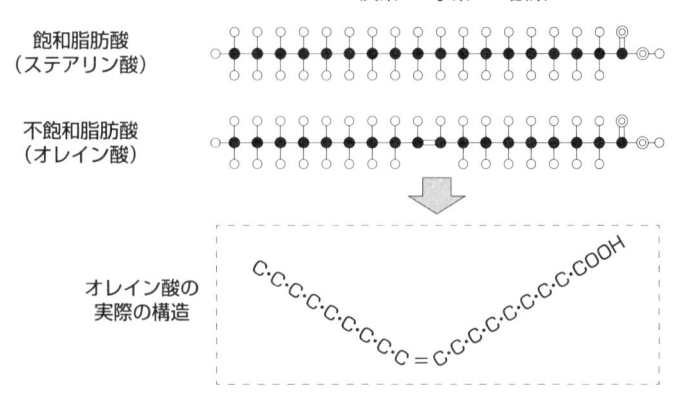

**図 5.3** 飽和脂肪酸と不飽和脂肪酸の構造

飽和脂肪酸のステアリン酸と不飽和脂肪酸のオレイン酸ともに炭素数が 18 個の脂肪酸であるが，オレイン酸は炭素の二重結合を有しており，そこで折れ曲がる構造となっている．

## 脂肪酸の種類

　先述したように，私たちが摂取している脂質の大部分は，トリアシルグリセロールであり，その主な構成成分である脂肪酸の違いによって性質や機能が大きく変わってくる．脂肪酸は，図 5.3 に示すような形をしており，そこに含まれる「炭素数」と「不飽和結合の有無・数」によって分類される．代表的な脂肪酸を表 5.1 に示した．また，表 5.2 には，一般家庭でよく使われる食用油脂とそれに含まれる脂肪酸の組成（割合）を示してある．炭素数が 4-6 個のものが短鎖脂肪酸，8-10 個のものが中鎖脂肪酸，12 個以上のものが長鎖脂肪酸と呼ばれている．私たちが日常生活でよく使用している食用油脂は，ほぼ長鎖脂肪酸で構成されている．

　炭素同士が二重結合することなく，結合の手がすべて水素と結合しており，水素によって「飽和されている」ものを飽和脂肪酸という．反対に炭素の二重結合が存在している（＝水素によって飽和されていない）脂肪酸は不飽和脂肪酸と呼ばれる（図 5.3）．また，二重結合の数により，1 個のものを一価不飽和脂肪酸といい，2 個以上のものは多価不飽和脂肪酸として分類される．

　飽和脂肪酸と不飽和脂肪酸は，その構造が大きく異なる．飽和脂肪酸が直

表5.1　脂肪酸の分類

| 脂肪酸の名称 | 炭素数 | | 二重結合数 | 多く含まれる油脂 |
|---|---|---|---|---|
| 酪酸 | 4 | 短鎖 | 0（飽和） | 乳脂 |
| カプロン酸 | 6 | | 0（飽和） | 乳脂 |
| カプリル酸 | 8 | 中鎖 | 0（飽和） | ヤシ油，パーム核油，乳脂 |
| カプリン酸 | 10 | | 0（飽和） | ヤシ油，パーム核油，乳脂 |
| ラウリン酸 | 12 | | 0（飽和） | ヤシ油，パーム核油 |
| ミスチリン酸 | 14 | | 0（飽和） | ヤシ油，パーム核油 |
| パルミチン酸 | 16 | | 0（飽和） | パーム油 |
| ステアリン酸 | 18 | | 0（飽和） | 牛脂，豚脂 |
| オレイン酸 | 18 | 長鎖 | 1（不飽和） | オリーブ油，菜種油 |
| リノール酸 | 18 | | 2（不飽和） | 大豆油，コーン油 |
| リノレン酸 | 18 | | 3（不飽和） | 亜麻仁油，えごま油 |
| エイコサペンタエン酸 | 20 | | 5（不飽和） | 魚油 |
| ドコサヘキサエン酸 | 22 | | 6（不飽和） | 魚油 |

表5.2　代表的な食用油脂の脂肪酸組成（％）

| | C8:0 | C10:0 | C12:0 | C14:0 | C16:0 | C16:1 | C18:0 | C18:1 | C18:2 | C18:3 | その他 |
|---|---|---|---|---|---|---|---|---|---|---|---|
| 大豆油 | | | | | 10.5 | | 3.8 | 23.2 | 54.2 | 8.0 | 0.3 |
| 菜種油 | | | | | 3.8 | | 1.7 | 58.5 | 21.4 | 11.1 | 3.5 |
| コーン油 | | | | | 11.1 | | 1.9 | 28.9 | 56.7 | 1.4 | |
| ごま油 | | | | | 10.1 | | 5.7 | 39.7 | 44.4 | | 0.1 |
| オリーブ油 | | | | | 10.5 | 0.6 | 2.8 | 77.1 | 7.2 | 0.7 | 1.1 |
| ヤシ油 | 7.3 | 5.8 | 46.9 | 18.6 | 9.7 | | 2.8 | 7.1 | 1.8 | | |
| パーム油 | | | 0.2 | 1.2 | 45.5 | | 4.2 | 40.0 | 8.7 | | 0.2 |

※ C のあとの数字は脂肪酸に含まれる炭素数と二重結合の数を表す．
例）C18：1 ⇒ 炭素数18個，二重結合1個のオレイン酸．

線構造をとるのに対して，不飽和脂肪酸では，炭素の二重結合の部分で大きく折れ曲がる（図5.3）．飽和脂肪酸を多く含む油脂では，図5.4 に示すように，結晶構造をとりやすくなることから，常温でも固型化する．反対に，不飽和脂肪酸を多く含む油脂では，このような結晶構造をとることができなくなるため（流動性が高くなるため），液状となる．つまり，豚脂や牛脂などの動物性脂肪が固型化しているのは，飽和脂肪酸が多いためであり，一方，菜種（キャノーラ）油やオリーブ油などが液体なのは不飽和脂肪酸が多いためである．

　この飽和脂肪酸と不飽和脂肪酸のバランスが絶妙である食品として，チョコレートが挙げられる．チョコレートの主な材料となっているココアバター

トリアシルグリセロールの実際の構造.
※両端の脂肪酸が飽和脂肪酸，中心に位置している脂肪酸が不飽和脂肪酸の例

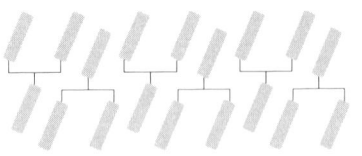

飽和脂肪酸が多いトリアシルグリセロールの場合，椅子を交互に重ねるように隙間が埋められ，安定した結晶構造が形成される

ココアバターは，飽和脂肪酸（ステアリン酸，パルミチン酸）が両端に，一価の不飽和脂肪酸（オレイン酸）が中心に位置している．これにより，飽和脂肪酸だけのトリアシルグリセロールとは異なる結晶構造をとる

**図 5.4**　脂肪酸の種類による結晶構造の違い

は，グリセロール分子の両端に結合している脂肪酸が飽和脂肪酸，中心に結合している脂肪酸が一価不飽和脂肪酸（オレイン酸）という構造となっており（図 5.4），これにより，常温では固形であるものの，口の中に入れると体温でほどよく溶ける（硬すぎずかつ柔らかすぎない）結晶構造をとることができるようになっている．

## 脂肪酸の種類による効果の違い

### (1) 飽和脂肪酸の効果

　動物性脂肪の主成分となっている飽和脂肪酸は，一般的には「健康に悪影響を及ぼす脂質」として認識されている．飽和脂肪酸が，「危険な脂質」として認識されるきっかけとなったのは，1950 年代に開始された Seven Countries Study と呼ばれる国際共同研究である（図 5.5）．この研究によって，心疾患の発症率が飽和脂肪酸の摂取量に依存して高まることが明確に示されている [49]．その後の研究においても，飽和脂肪酸と心疾患のリスクとの関係が確認されており，飽和脂肪酸の摂取が LDL コレステロール（一般的に「悪玉コレステロール」といわれているコレステロール）の血中濃度を増加させ，

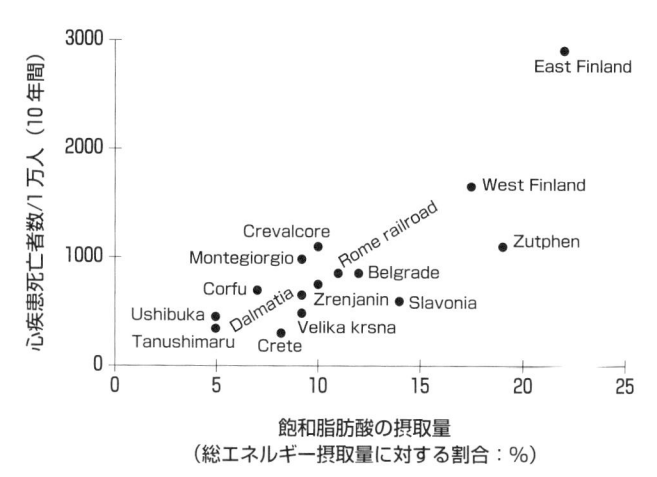

**図 5.5** 飽和脂肪酸の摂取量と心疾患死亡率との関係 [49]
図内の各点と名称は，調査が行われた地域名を指す．

心疾患の発症のリスクを高めるという説が広く受け入れられている．

飽和脂肪酸と心疾患のリスクの話を進める前に，LDL コレステロールと心疾患のリスクに関して，簡単に説明する．コレステロールは，生体内に広く分布する脂質で，食事由来のものと肝臓で合成されるものからなっている．コレステロールは，一般的には健康を害する悪者としての印象が強いが，生体膜やホルモン，消化・吸収に関与する胆汁酸などの材料になるなど，生体にとって欠かせない成分の一つである．トリアシルグリセロールやコレステロールは，そのままでは水に溶けないため，血液中では親水性部分を多く持つ「リポたんぱく質（脂質─たんぱく質複合体）」として運搬される（図 5.6）．リポたんぱく質は，脂質成分が少ないと密度・比重が高く，逆に脂質成分が多いと密度・比重が低く，サイズが大きくなる．密度・比重が低いものから，キロミクロン，超低比重リポたんぱく質（VLDL），低比重リポたんぱく質（LDL），高比重リポたんぱく質（HDL）に分類される（図 5.6）．

リポたんぱく質の体内での動態を図 5.7 に示した．食事から摂取したコレステロールは，キロミクロンとして小腸から各組織へと運ばれるが，肝臓で合成されたコレステロールは，VLDL や LDL として肝臓から輸送される．VLDL は，トリアシルグリセロールが徐々に取り除かれて，次第にコレステ

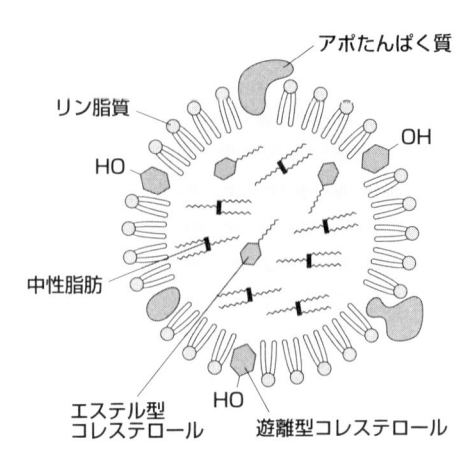

リポたんぱく質の構造

| 名称 | 略語 | サイズ (nm) | 比重 | 組成（重量%） | | | | 合成場所 | おもな機能 |
|---|---|---|---|---|---|---|---|---|---|
| | | | | たんぱく質 | リン脂質 | コレステロール | トリアシルグリセロール | | |
| キロミクロン | CM | 75〜1200 | <0.95 | 2 | 7 | 5 | 86 | 小腸 | 食物から吸収された脂質を，エネルギーを必要とする末梢組織（筋肉など）に運ぶ．また，エネルギーが十分なときには脂肪組織へ運ぶ． |
| 超低比重リポたんぱく質 | VLDL | 30〜70 | 0.95〜1.006 | 8 | 18 | 19 | 55 | 肝臓 | 肝臓で合成された脂質を末梢組織（筋肉や脂肪組織）へ運ぶ． |
| 低比重リポたんぱく質 | LDL | 22 | 1.019〜1.063 | 22 | 22 | 50 | 6 | 血液（VLDLから連続的に生成） | コレステロールを肝臓から末梢組織へ運ぶ． |
| 高比重リポたんぱく質 | HDL | 10 | 1.063〜1.125 | 40 | 33 | 22 | 5 | 肝臓 | コレステロールを末梢組織から肝臓へ運ぶ． |

**図 5.6** リポたんぱく質の構造と種類（上：[41]，下：[23]）

ロール含有率の高い LDL へと変化していく．末梢組織において LDL は LDL 受容体によって細胞内へと取り込まれ，コレステロールを細胞へと供給する．LDL の血中濃度が増加すると，動脈の内皮細胞を通過し，動脈壁へと取り込まれるものが出てくる（図5.8）．動脈壁に取り込まれた LDL が酸化され変性すると，マクロファージ（異物を貪食し処理する働きをする細胞）を動脈壁へ

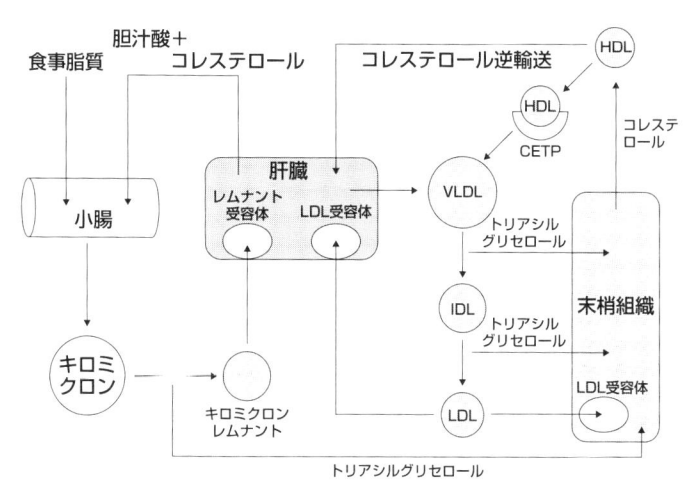

**図 5.7** 体内におけるリポたんぱく質の動態

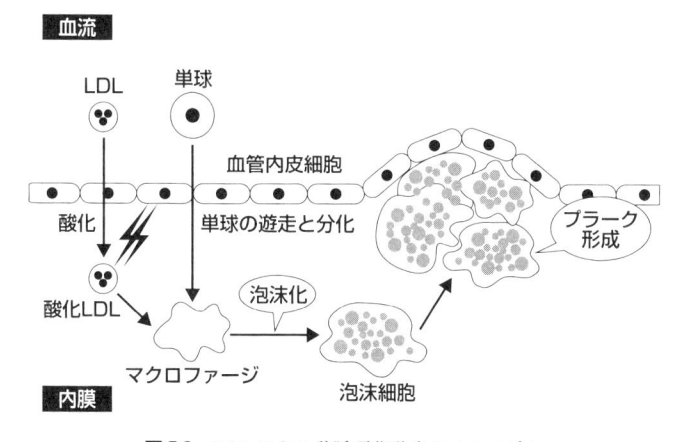

**図 5.8** LDL による動脈硬化発症のメカニズム

と誘導するようになる．動脈壁に入り込んだマクロファージは，この酸化
LDL を貪食し，最終的には泡沫細胞となって動脈硬化が進展する（図5.8）．
LDL のなかでも，特に小型で重い LDL を small dense LDL という．この
small dense LDL は，LDL 受容体に対する結合能が低く，より長時間血液中
に存在することや，小型であるがゆえにより容易に動脈の内皮細胞を通過で

きること，さらにはより酸化されやすいといった性質を持つことから，動脈硬化に対するより強力な危険因子と考えられている．

以上のようなことから，LDL の血中濃度を上昇させないことや，抗酸化機能を高く保つこと（LDL が酸化されるのを防ぐこと）が動脈硬化予防において重要となる．LDL が末梢へのコレステロールの運び屋としての役割を果たすのに対して，末梢組織から肝臓へのコレステロールの運搬は HDL によって行われる．したがって，HDL の血中濃度を高く保つことは，不要なコレステロールを取り除き，動脈硬化を防ぐことにつながることから，善玉コレステロールと一般的には呼ばれている．

コレステロールは，このようにして全身をめぐり，また動脈硬化と密接に関係している．飽和脂肪酸は，末梢から運ばれてきたコレステロールを肝臓へと取り込む働きをする LDL 受容体の発現量や活性を低下させることで，血中の LDL コレステロールを増加させる作用を持つと考えられている [9]．このようなメカニズムを介して血中コレステロール上昇，さらには動脈硬化を引き起こすため，これまで飽和脂肪酸の摂取量をできるだけ減らすことが勧められてきた．

しかしながら，最近では，そのような「飽和脂肪酸の摂取はできるだけ減らすべき」という意見に対する反証結果もいくつか報告されている．たとえば，日本人は欧米人に比べて飽和脂肪酸摂取量は少ない（約半分）が，その日本人を対象とした大規模調査では，飽和脂肪酸の摂取量がもっとも少ない群に比べて，飽和脂肪酸をもっとも多く摂取している群では，脳出血のリスクがむしろ約 30% 程度低くなるという結果が報告されている（図5.9）[50]．したがって，確かに，飽和脂肪酸の摂取量が増えることで心疾患のリスクは高くなり，飽和脂肪酸の摂取量が多い欧米人では，その摂取量を減らすことが推奨されているものの，だからといって日本人においても同様に飽和脂肪酸の摂取量を少なくすれば少なくするほど必ずしも好ましい効果が得られるというわけではないようである．飽和脂肪酸の摂取量は多すぎても少なすぎてもよくない，ということに最終的には落ち着くのかもしれない．2015 年版の「日本人の食事摂取基準」では，諸外国において望ましい飽和脂肪酸摂取量が，エネルギー摂取量の 10% 未満とされていることや，日本人の摂取量の

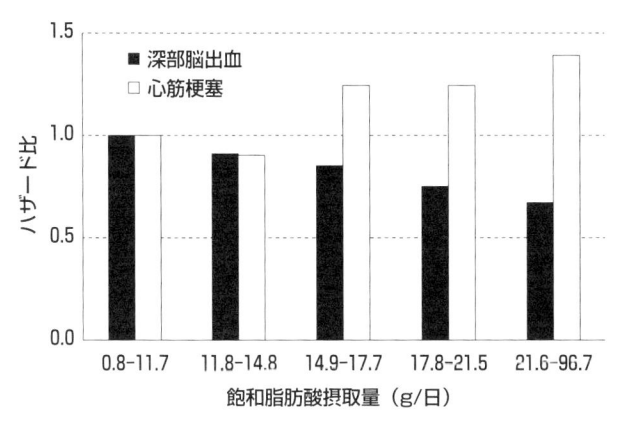

**図 5.9** 飽和脂肪酸の摂取量と脳出血および心筋梗塞の発症リスクとの関係 [50]

中央値がおよそ7%程度ということから，飽和脂肪酸の目標量（生活習慣病の発症予防を目的として定められた数値）はエネルギー摂取量の7%以下とされている [24].

### (2) 一価飽和脂肪酸の効果

　一般的に健康に良いとされる不飽和脂肪酸には，さまざまな種類のものが存在する．よく知られている不飽和脂肪酸として，オリーブ油の主成分であるオレイン酸が挙げられる．食用油としてオリーブ油を主に使用する地中海沿岸の住民では，心疾患による死亡率が低いことから，オリーブ油とその主成分であるオレイン酸による健康効果に注目が集まっていた．しかしながら，飽和脂肪酸を一価の不飽和脂肪酸で置き換えても心疾患の発症率やそれにともなう死亡率は変わらないとする解析結果も報告されており [21]，オリーブ油による健康効果は，オレイン酸によるものというよりも，バージンオリーブ油に含まれている他の成分（ポリフェノールなど）によるものではないかという意見もある [48]（エキストラバージンオリーブ油とはオリーブの果実を搾って濾過しただけで，いっさい化学的処理を行わない状態のもので，かつ，酸度（遊離脂肪酸の割合）が100 g あたり 0.8 g を超えないものを指す．一方，通常のオリーブ油（日本ではピュアオリーブ油と呼ばれることが多い）は，品質

が劣るバージンオリーブ油を精製したもの（精製オリーブ油）にバージンオリーブ油がブレンドされたものを指す）．また，日本人においてもオレイン酸摂取による明確な健康効果を示す科学的な根拠は得られていないのが現状である．先述したように，日本人の飽和脂肪酸の摂取量は，欧米人に比べて少なく，反対に，日本人が普段，主に使用している菜種（キャノーラ）油やサフラワー油（特に「ハイオレイック」と呼ばれるもの）などにも，オレイン酸は多く含まれており，その摂取量は比較的多く保たれている．テレビなどで，「健康に良い油」として，オリーブ油をドレッシングやソースのように料理に大量にかけて摂取するケースがよく見られるが，そのように普段の食事に対してさらに付加的に摂取することのメリットは少ないといえる（むしろエネルギー摂取量が増えて，肥満の原因にもなりかねないだろう）．

### (3) 多価飽和脂肪酸の効果

　炭素の二重結合が複数存在する多価不飽和脂肪酸の代表例として，$n$-6 系および $n$-3 系脂肪酸が挙げられる．これらは，脂肪酸のカルボキシル基（COOH）の炭素を 1 番目の炭素としたとき，メチル基（$CH_3$）の炭素まで合計 $n$ 個の炭素で構成される脂肪酸において，最初の二重結合がメチル基の炭素から何番目にあるかによって，それぞれ $n$-6（エヌ・マイナス・6）系および $n$-3（エヌ・マイナス・3）系と呼ばれている（図 5.10）．また，$n$-6 系多価不飽和脂肪酸を $\omega$ 6 系多価不飽和脂肪酸，$n$-3 系多価不飽和脂肪酸を $\omega$ 3 系多価不飽和脂肪酸と呼ぶことがある．この命名法は，メチル基の炭素はカルボキシル基炭素から数えて最後の炭素であり，ギリシャ文字の最後の $\omega$（オメガ）を用いて，最後の炭素から何番目に最初の二重結合が存在するかということに基づいて命名されている．

　この多価不飽和脂肪酸は，酸化されやすい油として知られている．炭素の二重結合に挟まれた部分を活性メチレン基といい，酸化を受けやすい性質を持っている．図 5.11 に示すように，いったん酸化を受けた（水素が抜き取られた）脂肪酸は，自らを安定化させるために，他の脂肪酸から水素を奪い取る．それが次々と繰り返され，酸化が連続して進むこととなる．多価不飽和脂肪酸の代表的なものとして，エイコサペンタエン酸（Eicosapentaenoic Acid,

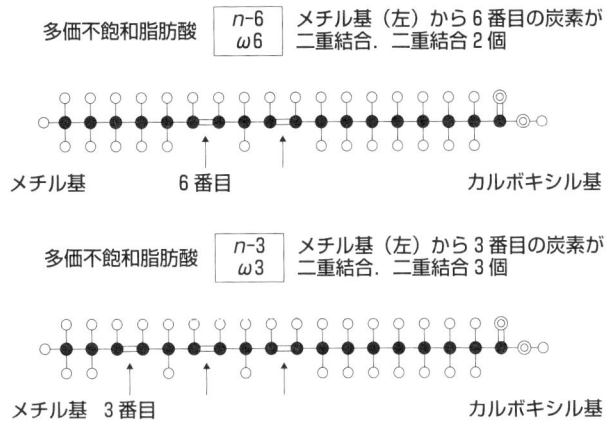

● 炭素　○水素　◎ 酸素

多価不飽和脂肪酸　$\boxed{\begin{array}{c} n\text{-}6 \\ \omega 6 \end{array}}$　メチル基（左）から６番目の炭素が二重結合．二重結合２個

メチル基　　　　　６番目　　　　　　　　　　カルボキシル基

多価不飽和脂肪酸　$\boxed{\begin{array}{c} n\text{-}3 \\ \omega 3 \end{array}}$　メチル基（左）から３番目の炭素が二重結合．二重結合３個

メチル基　３番目　　　　　　　　　　　　　　カルボキシル基

**図 5.10**　多価不飽和脂肪酸の構造

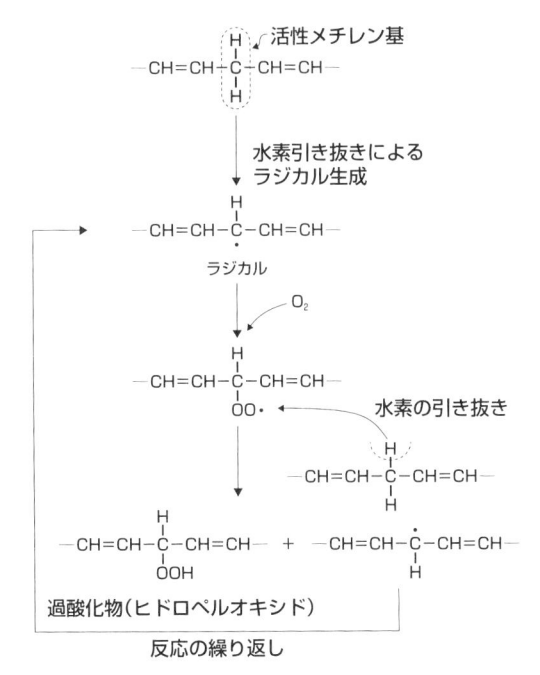

**図 5.11**　多価不飽和脂肪酸の酸化反応 [32]

EPA）やドコサヘキサエン酸（Docosahexaenoic Acid, DHA）といった $n$-3 系脂肪酸がよく知られている．これらは，魚に多く含まれており，これらが酸化・劣化することが魚臭さの原因の一つとなっている［40］．近年，EPA やDHA を手軽に摂取できるようにサプリメントが数多く販売されているが，それらのほとんどがカプセル状になっているのは，酸素との接点をなくし，酸化を防ぐためである．また，最近では，市販されている食用油のなかに「酸化ブロック」を施しているものがあるが，これは容器の隙間に窒素ガスを封入して（酸素を追い出して），酸化が進むのを防ぐような設計となっている．

　魚の摂取量が少ない米国では，魚油を多く含む魚の摂取量を増やすことで，心疾患のリスクが低下することが認められている．一方，米国人に比べて魚の摂取量が比較的多い日本人においても，魚の摂取量を増やすことで，さらなる効果が期待できるという研究結果もある［20］．さらに，このような魚の摂取による効果は，主に魚に含まれる $n$-3 系脂肪酸によるものであると考えられている［20］．血中のトリアシルグリセロール（中性脂肪）は，コレステロールと同様に動脈硬化や心疾患を引き起こす危険因子の一つである．$n$-3 系脂肪酸は，肝臓の脂肪酸酸化系酵素の発現量を増加させ，脂肪の利用を高めるとともに，脂肪酸合成酵素の発現量も減少させることで，血中の中性脂肪値を低下させる作用があると考えられている（図5.12）［7］．このような血中の中性脂肪減少効果は，特に EPA で強く現れ，そのエチルエステル体（EPA エチル）は，高中性脂肪血症患者の治療薬として用いられている．

　脳の発育に $n$-3 系多価不飽和脂肪酸，特に DHA が重要な役割を果たしていることが知られている．脳には多くのリン脂質が含まれており（リン脂質は細胞膜の主な構成成分），DHA の多くはこのリン脂質画分に取り込まれる．後述するように，DHA は，亜麻仁やえごまなどの植物中に含まれる $n$-3 系脂肪酸である $\alpha$-リノレン酸から生体内で合成される（図5.13）．通常の食事を摂取していれば，そこに含まれる DHA や $\alpha$-リノレン酸から合成されるDHA によって，脳内の DHA 量は維持される．しかしながら，乳幼児においては，この $\alpha$-リノレン酸からの DHA への合成経路が未発達となっている．さらに，新生児，特に未熟児においては，DHA が十分に脳内に蓄積してい

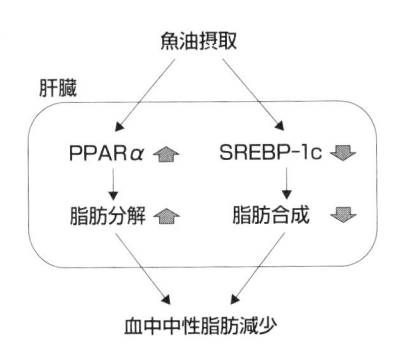

**図 5.12** 魚油摂取による血中中性脂肪減少効果のメカニズム

魚油摂取により，肝臓では核内受容体の PPARα が活性化される．それにより脂肪酸の酸化（利用）に関わる酵素の発現量が高まり，脂肪の分解（酸化）が進む．一方，SREBP-1c は脂肪酸およびトリアシルグリセロールの合成に関与する遺伝子群に対する転写因子であり，魚油によってその活性が抑えられることで，脂肪合成が抑制される．このようなメカニズムで魚油の摂取によって血中の中性脂肪が減少すると考えられている．

ない状態で生まれるため，食事（母乳）から十分な量の DHA を摂取する必要性が増す（実際，母乳には DHA が含まれており，魚の摂取量が多い日本人の場合には，その含有量も欧米人に比べて多いといわれている）．そのような重要な時期に DHA をまったく含まない人工乳で育てられた乳幼児では，脳機能や脳と同じく DHA の含有量が多い網膜の発達が遅れることが知られている [45].

実際，$n$-3 系不飽和脂肪酸と認知機能に関して行われた 34 の研究を集めて行われたメタ解析によると，乳幼児期においては，$n$-3 系不飽和脂肪酸の摂取量と認知機能との間に関係性があることが明らかとなっている [22].

一方，小児，成人，高齢者では，乳幼児とは異なり，DHA と認知機能の間に明確な関係は認められていない [22]．DHA が不足すると，特に新生児や乳幼児では正常な脳神経系を構築することができずに影響が生じるが，魚の摂取量が欧米人に比べて多いといわれる日本人では，脳の DHA 量を維持できなくなるほど不足することはなく，そのようなケースでは，プラスアルファで付加的に摂取しても，さらなる効果は期待できないようである．「魚を食べると頭が良くなる」という言葉をスーパーマーケットなどでよく耳にする．それが真実であれば，魚の摂取量が多く，$n$-3 系多価不飽和脂肪酸を

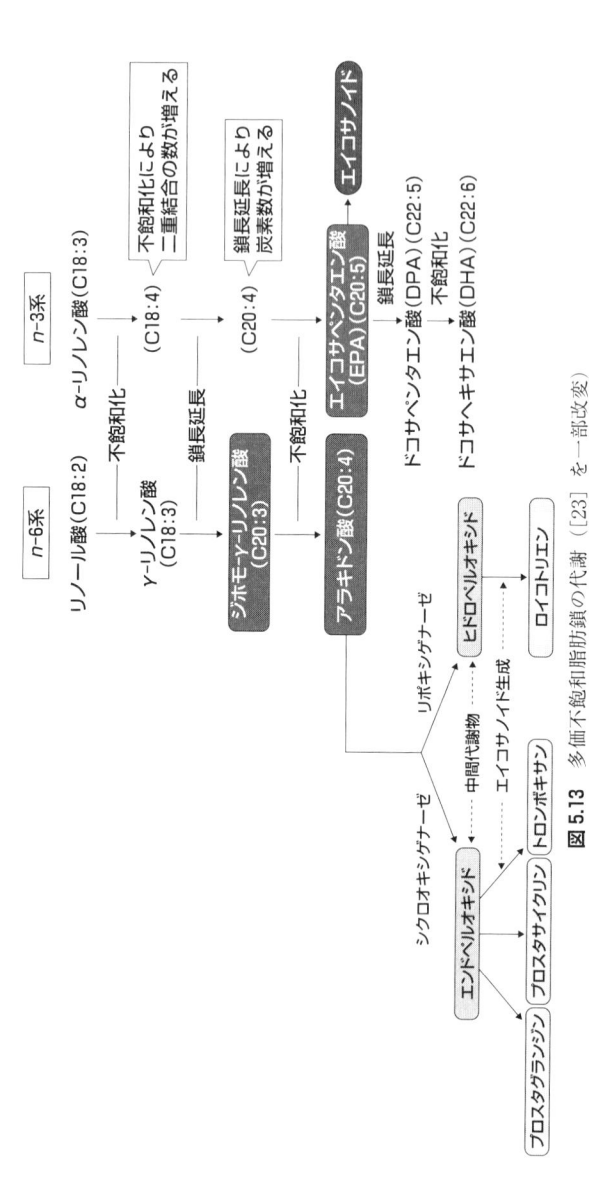

**図 5.13 多価不飽和脂肪酸の代謝（[23] を一部改変）**

リノール酸とα-リノレン酸は、ヒトの生体内では合成できない。食品から摂取したこれらの必須脂肪酸は、体内に取り込まれると、さまざまな酵素の働きによって二重結合の付加（不飽和化）や炭素鎖の延長（鎖長延長）が繰り返され、異なる脂肪酸へと変換される。

多く摂っている日本人が，魚の摂取量が比較的少ない米国人に比べて頭が良い，秀才が多い，ということになるが，けっしてそのようなことはないように思われる．

アルツハイマー型認知症患者の脳，特に記憶を司る海馬と呼ばれる部位のDHA量が，同年齢の対照者と比べて低下していることが報告されており[37]，DHAの摂取量を増やすことで，アルツハイマー型認知症を予防・改善できるのではないかと期待されている．実際に，DHAの投与により認知症症状の改善が認められたとする研究報告がある一方で，先に挙げたメタ解析においては，アルツハイマー型認知症患者において，$n$-3系脂肪酸のサプリメントを摂取しても，認知機能の改善にはつながらないとされている[22]．認知症患者が近年急増しており，$n$-3系脂肪酸だけではなく，後述する中鎖脂肪酸など，脂質摂取と脳の認知機能との関係に対する人々の関心が高まっている．世界的にも研究が盛んに行われており，今後の研究次第ではこのメタ解析とは異なる結論が得られる可能性もあり，引き続き注目していきたい分野である．

$n$-3系不飽和脂肪酸は，体内で合成することができないため，必須脂肪酸と呼ばれているが，もう一つの多価不飽和脂肪酸である$n$-6系脂肪酸も必須脂肪酸であり，食事から摂取しなければならない．$n$-6系脂肪酸の代表的なものとしてリノール酸が知られている．リノール酸は，大豆油やコーン油などに多く含まれている脂肪酸であり，飽和脂肪酸の代わりにリノール酸を摂取することで（置換することで），血中のLDLコレステロール濃度が低下し，心疾患リスクを一部低減できることが知られている（リノール酸によるLDLコレステロール低下効果は，飽和脂肪酸とは逆に肝臓のLDL受容体を増加・活性化させることで，血中のLDLコレステロールを除去することによるものであるといわれている[9]）．ただし，リノール酸を多量に摂取した場合には，悪玉コレステロールのLDLコレステロールだけではなく，善玉コレステロールであるHDLコレステロールまでも減少させる場合がある[39]．

また，リノール酸は，肝臓においてアラキドン酸と呼ばれる脂肪酸へと変換される（図5.13）．このアラキドン酸は，ロイコトリエンやプロスタグランジンなどの炎症・免疫反応において重要な役割を果たすメディエーターの材

料となる．一方，$n$-3 系不飽和脂肪酸である $\alpha$-リノレン酸の代謝産物は，反対に炎症・免疫機能に対して抑制的に働くが，リノール酸と $\alpha$-リノレン酸の代謝は，図5.13 に示すように酵素を共有しており，競合（酵素の奪い合い）が起こる．したがって，リノール酸の摂取量が増えれば増えるほど，炎症・免疫反応を促進する物質が増え，逆に抗炎症作用を持つ $\alpha$-リノレン酸由来の物質の生成が抑えられることになると考えられる．以上のような理論に基づき，リノール酸は炎症・免疫反応の亢進に結びつく悪者であるという意見も一部では存在していた．しかしながら，先ほど示したリノール酸による善玉コレステロールに対する悪影響は，過剰に摂取した場合においてのみ生じるようであり（エネルギー摂取量の12%以上），また，炎症系への影響は，ヒトの生体内においても実際に生じるのかどうかは明らかとなっていない [39]．したがって，リノール酸の過剰摂取は当然避けるべきものではあるものの，通常の摂取量では問題になることはほぼないといえる．

以上，飽和脂肪酸と不飽和脂肪酸それぞれの特徴を列挙してきたが，現在の総括的な見解としては，「ある特定の脂肪酸の機能や効果に注目しすぎることなく，バランスよく摂取する」という結論に落ち着くものと思われる．脂肪酸にはそれぞれの役割，機能が存在しており，どれかが不足しても，過剰となっても問題が出てくるであろう．

## トランス脂肪酸とは？

健康との関係で近年注目を集めている脂肪酸の一つに「トランス脂肪酸」が挙げられる．このトランス脂肪酸とは普通の脂肪酸とどこがどのように異なっているのであろうか．

食品中に含まれる大部分の不飽和脂肪酸の二重結合は，シス型となっている．シスとは，「同じ側」を意味し，二重結合部分の炭素に付く水素が「同じ側」にある状態を指す（図5.14）．一方，トランスとは，「横切って」という意味を持つ．つまり，トランス脂肪酸とは，炭素の二重結合を挟んで水素がそれぞれ「反対側」に結合した脂肪酸を指す（図5.14）．このトランス脂肪酸は，不飽和脂肪酸の二重結合の部分に水素を加えて飽和脂肪酸にする反応，

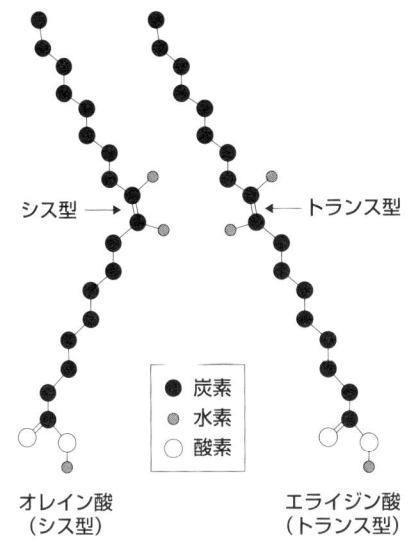

シス型 →　　　← トランス型

○ 炭素
○ 水素
○ 酸素

オレイン酸　　　　　　エライジン酸
（シス型）　　　　　　（トランス型）

**図 5.14**　シス型とトランス型の脂肪酸の構造
同じ炭素数 18 個, 二重結合 1 個の脂肪酸であるが, シス型の
オレイン酸が二重結合の炭素につく水素がともに同じ側にある
のがシス型, それぞれ反対側にあるのがトランス型の脂肪酸.

たとえば, 液状の油からマーガリンやショートニングといった半固型化状態
の油脂をつくる際に副産物として生成される. また, 一般的な食用油は, 臭
い成分を取り除いた状態で販売されているが, この脱臭工程において行われ
る高温処理によってもトランス脂肪酸が生成されてしまう. したがって, 通
常の食用油の中にも 100 g 中 1.0-1.5 g 程度のトランス脂肪酸が含まれている.

　このトランス脂肪酸が健康との関係で注目を集めているのは, 図 5.15 のよ
うに, 血中の LDL コレステロールを増加させ, 反対に HDL コレステロール
を減少させる作用があり [51], 動脈硬化につながると考えられているため
である. トランス脂肪酸による血中コレステロールに対するこのような影響
は, 主に, HDL コレステロールから VLDL（超低比重）コレステロール
（VLDL コレステロールは LDL コレステロールへと変換される）にコレステロ
ールを移動させる酵素（CETP, 図 5.7）を活性化する（＝結果として, HDL
コレステロールが減少し, LDL コレステロールが増加する）ためであると考え

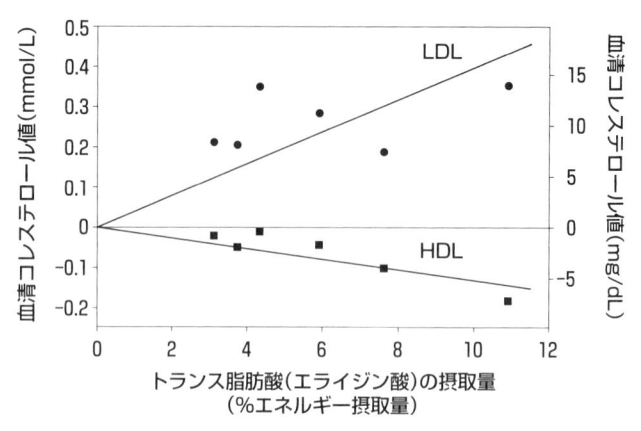

**図 5.15** トランス脂肪酸の摂取量と LDL および HDL コレステロール濃度との関係 [51]
同じ量の不飽和脂肪酸（オレイン酸）を摂取したときに比べて，LDL および HDL コレステロールがどれくらい変化するのかを表している．左軸は mmol 表示，右軸は mg/dL での表示となっている．

られている [29]．また，最近では，トランス脂肪酸には，血管壁において活性酸素の生成を増強することで，動脈硬化を引き起こしているという可能性も示されている [28]．

　図 5.15 からも明らかなように，トランス脂肪酸による影響は，その摂取量に比例して直線的に表れるようであり，トランス脂肪酸の摂取量がエネルギー摂取量あたり 2% 増えると，心疾患の発症リスクが約 20% 増加すると推定されている．ただし，日本人の平均的な摂取量は，エネルギー摂取量の 1% 未満であり（図 5.15 の左端のほうに位置する），大きな影響はないといわれている（当然，日本人であっても大量に摂取すれば，影響は認められるであろうが）．実際，大学生に対してトランス脂肪酸をエネルギー摂取量の 1% 程度付加的に摂取させた場合では，血中コレステロールには影響は認められないことも報告されている [42]．また，トランス脂肪酸による影響は，その摂取量だけではなく，それ以外に摂取している脂肪酸，特に不飽和脂肪酸（その中でもリノール酸）によっても変わってくるようである．たとえば，エネルギー比で 5-6% 程度のリノール酸の摂取によってトランス脂肪酸による血中コレステロールへの影響を抑制できることが示されている [17]．

日本人は，欧米人に比べてトランス脂肪酸の摂取量が少なく，リノール酸摂取量が多いため，平均的な食事内容であれば，トランス脂肪酸による影響は大きくないといえそうである．しかしながら，トランス脂肪酸に対する恐怖心は根強く残っている．トランス脂肪酸の摂取による心疾患の発症リスクの増加は，数十％程度であるのに対して，喫煙により心疾患のリスクは数倍に増加するといわれている．「トランス脂肪酸を含んだ商品は販売しません」といったキャンペーンを行う企業も数年前には散見されたが，トランス脂肪酸だけを悪者にするのではなく，他の要因によるリスクとの比較を行いながら，冷静な対応が求められるのではないだろうか．ちなみに，トランス脂肪酸は，反芻動物の胃においても生成されるため，牛肉や牛乳を摂取する人はトランス脂肪酸を摂取していることになる（反芻動物由来の脂肪にはトランス脂肪酸が約3-6％含まれている）．このような天然型のトランス脂肪酸を摂取しても悪影響は認められないという説があるものの，結論はいまだ得られていないようである．

## 脂質はどれくらい摂取すべきなのか？

　脂質は，1gあたりのエネルギー量が，糖質やたんぱく質よりも多いことから，同じ量（重量）を摂取した場合に，当然それだけエネルギー摂取量が増え，肥満の原因となる．

　第1章でも述べたように，平成27（2015）年に行われた国民健康・栄養調査では，日本人の成人における肥満率は，男女それぞれ29.5および19.2％という結果が報告されている［25］．ここ10年間は肥満者の数は横ばいとなっているが，男性の場合は30年前に比べて約10％程度増加している（図5.16）．この肥満者の増加の要因の一つとして，食の欧米化にともなう脂質摂取量の増加が関与しているのではないかとよくいわれている．果たして本当に脂質摂取量，さらには，エネルギー摂取量は増加しているのであろうか？

　図5.17には，同じく過去30年間の脂質摂取量および総エネルギー摂取量の推移を示した．脂質摂取量は，ここ30年ほどは大きな変化はなく，またエネルギー摂取量はむしろ減少傾向にある．つまり，ここ30年間の肥満の増加の要因には，脂質摂取量さらにはエネルギー摂取量の増加は大きく寄与

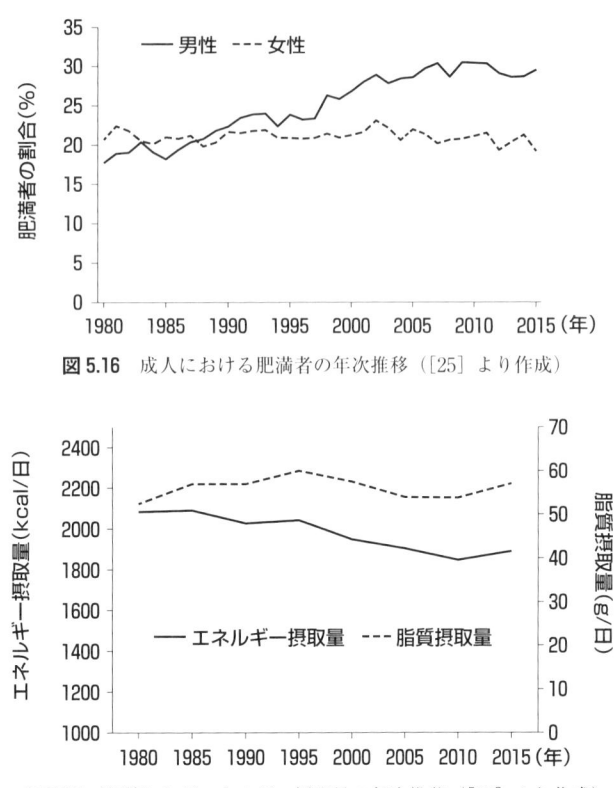

**図 5.16** 成人における肥満者の年次推移（［25］より作成）

**図 5.17** 脂質およびエネルギー摂取量の年次推移（［25］より作成）

していないことがこの調査結果からうかがえる（食事調査を行った場合，その煩雑さ故に，普段よりも食事の摂取量が減る傾向にあるといわれているが，それでも脂質摂取量の増加，エネルギー摂取量の増加が肥満者数の急増に大きく寄与しているとは言い難いだろう）．第2章でも述べたように，体重はエネルギー摂取量と消費量のバランスによって主に決まる．したがって，エネルギー摂取量が大きく変化していないことに鑑みると，肥満者数の増加の原因には，エネルギー消費量の減少，つまり身体活動量の減少のほうが大きく関与しているのではないかと推察される．

　一方，エネルギー摂取量を同じにした場合には，そのエネルギーが脂質由来であるか，それ以外の栄養素（糖質やたんぱく質）由来であるかで，どの

ような違いがでるのであろうか．2015 年版の「日本人の食事摂取基準」において，三大栄養素のなかでより明確な基準（推定平均必要量および推奨量）が定められているのは，たんぱく質だけであり，1 日の必要エネルギー量からたんぱく質由来のエネルギー量を差し引いた残りのエネルギー量を炭水化物（糖質）と脂質から摂取するようになる．炭水化物と脂質に関しては目標量（生活習慣病の一次予防のために現在の日本人が当面の目標とすべき摂取量のこと．明確な科学的根拠がなく，日本人の摂取量の中央値から求められる場合が多い）が定められており，それぞれエネルギー摂取量の 50-65%，20-30% とされている［24］．

「日本人の食事摂取基準」では，このような数値が定められているが，この 2 つの栄養素のバランスを変えた場合，どのような影響が認められるのであろうか．第 3 章で述べたように，糖質制限を行うことによる体重減少効果は，それほど大きくない，というのがこれまでに報告された論文を解析することで導かれた結論である．ただし，対象者によってその効果が違うという仮説が示されている（図 5.18）．この説は，生理学的・生化学的な根拠が示されているので，ここでくわしく紹介したい［8］．

この説の要点は，「インスリン抵抗性・高インスリン血症の有無」ということになる．インスリン抵抗性とは，肝臓，骨格筋，脂肪組織などのインスリンの標的器官においてインスリンの効きめが低下し，血糖を低下させにくい状況になっていることを指す．この症状の初期段階においては，膵臓がインスリンの分泌を増加させることで，悪くなったインスリンの効き目を補おうとする（高インスリン血症と呼ばれる症状）．第 3 章でも述べたが，インスリンの効きめが悪くなる（インスリン抵抗性を呈する）のは，主に骨格筋であり，脂肪組織におけるインスリンの効き目は大きく変化することはない．このような状況において，糖質を摂取することは，膵臓でのインスリン分泌を増強し，それによって，インスリン抵抗性を発症している骨格筋ではなく，脂肪組織が血糖の大部分を取り込むようになる（図 5.19）．脂肪組織は，大量に取り込んだ糖質をもとに脂肪合成を活発に行い，肥大化する．したがって，インスリン抵抗性さらには高インスリン血症を呈している肥満者においては，糖質を制限し，インスリンの分泌を抑えたほうが，脂肪組織の増加を抑える

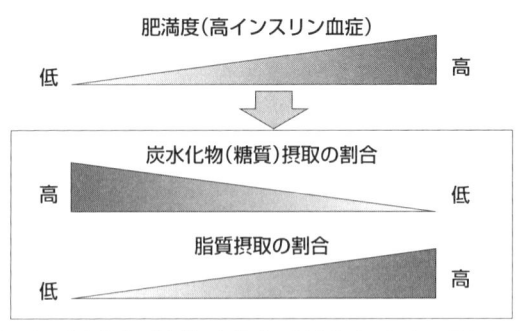

図 5.18　炭水化物（糖質）と脂質の摂取比率に関する考え方［8］

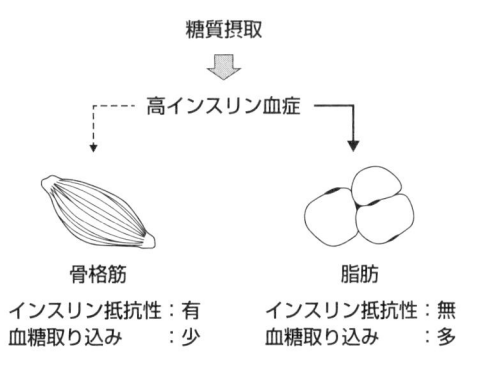

図 5.19　高インスリン血症を有している場合の糖質摂取の影響

のに効果的であると考えられる（図5.18）［8］．一方，このようなインスリン抵抗性および高インスリン血症を発症していない状況においては，エネルギー密度の高い脂肪の摂取量を抑えたほうが，減量・脂肪減少効果は高いであろうという可能性も示されている［8］．

## 5.2　運動と脂質

### スポーツ選手にとっての脂質摂取

　先述したように，一般の人の健康の維持・増進のための適切な脂質摂取法に関してもまだまだ検討の余地が残されているという状況であるため，アス

リートにとって適切な脂質摂取法に関しても，同様にほとんど明らかとなっていない．そのような状況ではあるものの，パフォーマンスに及ぼす脂質摂取の効果に関してこれまでに得られている研究結果をいくつか紹介したい．

## 長期的な高脂肪食摂取に対する骨格筋の適応

第3章で述べたように，持久的なトレーニングによるパフォーマンスの向上には，骨格筋におけるミトコンドリアの増加とそれにともなう糖質利用の減少・脂質利用の増加が関与している．実は，持久的トレーニング以外に，脂質含有量の多い食事，いわゆる「高脂肪食」を長期間摂取することでも，骨格筋のミトコンドリアが増加することが知られている．このことは，まず実験動物を対象とした研究で発見され，ラットなどに対して総エネルギー量の約50%を脂質が占める飼料（高脂肪食）を4週間程度摂取させることで，骨格筋においてミトコンドリアを構成する酵素群が増加し，脂肪酸の酸化能力も高まることが明らかとなっている（図5.20）[10, 11]．また，ヒトにおいても同様に，7週間の高脂肪食摂取により，骨格筋において脂肪酸酸化系酵素の活性が増加することが確認されている [15]．

トレーニングと高脂肪食の摂取は，ともに骨格筋のミトコンドリアを増加させるが，両者を組み合わせた場合，相加的に骨格筋のミトコンドリアが増加する [36]．このことは，両者が異なるメカニズムで骨格筋のミトコンドリアを増加させていることを示唆している．トレーニングによる骨格筋のミトコンドリアの増加には，AMP依存性プロテインキナーゼ（AMPK）と呼ばれる酵素が関与していることが明らかとなっている（第3章参照）．一方，長期的な高脂肪食摂取による骨格筋のミトコンドリアの増加には，AMPKではなく核内受容体のペルオキシソーム増殖剤活性化受容体 $\beta/\delta$（Peroxisome Proliferator-activated Receptor $\beta/\delta$, PPAR$\beta/\delta$）と呼ばれる分子が主要な役割を果たしていると考えられている（図5.21）[10, 11]．このPPAR$\beta/\delta$は，脂肪酸酸化系酵素の遺伝子のプロモーター領域（DNA上に存在し，遺伝子発現の際に重要な役割を果たす領域）に結合することで，それらの酵素の遺伝子発現を活性化する作用を持つ．高脂肪食摂取時には，血中に増加した遊離脂肪酸が骨格筋細胞内に取り込まれ，このPPAR$\beta/\delta$を活性化することで，脂肪

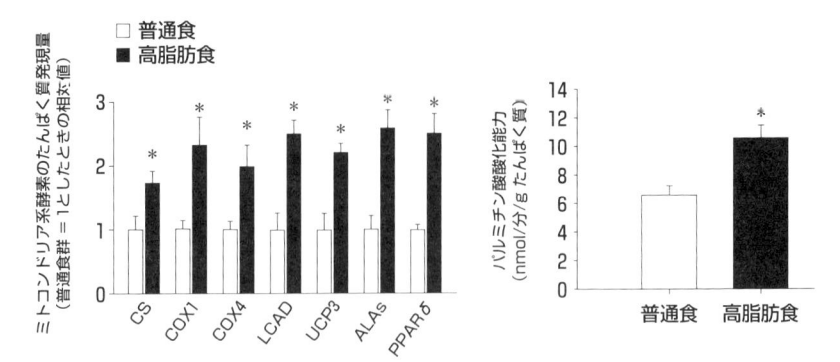

**図 5.20**　長期間の高脂肪食摂取がラット骨格筋のミトコンドリア系酵素と脂肪酸酸化能力に及ぼす影響（左：[10]，右：[11]）
4週間の高脂肪食の摂取により骨格筋のミトコンドリア酵素の発現量が増加し，それにともない脂肪酸（パルミチン酸）の酸化能力も向上する．CS：クエン酸合成酵素，COX1：シトクローム C オキシターゼサブユニット 1，COX4：シトクローム C オキシターゼサブユニット 4，LCAD：長鎖アシル CoA 脱水素酵素，UCP3：脱共役タンパク質 3，ALAS：アミノレブリン酸合成酵素．＊普通食群に比べて有意に高いことを示す．

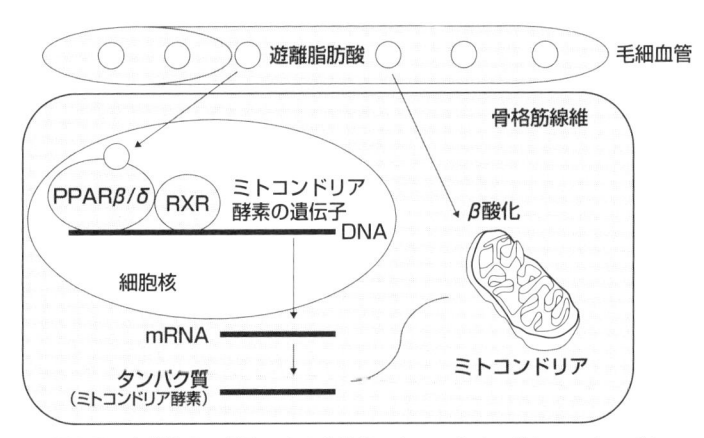

**図 5.21**　高脂肪食の摂取による骨格筋ミトコンドリア増加のメカニズム
高脂肪食の摂取によって血中に増加した遊離脂肪酸が核内受容体 PPARβ/δ を
活性化し，ミトコンドリア系酵素（特に脂肪酸酸化に関わる酵素）の発現量を
増加させる．

酸酸化系酵素の遺伝子発現が増加する（図 5.21）．また，同じ高脂肪食であっても，飽和脂肪酸を多く含むラード（豚脂）に比べて，不飽和脂肪酸を多く含むオリーブ油からなる高脂肪食を摂取した場合に，脂肪酸酸化に関わる

酵素の活性がより増加する［16］．これは，PPAR$\beta/\delta$が，飽和脂肪酸に比べて，不飽和脂肪酸に対して高い親和性を示す（より結合しやすい）ためであると考えられる．

## 高脂肪食摂取と疲労・パフォーマンス

このように，長期的な高脂肪食の摂取によりミトコンドリアの増加が認められることから，持久的トレーニングと同様に，長時間運動の後半における疲労の発現を遅らせ，パフォーマンスを向上させることが期待される．先述したようにトレーニングと高脂肪食の摂取を同時に行った場合，骨格筋のミトコンドリアが相加的に増加することから，トレーニング効果をさらに高めることができるのではないかという期待が持たれていた．では，実際に高脂肪食を摂取した場合には，長時間運動時の疲労やパフォーマンスに対してどのような影響がみられるのであろうか？

動物実験においては，高脂肪食の摂取により持久的パフォーマンスが向上することが報告されている．たとえば，高脂肪食を長期間摂取させた実験動物（ラット）を対象として，トレッドミルランニング運動の持続時間を評価したところ，運動開始前の筋グリコーゲン濃度が通常食を摂取したラットに比べて低値であったにもかかわらず，運動中の筋グリコーゲン利用が大きく抑えられ，疲労困憊にいたるまでの運動持続時間が延長したという結果が示されている［26］．このような動物実験の結果をもとに，ヒトを対象として数多くの研究が行われてきた．しかしながら，高脂肪食の摂取により運動中の脂質利用量が増加することが報告されているものの，そのほとんどの研究において，動物実験で認められたような明確な抗疲労効果・パフォーマンス向上効果は認められない．むしろ，高強度の運動時においてはパフォーマンスが悪化するケースもある［13］．

ヒトにおいて高脂肪食摂取による抗疲労効果・パフォーマンス向上効果が認められない要因の一つとしては，体重増加が挙げられる．糖質やたんぱく質に比べてエネルギー密度が高い脂質の量が多い食事を摂取し続けると，当然，体脂肪量・体重が増加しやすくなる．高脂肪食による骨格筋のミトコンドリアの増加には，少なくとも数週間を要するため，ある程度の体脂肪量・

体重の増加が見込まれる．一方，長期間の高脂肪食摂取による体重増加を防ぐ方法として，短期間の高脂肪食摂取による効果も検討されている．急性の血中遊離脂肪酸濃度の上昇にともない，脂肪酸が優先的にエネルギー源として利用され，糖質の利用が減少するという現象（glucose-FFA cycle）が知られているが，短期間の高脂肪食摂取は，骨格筋のミトコンドリアの増加というよりも，この glucose-FFA cycle と呼ばれる現象を活用したものとなる．このような短期間の高脂肪食摂取により，確かに，運動中の脂質酸化量の増加が生じるものの，パフォーマンスが向上したという研究は現在のところほとんどない [12]．

　また，高脂肪食の摂取によって，むしろ疲労を感じやすくなるという研究結果も示されている．たとえば，7週間にわたって高脂肪食を摂取しながらトレーニングを行った場合，高糖質食を摂取した場合に比べて，パフォーマンステスト時の運動強度が高く感じられ，一定強度の運動の持続時間も短くなることが報告されている [13]．高脂肪食を摂取した場合には，最大下運動時における血中アドレナリン濃度および心拍数が高まること，すなわち交感神経活動が亢進する [14]．このことが運動中の易疲労感につながっていると考えられている．

　先述したように，高脂肪食の摂取は，運動時の糖質利用量の減少を生じさせる．この適応には，骨格筋のミトコンドリアの増加に加え，解糖系の酵素活性の低下も関与している．ピルビン酸脱水素酵素（Pyruvate Dehydrogenase, PDH）は，解糖系における重要な酵素であるが，高脂肪食を摂取した骨格筋では，この PDH の酵素活性の低下が生じ，解糖系さらには糖質利用が抑制される [38]．このことは，脂質の利用量の増加を引き起こすものの，高強度運動時における主要なエネルギー源である糖質の利用を制限してしまうこととなり，高強度運動パフォーマンスの低下の一つの要因となり得る．

　以上のように，高脂肪食の摂取により，たとえ骨格筋のミトコンドリアが増加し，エネルギー産生面での改善が認められたとしても，①体脂肪量・体重増加，②交感神経活動の亢進，③解糖系酵素の抑制などの理由により，ヒトにおいては疲労の発現抑制やパフォーマンスの改善にはつながりにくくなっているようである（図 5.22）．

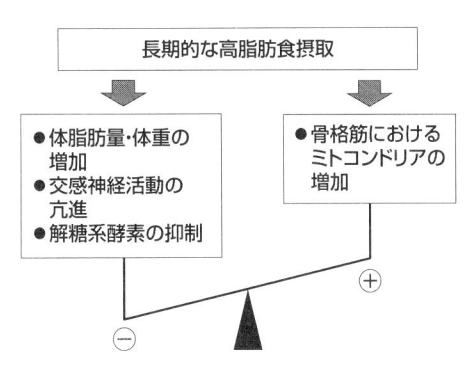

**図 5.22**　高脂肪食の摂取による疲労およびパフォーマンスに及ぼす影響
ヒトにおける高脂肪食の摂取は，骨格筋のミトコンドリアを増加させる一方で，体
脂肪量の増加，交感神経活動の亢進，さらには解糖系酵素の抑制などを生じさせて
しまうため，明確な抗疲労効果・パフォーマンス向上効果は認められていない．

## 低糖質・高脂肪食＝ケトン食の効果

　高脂肪食を用いた研究の多くは，脂肪量の増加にともない糖質の含有量を
若干減少させてはいるものの，ある程度の糖質摂取量は維持された食事組成
となっている．それに対し最近では，糖質の摂取量を1日のエネルギー摂取
量の5%未満もしくは1日20g未満にまで減少させた低糖質・高脂肪食が注
目を集めている．このように糖質の摂取量をほとんどなくしてしまうことで，
逆に体内での脂質の利用量が著しく増加する．特に，肝臓において，脂肪酸
の利用増加にともないケトン体と呼ばれる物質が多量に生成され，その血中
濃度が増加する．このように，血中のケトン体濃度が増加するような低糖
質・高脂肪食は，通常の高脂肪食とは区別され，「ケトン食」と呼ばれてい
る（糖質を制限しない高脂肪食では，糖質の摂取にともなってインスリンが分泌
され，脂肪分解が亢進しないことから，ケトン体はほとんど生成されない）．

　図5.23にケトン体の生成および酸化経路を示した．ケトン体は先に述べ
たように，主に肝臓において生成される．低糖質・高脂肪食の摂取だけでは
なく，絶食などにより脂肪組織での脂肪分解が高まり，血中の遊離脂肪酸濃
度が著しく増加した際には，肝臓において脂肪酸の酸化が亢進する．脂肪酸
酸化が亢進することで，過剰に生成されたアセチル CoA がケトン体へと変

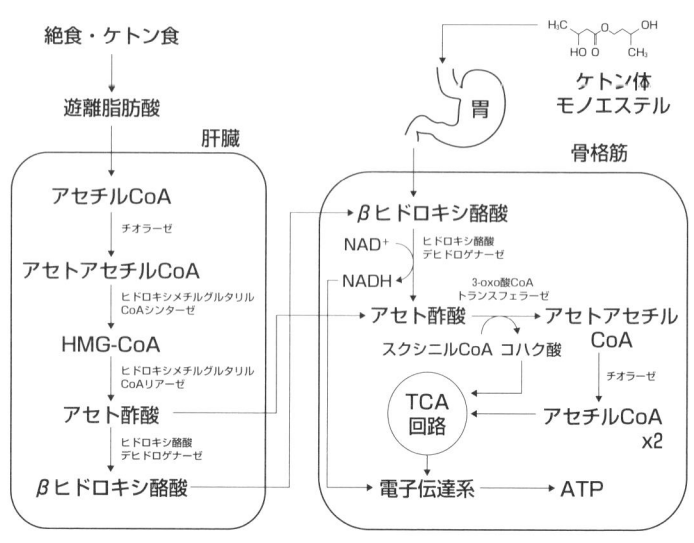

**図 5.23** ケトン体およびケトン体エステルの代謝経路

換される．ケトン体とは，アセトン，アセト酢酸および $\beta$ ヒドロキシ酪酸の総称である（厳密にいえば，アセトンとアセト酢酸のみがケトン体なのであるが，一般的には $\beta$ ヒドロキシ酪酸もケトン体に含まれる）．アセトンは揮発性が高いため，その大部分が呼気中へと排出されるのに対して，アセト酢酸と $\beta$ ヒドロキシ酪酸は他の組織に取り込まれ，エネルギー源として利用される．特に，絶食中においては，脳における重要なエネルギー源として利用されることが知られている．糖尿病患者においても，糖質がエネルギー源として使えないことにより，脂質の利用が高まり，血中ケトン体濃度が著しく増加する．このときに，血中ケトン体濃度は 20-30 mM 濃度まで達するが，ここまで増加するとケトアシドーシスと呼ばれる状態（酸性化）となり，昏睡に陥る危険性がでてくる．それに対して，絶食時にみられる血中のケトン体濃度の増加は，7-8 mM 程度であるため，ケトアシドーシスになる危険性は低いといえる．

　ケトン体は，脳，骨格筋，心筋などに取り込まれ，エネルギー源として利用される．ケトン体の素である脂肪酸をエネルギー源として利用する際には，$\beta$ 酸化と呼ばれる過程において数多くの酵素が関わり，最終的に ATP を再

合成するまでに時間を要する．それに対して，ケトン体の場合は数ステップの反応だけで速やかにアセチル CoA にまで変換される（図 5.23）．また，エネルギー基質は，その中に含まれる炭素原子を二酸化炭素として外す一方で，水素原子を用いて電子伝達体を還元し，NADH または $FADH_2$ をミトコンドリアの電子伝達系に供給している．したがって，エネルギー基質に含まれる炭素原子に対する水素原子の比率（H/C 比）が高いほど，より優れたエネルギー基質ということになる．この H/C 比は，糖質の代謝産物であるピルビン酸（$C_3H_4O_3$）に比べて $\beta$ ヒドロキシ酪酸（$C_4H_8O_3$）で高く（ピルビン酸：$\beta$ ヒドロキシ酪酸 = 1.3 : 2），より優れた（より還元状態にある）エネルギー基質であるといえる．以上のようなことから，ケトン体は効率のよいエネルギー基質であり，実際，実験動物（ラット）から摘出した心臓を，糖質に加えて $\beta$ ヒドロキシ酪酸を含む溶液で灌流した場合，糖質のみを含む溶液を用いた場合に比べて，心臓の酸素消費量が約 30% 程度少なくすむこと，すなわち心臓のエネルギー効率が向上することが報告されている [34]．

このように効率の良いエネルギー基質であるケトン体の生成を促すケトン食の長期摂取により，運動中の脂質酸化量が著しく増大することが明らかとなっている．最近報告された研究では，ケトン食を長期間（9–36 カ月間）摂取したウルトラマラソン選手およびトライアスロン選手では，最大脂質酸化率が高糖質食を普段摂取している選手に比べて 2 倍以上高い値を示し，さらに，その最大脂質酸化率が得られる運動強度も高いこと（より高強度でも脂質が利用できる体質となっていること）が報告されている（図 5.24）[47]．さらに，このような選手では，中強度でのランニング運動を行った場合，そのときのエネルギーの約 9 割が脂質から供給されていること（高糖質食を摂取した選手では約 6 割）も示されている．このように，ケトン食によって通常の高脂肪食以上に脂質酸化能力が向上することで，糖質の枯渇さらには疲労の発現を予防できることが期待されている．ただし，疲労やパフォーマンスに及ぼす影響についてはまだまだエビデンスが不足している状況である．

ケトン食が注目を集めるなか，ケトン食の摂取はパフォーマンスを向上させないとする反証結果もいくつか報告されている．たとえば，トップレベルの競歩選手を対象とした研究では，高糖質食を摂取しながらトレーニングを

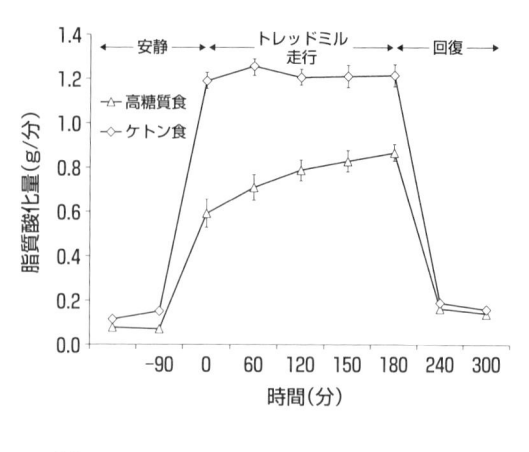

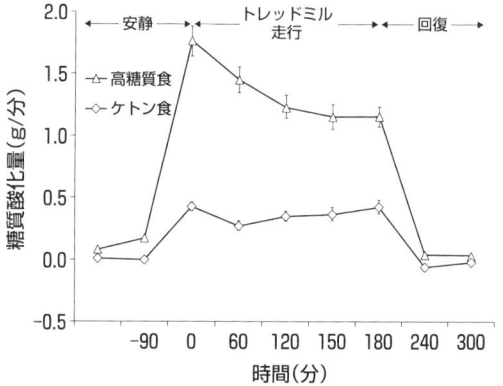

**図 5.24**　長期的なケトン食の摂取による運動時の脂質および糖質酸化量の変化 [47]
最大酸素摂取量の 64% に相当する運動強度でのトレッドミル走行を 180 分間行ったときの脂質および糖質酸化量. 長期的なケトン食（低糖質・高脂肪食）を摂取したウルトラマラソンランナー・トライアスロン選手では, エネルギー消費量の約 9 割が脂質によって賄われる.

行った選手では, 10 km レースの成績が向上したのに対して, ケトン食を摂取しながらトレーニングを行った選手ではそのようなパフォーマンスの向上が認められなかったことが報告されている [3]. 高脂肪食の摂取にともない, 解糖系の酵素が抑制されると先ほど説明したが, 同様のことがケトン食の摂取によっても生じる. したがって, 糖質も重要なエネルギー基質として利用される 1-2 時間程度の運動では, ケトン食によるメリットは大きくないよう

である．ただし，より長時間の運動では，ケトン体を生成し，それを利用できるようになることで，メリットが得られる可能性がある．たとえば，超長時間運動時において，エネルギー補給の回数を減らせるということが挙げられる［46］．ウルトラマラソンなどでは，通常のマラソン以上に糖質が枯渇する危険性が高く，その途中でエネルギー補給を行わなければならない．その際，内臓への血流量が減少していることもあり，腹痛や胃部不快感を訴える選手が多く存在する．したがって，体内に大量に存在する脂肪をケトン体へと変換し，それを効率よく利用することができれば，栄養補給の回数を減らすことができ，腹痛や胃部不快感を予防することができる．また，長距離の自転車レース中には，チームスタッフによる給水やエネルギー補給が行われるが，その回数を少なくすることができればタイムロスや接触による転倒などを予防することができるというメリットもあるだろう．

このような代謝機能の適応は，低糖質・高脂肪のケトン食を数日間摂取しただけでは認められず，少なくとも数週間から数カ月間は摂取し，「脂肪からケトン体を生成し，かつそれを利用できる」状態にまで適応している必要がある．このようなケトン食は，もともと，難治性のてんかん患者において利用されてきた．治療のため長期間にわたりケトン食を摂取し続けているてんかん患者においては，ケトン食を摂取したことがない患者に比べて動脈硬化が進展しやすくなることが報告されている［4］．これは，脂肪の摂取量の増加にともない，血中の中性脂肪やコレステロール濃度が上昇することによるものである．トレーニングは動脈硬化に対する予防効果があることが知られており，トレーニングを日々行っているアスリートがケトン食を摂取した場合に，てんかん患者で見られたような動脈に対する副作用が生じるかどうかは不明である．疲労やパフォーマンスに及ぼす効果に加えて安全性に関する検討が今後行われる必要がある．

最近では，ケトン体そのものを摂取することによる効果の検討も行われている．ケトン体は，そのままでは酸性であるため，エステル体を結合し，ケトン体モノエステルとすることで，食品添加物として摂取可能になる（図5.23）．最近，このケトン体モノエステルを運動前に摂取することで，運動中のケトン体利用が増加することが報告されている．このケトン体利用の増加

は，最大仕事率の75%に相当する強度での運動時やケトン体モノエステルと糖質を同時に摂取した場合でも認められること，すなわち比較的高強度でも糖質より利用されやすいエネルギー基質である可能性も示されている [5]．さらに，1時間の運動後に引き続いて行われた30分間のタイムトライアルのパフォーマンスが，糖質のみを摂取した場合に比べて，ケトン体モノエステル＋糖質の混合物を摂取した場合に向上することもあわせて報告されている [5]．ケトン食およびケトン体モノエステルに関する研究はまだ始まったばかりであり，今後さらなるエビデンスの蓄積が求められる分野である．

## 運動後の疲労回復と脂質摂取

　第3章で述べたように，1日の中で試合やトレーニングが複数回行われる際には，最初の試合やトレーニングが終了した後，グリコーゲンを速やかに回復させる必要がある．その際に，糖質だけではなくたんぱく質も同時に摂取することが勧められている．これは，糖質とたんぱく質の同時摂取が，GIP や GLP-1 などの消化管ホルモン，さらにはインスリンの分泌を高めるためである（第3章，図3.11）．消化管ホルモンの一つである GIP は，脂質を摂取した際に，その分泌が強力に刺激される．最近の研究により，糖質とたんぱく質の同時摂取と同様に，糖質と脂質（食用油）を実験動物（マウス）に投与した際にも，糖質だけを投与した場合に比べて GIP さらにはインスリンの分泌が刺激され，運動後の筋グリコーゲン回復が促進されることが報告されている [43]．

　食用油などは，そのままの状態で摂取した場合には，膵臓から分泌される消化酵素（リパーゼ）による分解を受けにくいため，消化・吸収がゆるやかになる（脂質の消化・吸収に関しては後程くわしく説明する）．そこで，先述した糖質と脂質の同時摂取の効果を検証した実験では，脂質を乳化剤とともに超音波処理することで乳化し，消化・吸収されやすい状態で投与している．スポーツの現場では，当然のことながら，乳化処理することなく摂取できるものが望ましい．牛乳は，糖質の含有量はそれほど多くないものの，消化管ホルモンの分泌を刺激するたんぱく質と乳化された脂質（乳脂）をバランスよく含んでいる．したがって，糖質に加えて牛乳を同時に摂取することで，

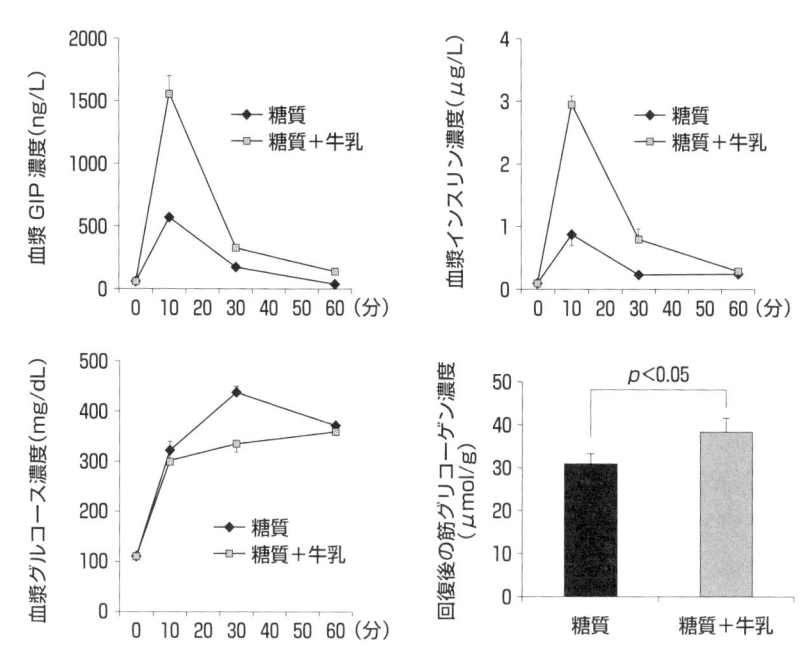

**図 5.25** 運動後の糖質・牛乳混合物摂取による筋グリコーゲンの回復促進効果 [19]
30 分間のトレッドミル走行運動を行ったマウスに対して糖質と牛乳の混合物を投与することで，糖質のみを摂取した場合に比べて，消化管ホルモン GIP およびインスリンの分泌が促進され，血糖値（血漿グルコース濃度）の低下が認められた．さらに，回復後の筋グリコーゲン濃度も糖質と牛乳を摂取した場合に有意に高くなる．

消化管ホルモンおよびインスリンの分泌が刺激され，筋グリコーゲンの回復が促進される可能性が高いと考えられる．実際に，走行運動終了後のマウスに糖質・牛乳の混合溶液を投与した場合に，糖質のみを投与した場合に比べて GIP およびインスリンの分泌が顕著に高まり，それにともない，血糖値の低下さらには筋グリコーゲンの回復促進効果が得られることが最近報告されている（図 5.25）[19]．また，健康な女子大学生を対象とした研究でも，マウスと同様の結果，すなわち，運動後の糖質・牛乳混合溶液の摂取により，糖質のみを摂取した場合に比べて，血中インスリン濃度の上昇と血糖値の低下が生じることが確認されている（丸山ら，未発表資料）．実際にヒトを対象として筋グリコーゲン濃度を測定する実験・研究が必要であるが，これらの結果から，糖質と牛乳の混合溶液は，運動後のグリコーゲン回復のための有

効な手法となる可能性が高そうである.

## 5.3　特殊な脂質――機能性脂質

### 通常の油脂の消化・吸収の仕組み

　通常の脂質では見られないような珍しい機能を有した脂質を機能性脂質といい, 近年注目を集めている. ここでは, それらのうち, 「体に脂肪がつきにくい」特定保健用食品（トクホ）として認可・市販されている食用油の効果について簡単に解説する（特定保健用食品制度に関しては, 第7章にてくわしく説明する）. これらの機能性脂質は, 消化・吸収動態に特徴があることから, まずは通常の油脂の消化・吸収について簡単に説明する.

　通常の油脂がどのようにして消化・吸収されるのかを図5.26と図5.27に示した. 食事などで摂取したトリアシルグリセロール（中性脂肪）は, リパーゼと呼ばれる消化酵素によって分解される. 舌や胃にもリパーゼが存在し, それらによって一部が分解されるが, 大部分は未分解のまま十二指腸および小腸に送り込まれる. 大部分のトリアシルグリセロールは, 膵臓から分泌される膵リパーゼの働きによって分解される. 水に溶けないトリアシルグリセロールがリパーゼによる分解を受けるためには, 乳化される必要があり, 胆汁酸がその働きを担っている. 十二指腸に入ってきたトリアシルグリセロールが引き金となり, 消化管ホルモンの一つであるコレシストキニン（CCK）が分泌され, その作用によって胆汁の分泌が刺激される. 胆汁中の胆汁酸塩によって十二指腸で乳化されたトリアシルグリセロールは, 細かい粒子となって, リパーゼとの接触面が拡大し, 分解が開始される. 膵リパーゼはトリアシルグリセロールの1位と3位（両端の部分）を加水分解し, 結果的に1分子のトリアシルグリセロールから2分子の遊離脂肪酸と1分子の2-モノアシルグリセロール（グリセリンの2位（中心部）に脂肪酸が一つ結合したもの）が生成されることになる. これらの分解物は, ミセル（胆汁酸混合ミセル）に溶解し, 小腸の上皮細胞に近づく. この小腸上皮細胞の表面は微 絨 毛膜と呼ばれ, この微絨毛膜にミセルが達すると, 溶解していた脂肪酸と2-モノ

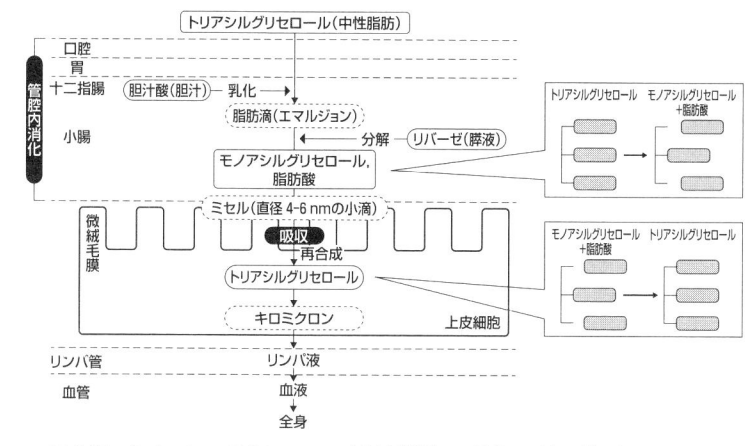

**図5.26** トリアシルグリセロール（中性脂肪）の消化・吸収（[23] を一部改変）

アシルグリセロールはミセルを離れ，微絨毛膜を通過し，上皮細胞内へ取り込まれていく（図5.26）．吸収後，2-モノアシルグリセロールに遊離脂肪酸が再アシル化（再結合）され，トリアシルグリセロールが再合成される．再合成されたトリアシルグリセロールは，キロミクロンに取り込まれる．キロミクロンは，小腸上皮細胞からリンパ管へ分泌され，胸管，さらに鎖骨下静脈，心臓を通って大動脈に合流し，全身に運ばれることになる（図5.27）．

## 中鎖脂肪酸の効果

「体に脂肪がつきにくい」食用油として知られるもののなかに中鎖脂肪酸を含んだ食用油がある．先述したように，脂肪酸は炭素数によって分類され，炭素数が8-10個のものを「中鎖脂肪酸」と呼ぶ（表5.1）．私たちが日常生活で利用する油脂のほとんどが長鎖脂肪酸で構成されているのに対し，中鎖脂肪酸は，主にパーム核油に約7%，ヤシ油に約14%含まれている脂肪酸である．また，牛乳およびチーズなどの乳製品にも中鎖脂肪酸が含まれている．日本人の場合，1日あたり0.2-0.3 g程度の中鎖脂肪酸を日常的に摂取しているといわれている．この中鎖脂肪酸がグリセリンのすべての部位に結合したトリアシルグリセロールすなわち中鎖脂肪酸油を，普通の長鎖脂肪酸だけからなる長鎖脂肪酸油の代わりに摂取することで，食後の熱産生（食事誘発性

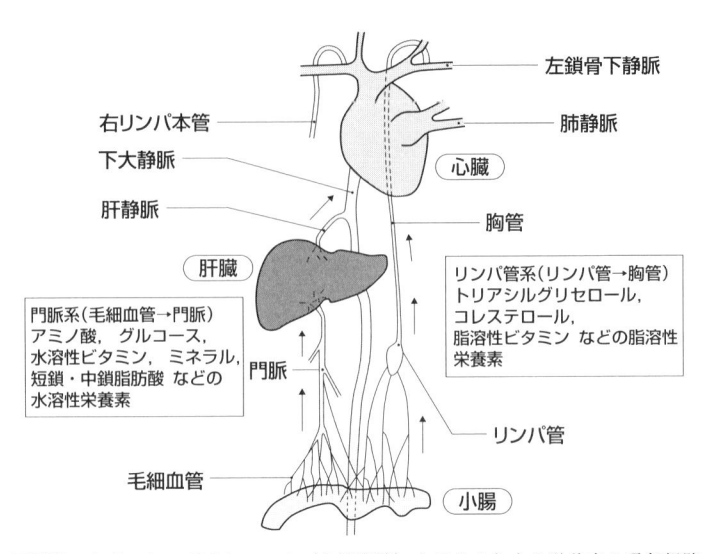

**図 5.27** トリアシルグリセロール（中性脂肪）をはじめとする栄養素の吸収経路（[23] を一部改変）
脂質の中でも短鎖脂肪酸と中鎖脂肪酸は門脈から肝臓へと吸収される．

熱産生）が高まり，体脂肪が減少することが，実験動物およびヒトを対象とした研究で示されている［2］．

　中鎖脂肪酸によるこのような抗肥満効果は，消化・吸収動態の違いによるものであると考えられている．中鎖脂肪酸油は，結合しているすべての脂肪酸がリパーゼによって速やかに分解され，腸管内で胆汁酸ミセルを形成することなく小腸上皮細胞に吸収される．また，吸収後はトリアシルグリセロールに再合成されることもなく，そのまま血管に入り，門脈を経由して肝臓へ入っていく．したがって，リパーゼによる分解が速いうえ，長鎖脂肪酸油のようにリンパ管を経由して血管に入るという経路をたどらないため，中鎖脂肪酸は速やかに肝臓に入っていくことになる（図 5.27）．

　このようにして肝臓に入った中鎖脂肪酸は，ミトコンドリアにおいて酸化を受けるのであるが，ここでも中鎖脂肪酸は長鎖脂肪酸とは異なる性質を持っている．ミトコンドリアでの脂肪酸 $\beta$ 酸化の過程において，長鎖脂肪酸の場合，カルニチンパルミトイル転移酵素 I（Carnitine Palmitoyltransferase-I, CPT-I）という酵素によってミトコンドリア内に流入する量が制限されてい

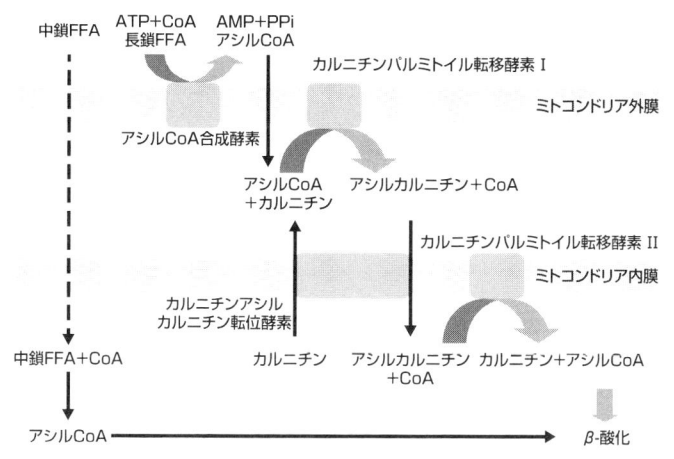

**図 5.28** ミトコンドリアへの脂肪酸の流入における制御機構
長鎖脂肪酸がミトコンドリアに入り，β酸化を受けるためには，ミトコンド
リアの外膜に存在するカルニチンパルミトイル転移酵素 I（CPT-1）による
調節を受ける．この段階が脂肪酸の酸化の律速段階となっている．一方，中
鎖脂肪酸はこの CPT-1 による制御を受けずに，ミトコンドリア内へと流入
することができる．

る．一方，中鎖脂肪酸の場合，この CPT-I による調節を受けることなく，
ミトコンドリア内に容易に流入することができ，β酸化が亢進する（図5.28）.
以上のように，中鎖脂肪酸は，長鎖脂肪酸に比べて速やかに吸収され，エネ
ルギー源として利用（酸化）されやすい＝体脂肪として蓄積しにくい性質を
持っていることがわかる ［2］．ただし，体重や体脂肪量を減少させるために
は，ただ単に使われやすいというだけでは不十分であり，エネルギー消費量
を増加させる仕組みが必要となる．この点に関して，中鎖脂肪酸油には，交
感神経活動を亢進し，エネルギー代謝を活性化させる効果があることも知ら
れている（中鎖脂肪酸油の摂取による食事誘発性熱産生の増加の一部は，この作
用によるものであると考えられる）．ちなみに，中鎖脂肪酸は母乳中に含まれ
る脂質のうち約3％程度を占めている．この生理学的理由として，消化・吸
収が未発達な乳児に効率よくエネルギーを供給するためや，体温を高く維持
するためなどさまざまな説が挙げられている．いずれにしても人間が生まれ
たときから摂取している重要な栄養素であるといえる．

中鎖脂肪酸は，最近，アルツハイマー型認知症との関係でも注目を集めている．アルツハイマー型認知症の発症原因としてさまざまな要因が挙げられているが，その一つに脳の糖代謝機能異常がある．アルツハイマー型認知症の原因物質としてアミロイド $\beta$ と呼ばれる物質が知られている．このアミロイド $\beta$ が脳内に沈着することで，神経細胞において解糖系が抑制され，エネルギー不足に陥ってしまう可能性が示されている [6]．このような脳の糖代謝機能の低下は，アルツハイマー型認知症の発症よりも先んじて生じること（アルツハイマー型認知症が進行し，脳の活動量が低下した結果ではなく，その原因である可能性）が報告されている [6]．したがって，このような脳の糖代謝機能の悪化を早い段階で改善するか，もしくは糖の代わりに他のエネルギーを供給することが重要となる．

　先ほど述べたように，絶食時には肝臓でケトン体が生成され，それが糖質にかわる代替エネルギーとして脳で利用されている．同様に，糖を利用できなくなったアルツハイマー型認知症患者の脳においても，ケトン体が代替エネルギーとして利用され，その進行を予防できるのではないかと言われている [6]．さらに，そのケトン体を効率よくつくり出す食品として，中鎖脂肪酸が注目されている．中鎖脂肪酸は，消化・吸収が速やかに行われ，ケトン体の生成の場である肝臓へ直接送られる．さらに，CPT-I による制御を受けずにミトコンドリアへと流入し，$\beta$ 酸化を受けやすいという性質を持っていることから，中鎖脂肪酸を摂取した場合には，肝臓でケトン体が多量に生成される．このような特徴を持つ中鎖脂肪酸を摂取することで，アルツハイマー型認知症患者における認知機能が改善すること，さらに，ケトン体の一つである $\beta$ ヒドロキシ酪酸の血中濃度と認知機能の改善度合いの間に相関関係が認められること，などが報告されている（図 5.29）[33]．アルツハイマー型認知症が発症した場合，その認知機能を元通りにすることは現時点においては難しく，長期間にわたって治療を続け，その進行を少しでも食い止めることが重要となる．通常のケトン食（低糖質・高脂肪食）でも，進行予防効果は認められるようであるが，この組成の食事を長期間継続することは難しい．中鎖脂肪酸を使ったケトン食（中鎖ケトン食）は，通常のケトン食のような厳しい糖質摂取制限を行う必要はなく，より実施可能性・継続可能性

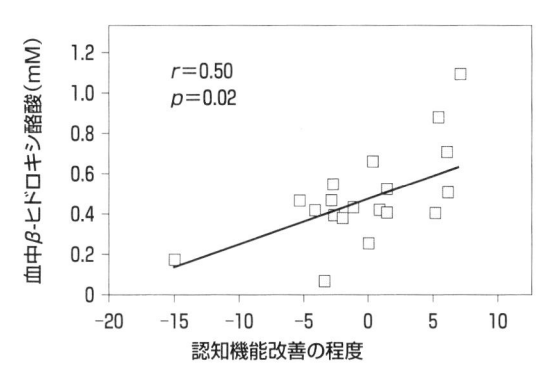

**図 5.29**　中鎖脂肪酸摂取による認知機能の改善効果と血中ケトン体濃度との関係 [33]
アルツハイマー型認知症患者もしくは軽度の認知機能低下が見られる患者に対して中鎖脂肪酸油を摂取させた後，認知機能テストを行った．中鎖脂肪酸油の摂取により認知機能の改善が認められ，その改善程度と血中ケトン体（$\beta$ヒドロキシ酪酸）濃度との間に相関関係が認められた．$p$ は有意水準，$r$ は相関係数．

が高いケトン食であるといわれている．

　実は，ケトン体は，肝臓だけではなく，脳内においても産生されることが知られている．図 5.30 に示すように，脳の毛細血管と神経細胞の間にはアストロサイト（星状膠細胞）と呼ばれる細胞が介在しており，毛細血管内皮および基底膜とともに血液脳関門（Blood-Brain Barrier, BBB）を形成している（危険な物質が脳内へと侵入しないように，強固なバリアーを形成している）．脳の主なエネルギーは，糖であるといわれているが，実際には，血糖（グルコース）の大部分は，このアストロサイトを通過する際に乳酸に変換されて，乳酸が神経細胞へエネルギー源として供給されている（Astrocyte–Neuron Lactate Shuttle と呼ばれる回路を形成している）．最近の研究では，脂肪酸もこのアストロサイトに取り込まれ，ケトン体として神経細胞にエネルギー源として供給されていることが明らかとなっている．さらに，中鎖脂肪酸は，そのアストロサイトにおけるケトン体生成をより顕著に増強することも報告されている（図 5.30）[31]．したがって，中鎖脂肪酸は，肝臓だけではなく，アストロサイトにおいてもケトン体生成を促し，近隣の神経細胞にも直接ケトン体を供給している可能性がある．アストロサイトにおけるケトン体の生成能力は，炭素数が少ない中鎖脂肪酸（カプリル酸，カプリン酸）ほど大きい．

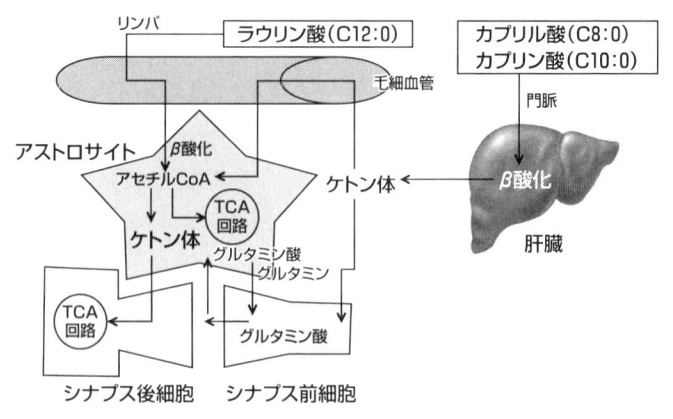

**図 5.30** 脳アストロサイトにおけるケトン体の生成

ただし，カプリル酸・カプリン酸を経口摂取した場合，大部分が門脈から肝臓に取り込まれ，そこでケトン体に変換されるため，脂肪酸の状態でアストロサイトまで届く可能性は低い．一方，中鎖脂肪酸と長鎖脂肪酸の中間型の特徴を持つ炭素数が 12 個のラウリン酸（ココナツオイルに多く含まれる脂肪酸）は，門脈ではなくリンパ管を通じて取り込まれ，全身に供給される．このラウリン酸も他の長鎖脂肪酸に比べてアストロサイトでのケトン体生成を高めることが報告されている［31］．したがって，アストロサイトにおけるケトン体の生成を高めるためには，ラウリン酸を多く含む油脂を摂取したほうが効果的であるかもしれない．

中鎖脂肪酸には，これらのような機能以外にも，コラム 5 で紹介した加齢による血中アルブミン濃度の低下を予防する効果［35］や，ギプス固定などの不活動にともなう筋萎縮を一部軽減する効果［30］，さらにはインスリン抵抗性を改善する効果［44］などさまざまな生理機能があるといわれている．今後，中鎖脂肪酸のさらなる機能の解明が進むことが期待される．

## ジアシルグリセロールの効果

現在は諸般の事情により販売が中止されているが，中鎖脂肪酸油と同様に「体に脂肪がつきにくい油」として知られているジアシルグリセロールについても簡単にふれる．

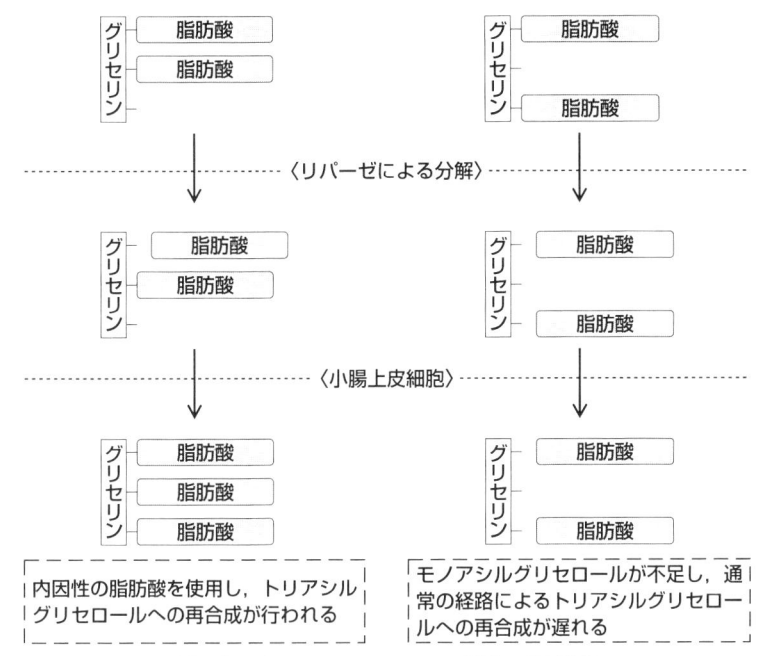

**図 5.31** ジアシルグリセロールの消化・吸収過程

トリアシルグリセロールが，グリセロールに 3 つの脂肪酸が結合している
のに対して，ジアシルグリセロールとは，2 つの脂肪酸が結合したものを指
す（図 5.1）．グリセロールの両端のどちらかの脂肪酸がないジアシルグリセ
ロールは，膵リパーゼによって加水分解され，モノアシルグリセロールと遊
離脂肪酸がそれぞれ 1 分子ずつ生じる．これらは，小腸上皮細胞に取り込ま
れた後，モノアシルグリセロールをもとにしてトリアシルグリセロールへと
再合成される．このとき 1 分子の脂肪酸が不足するが，不足分は内因性の脂
肪酸で補われると考えられている．

　一方，グリセロールの中心に結合するはずの脂肪酸がないジアシルグリセ
ロールは，ほとんどがグリセロールと遊離脂肪酸へと分解され，トリアシル
グリセロールを再合成する際に必要となるモノアシルグリセロールが不足す
る．したがって，通常の経路ではトリアシルグリセロールへの再合成が行わ
れずに，グリセロール-3-リン酸経路と呼ばれる別の経路によってトリアシ

ルグリセロールが再合成される。この経路は通常のトリアシルグリセロール合成系に比べてその合成速度が遅い。その結果，ジアシルグリセロール，特に中心部の脂肪酸がないジアシルグリセロールを摂取した際には，小腸上皮細胞でのトリアシルグリセロールの合成速度が遅くなり，リンパおよび血液中への脂肪の放出がゆるやかになると考えられる（図5.31）。このようにジアシルグリセロール摂取時に，その吸収がゆるやかになることは，インスリン分泌が亢進し，脂肪合成が高まる食後において，脂肪合成の材料となるものが血中に多く存在しないことになる。このようにしてジアシルグリセロールは体脂肪が蓄積しにくい油脂となっていると考えられている [18]。

**参考文献**

[1] Abumrad, N. A. *J. Clin. Invest.* **115**: 2965-2967, 2005.
[2] Aoyama, T. *et al. J. Med. Invest.* **54**: 385-388, 2007.
[3] Burke, L. M. *et al. J. Physiol.* **595**: 2785-2807, 2017.
[4] Coppola, G. *et al. Seizure.* **23**: 260-265, 2014.
[5] Cox, P. J. *et al. Cell Metab.* **24**: 256-268, 2016.
[6] Cunnane, S. *et al. Nutrition.* **27**: 3-20, 2011.
[7] 江崎治. 日本栄養・食糧学会誌. **59**: 323-329, 2006.
[8] Ezaki, O. *J. Nutr. Sci. Vitaminol* (Tokyo). **57**: 383-393, 2011.
[9] Fernandez, M. L. and West, K. L. *J. Nutr.* **135**: 2075-2078, 2005.
[10] Garcia-Roves, P. *et al. Proc. Natl. Acad. Sci. U S A.* **104**: 10709-10713, 2007.
[11] Hancock, C. R. *et al. Proc. Natl. Acad. Sci. U S A.* **105**: 7815-7820, 2008.
[12] Helge, J. W. *Sports Med.* **30**: 347-357, 2000.
[13] Helge, J. W. *Med. Sci. Sports Exerc.* **34**: 1499-1504, 2002.
[14] Helge, J. W. *et al. J. Physiol.* **492**: 293-306, 1996.
[15] Helge, J. W. *et al. Am. J. Physiol.* **272**: R1620-R1624, 1997.
[16] 東田一彦ほか. 日本運動生理学雑誌. **15**: 45-51, 2008.
[17] Hunter, J. E. *Lipids.* **41**: 967-992, 2006.
[18] 池田郁男・柳田晃良. 『脂質栄養と健康』（宮澤陽天，柳田晃良，藤本健四郎責任編集）. 建帛社. 2005.
[19] 稲井真ほか. 日本スポーツ栄養研究誌. **10**: 38-47, 2017.
[20] Iso, H. *et al. Circulation.* **113**: 195-202, 2006.
[21] Jakobsen, M.U. *et al. Am. J. Clin. Nutr.* **89**: 1425-1432, 2009.
[22] Jiao, J. *et al. Am. J. Clin. Nutr.* **100**: 1422-1436, 2014.
[23] 川端輝江. 『しっかり学べる！栄養学』ナツメ社. 2012.
[24] 厚生労働省. 「日本人の食事摂取基準（2015年版）策定検討会」報告書. 2014.

［25］ 厚生労働省. 『平成 27 年国民健康・栄養調査結果の概要』. 2016.

［26］ Miller, W. C. *et al. J. Appl.Physiol.* **56**: 78-83, 1984.

［27］ Mizushige, T. *et al. J. Nutr. Sci. Vitaminol*（Tokyo）. **53**: 1-4, 2007.

［28］ Monguchi, T. *et al. J. Cardiol.* **70**: 121-127, 2017.

［29］ Mozaffaian, D. *et al. N. Engl. J. Med.* **354**: 1601-1613, 2006.

［30］ Nishimura, S. *et al. J. Oleo Sci.* In press.

［31］ Nonaka, Y. *et al. J. Oleo Sci.* **65**: 693-699, 2016.

［32］ 大森正司ほか. 『フードサイエンス――新しい食品学総論』化学同人. 1997.

［33］ Reger, M. A. *et al. Neurobiol. Aging.* **25**: 311-314, 2004.

［34］ Sato, K. *et al. FASEB J.* **9**: 651-658, 1995.

［35］ Sekine, S. *et al. J. Nutr. Sci. Vitaminol*（Tokyo）. **59**: 123-128, 2013.

［36］ Simi, B. *et al. J. Appl. Physiol.* **71**: 197-203, 1991.

［37］ Söderberg, M. *et al. Lipids.* **26**: 421-425, 1991.

［38］ Stellingwerff, T. *et al. Am. J. Physiol.* **290**: E380-E388, 2006.

［39］ 菅野道廣. 『健康と脂質摂取』建帛社. 2006.

［40］ 高村仁知. オレオサイエンス. **7**: 231-235, 2007.

［41］ 田地陽一，坂本友里. 『栄養科学イラストレイテッド基礎栄養学　第 3 版』（田地陽一
編）. 羊土社. pp. 87-102, 2016.

［42］ Takeuchi, H. *et al. Biosci. Biotechnol. Biochem.* **77**: 1219-1222, 2013.

［43］ 寺田新. デサントスポーツ科学. **36**: 61-67, 2015.

［44］ Terada, S. *et al. Nutrition.* **28**: 92-97, 2012.

［45］ Uauy, R. *et al. Lipids.* **36**: 885-895, 2001.

［46］ Volek, J. S. *et al. Eur. J. Sport Sci.* **15**: 13-20, 2015.

［47］ Volek, J. S. *et al. Metabolism.* **65**: 100-110, 2016.

［48］ Waterman, E. and Lockwood, *B. Altern. Med. Rev.* **12**: 331-342, 2007

［49］ Willett, W. C. *J. Intern. Med.* **272**: 13-24, 2012.

［50］ Yamagishi, K. *et al. Eur. Heart J.* **34**: 1225-1232, 2013.

［51］ Zock, P. L. *et al. Am. J. Clin. Nutr.* **61**: 617, 1995.

## コラム6　Exercise mimetics

　第3章でも少し説明したが，スポーツ科学における最近の大きなテーマの一つに，運動やトレーニングによる効果のメカニズムを分子レベル・細胞レベルで解明する，ということが挙げられる．これまでのトレーニング科学というと，「このようなトレーニングを行うと，これくらい筋力（もしくは持久力）が向上する」という，いわゆる「記述的」な研究が多く行われてきた（経験を積み重ねてある一定の結論を導き出す研究スタイル）．一方，運動トレーニングの効果に関与する細胞内の分子群が明らかになれば，その分子を無理・無駄なく効果的に活性化できるトレーニング方法の開発が可能となり，より科学的なトレーニング方法の確立に結び付くのではないかと期待されている．また，このような分子メカニズムの解明は，運動と同じようにその分子を活性化できる薬剤・栄養素の開発も可能にする．このように，運動と同じような効果を発揮する物質は，"Exercise mimetics（運動模倣薬・運動模倣物質）"と呼ばれ，近年注目を集めている．

　持久的トレーニングによる骨格筋 GLUT-4 およびミトコンドリアの増加のメカニズムに関しては，1990 年代の後半からその解明が進み，これまでに図1に示すような知見が得られている [2]．さまざまな分子が関与している可能性が示されているが，その中でも AMP 依存性プロテインキナーゼ（AMPK）と核内受容体ペルオキシソーム増殖剤活性化受容体 $\beta/\delta$（PPAR$\beta/\delta$）の2つが重要分子として有力視されている．2008 年に，この AMPK の活性化剤（名称：AICAR）とPPAR$\delta$の活性化剤（名称：GW501516）を数週間投与したマウスでは，持久的トレーニングを行った場合と同様に持久的な運動能力が向上すること，すなわちこれらの化合物が Exercise mimetics であることが初めて報告された [1]．この研究結果が発表されてから間もなく，これらは世界アンチドーピング機構の禁止物質リストに指定されることになった．2016 年のリオオリンピック・パラリンピック前に，ロシアの陸上界が長年にわたって組織的にドーピングを行ってきたことが明るみになり，大きな社会問題となった．このとき，一部の選手がこの GW501516 を使用していたといわれている．

　このように，Exercise mimetics は，ドーピングとして悪用される可能性がある一方で，糖尿病などの治療薬として活用できると考えられている．運動は，糖尿病をはじめとする生活習慣病の予防および治療に効果的であることは誰しも認めるところである．しかしながら，過度の肥満などで運動が困難な人も少なくな

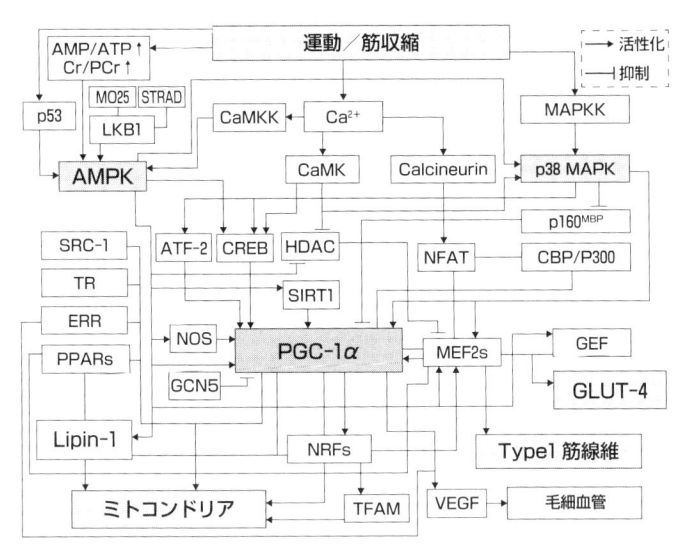

**図1** 運動トレーニングによる骨格筋の糖輸送体 GLUT-4 およびミトコンドリアの増加に関与していると考えられている分子群とその経路（[2] より改変）

い．それを摂取するだけで，運動を行った場合と同様に GLUT-4 やミトコンドリアが増加し，糖尿病を改善できるのであれば，運動困難者にとって大きな福音となる．骨格筋に作用する薬剤は，同じ横紋筋である心筋に作用する可能性もあり，生活習慣病治療のための安全で効果的な Exercise mimetics はまだ開発されていないのが現状である．運動の効果に関しては，スポーツ科学研究者のみならず，基礎医学の研究者や分子生物学者も大きな興味を示している．今後学際的な研究が進み，安全で効果的な Exercise mimetics の研究が進むことが期待されている．ただし，運動によって得られる効果はとても大きく，病気になる前に日ごろから運動を行い，予防に努めるほうが賢明であるのはいうまでもない．

**参考文献**
[1] Narkar, V. A. *et al. Cell.* **134**: 405-415, 2008.
[2] 寺田新ほか．『体育の科学』**63**: 608-615, 2013.

# 第6章　運動中の水分摂取法と
　　　　スポーツドリンクの効果

　夏場に運動を行うと，当然汗をかき，咽が渇く．たくさん汗をかいた後にのむ水はとても美味しく感じられる．では，なぜ夏場に運動をすると汗を大量にかくのであろうか？　また，なぜ，咽が渇いたと感じるのであろうか？また，どれくらい，どのような水分補給をすればパフォーマンスの低下や熱中症を予防できるのであろうか？

## 6.1　発汗作用と体温調節

### 1日の水分出納

　私たちの体はどれくらいの水分を含んでいるのであろうか？　図6.1に示すように，私たちの体のおおよそ60%を水分が占めている．つまり，私たちの体の中でもっとも多い成分は水なのである．その水分の半分以上が細胞内液（細胞の内側にある水）で，残りが細胞外液，すなわち細胞と細胞の間や組織と組織の間に存在する間質液と血液中の水成分である血漿である．

　体重の60%を占めるといわれている水分であるが，性別や年齢によってその値が異なってくる．たとえば，男性に比べて，女性のほうが，水分量が少なくなる．これには，体脂肪量の違いが関係してくる．第1章でも説明したが，骨格筋の約80%を水分が占めるのに対して，脂肪組織は水分を20%程度しか含まない．したがって，体脂肪率が男性よりも高くなる女性では，そのぶん，体水分率も低くなる．また，乳児では，水分量が多く，体重の約70%を水分が占めているのに対して，高齢者では，体水分量が少なくなり，

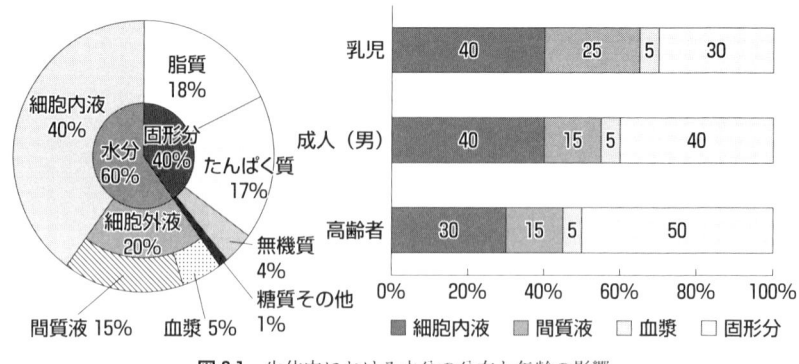

**図 6.1** 生体内における水分の分布と年齢の影響

50%程度にまで減少する（図 6.1）．高齢者でも，細胞外液の割合は成人と比べて大きく変わらないのに対して，そのくわしいメカニズムは不明であるものの，細胞内液の割合が低くなる．後述するように，体内の水分は，体温調節において重要な役割を果たしている．高齢者において，このように細胞内水分量および体全体の水分量が少ないということは，脱水に対する予備能力が低いことを意味しており，高齢者で熱中症が頻発することの一つの要因となっている．

　ところで，私たちは 1 日にどれくらいの水分を摂取・排出しているのであろうか？　表 6.1 に示すように，私たちは 1 日約 2500 mL の水を摂取し，それと同じ量の水分を排出している．飲料と食物中の水分からそれぞれ約 1200, 1000 mL ずつ摂取し，残りは代謝水から得ている．この代謝水とはどのようなものなのか？　第 2 章でも説明したように，私たちの体の中では，糖質や脂質を酸素と反応させてエネルギーを得ているが，この反応の中で水が発生する．この水を代謝水といい，この代謝水も生命活動に用いている．

　図 6.2 に示すように，糖質よりも脂質からエネルギーを得たときのほうが，代謝水が多く発生する．ラクダのこぶには多くの脂肪がため込まれているのをご存知だと思う．これは，1 g あたりのエネルギー量が多い脂肪を蓄えて飢餓に備えるため，という理由に加え，もう一つの理由として，代謝水の生成量の違いが挙げられる．つまり，脂質を代謝し，それにより多くの代謝水を得ることで，砂漠のような乾燥地域でも脱水状態になることなく過ごすた

**表 6.1** 1 日の水分出納

| 摂取・産出量 | | 排出量 | |
|---|---|---|---|
| 飲料水 | 1200 mL | 尿 | 1400 mL |
| 食物の水分 | 1000 mL | 便 | 100 mL |
| 代謝水 | 300 mL | 汗 | 700 mL |
| | | 呼気 | 300 mL |
| 合計 | 2500 mL | 合計 | 2500 mL |

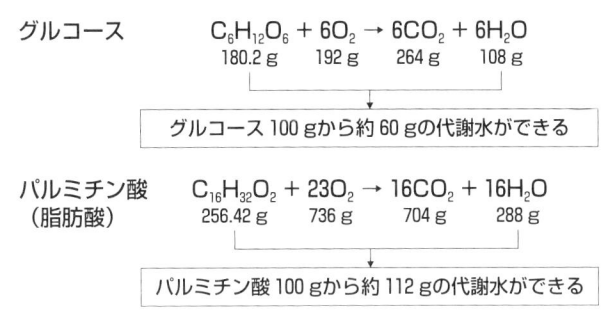

グルコース $\quad$ $C_6H_{12}O_6 + 6O_2 \rightarrow 6CO_2 + 6H_2O$
180.2 g $\qquad$ 192 g $\quad$ 264 g $\quad$ 108 g

グルコース 100 g から約 60 g の代謝水ができる

パルミチン酸 $\quad$ $C_{16}H_{32}O_2 + 23O_2 \rightarrow 16CO_2 + 16H_2O$
（脂肪酸） 256.42 g $\quad$ 736 g $\quad$ 704 g $\quad$ 288 g

パルミチン酸 100 g から約 112 g の代謝水ができる

**図 6.2** 糖質と脂質を利用した際にできる代謝水量の違い

めの適応であるとも考えられている.

　一方，排出量のほうを見てみると，大部分が尿や汗などで排出されるが，息を吐く際にも気が付かないうちに多くの水分が水蒸気という形で排出されている（1 日の水分排出量の約 1/10）. このように気が付かないうちに体外に排出されている水分（厳密には，発汗以外に皮膚から蒸散する水分喪失も含めて）を「不感蒸泄」という.

## 運動時の体温上昇と体温調節

　運動時には体温が上昇する. たとえ冬場であったとしても，運動をすると体が温まり，汗がにじみ出てくる. では，なぜ運動をすると体温が上昇するのだろうか？　第 2 章でも説明したように，糖質や脂質から ATP を再合成し，さらにその ATP を分解することで筋収縮を行っているのであるが，その両方の過程でエネルギーのロスが生じる. 糖質や脂質が持つエネルギーのうち，実際に運動（物理的な仕事）に使われるのは，おおよそ 20％程度である. では，残りの 80％はどこに行くのかといえば，これらは熱に変換され，

体温を上昇させているのである（寒いと体が震えるのも，筋を収縮させることで熱を生み出し，体を温めようとする防御反応である）．たとえば，体重70 kgの人がランニング運動（7 METs，毎分1700 mLの酸素摂取量＝毎分8.5 kcalのエネルギーを消費）を1時間行った場合，生体内で発生した熱がまったく発散されずに，体内にこもってしまったとしたら，体温が43℃程度にまで上昇し，死に至ってしまう（この体格の人の熱容量は，約60 kcal/℃であるので，ランニング運動時の総エネルギー消費量（約500 kcal）のうち80％（400 kcal）が熱に変換されると約6-7℃体温が上昇するという計算）．そこで，体温を発散する機構が生体には備わっており，その中でももっとも重要なものが発汗作用なのである．

　生体における体温調節機構を図6.3に示した．環境温の変化および体温の変化は，それぞれ皮膚温度受容器と深部温度受容器（脳，内臓，骨などに存在する）によって感知され，体温調節中枢に情報が送られる．体温調節中枢は，視床下部，その中でも特に視索前野と呼ばれる部位に存在する．ここから体温が一定に保たれるように各器官に指令が送られる．エアコンにはサーモスタットという装置がついており，これが部屋の温度変化を感知して，加温・冷却を制御している．つまり，視床下部の体温調節中枢が，エアコンでいうサーモスタットの役割を果たしているといえる．

　暑熱環境下で運動を行った場合，まず体の反応として見られるものは，皮膚の血管を拡張し，皮膚への血流量を増やすというものである（図6.3）．皮膚は外気と直接触れる部分であり，体内の深部を通って，熱を吸収した血液を体表面の皮膚へと送り，外気に触れさせることで熱が外に発散される．自動車のエンジンの熱を冷却するために，ラジエーターと呼ばれる装置が付いているのをご存知だと思う．ラジエーターは，ボンネットの最前部，つまりもっとも風があたる部分に設置されており，エンジンの周りを循環し，エンジンの熱を吸収した水が，このラジエーターに送り込まれ，冷却されるという仕組みになっている．これとほぼ同じような仕組みが私たちの体の中にも備わっているのである．暑熱環境下で運動を行った場合，まったく同じ運動を快適な環境下で行った場合に比べて心拍数が増加する．これは，本来であれば骨格筋に対して送り出されるはずの血液が，熱放散のために皮膚に送ら

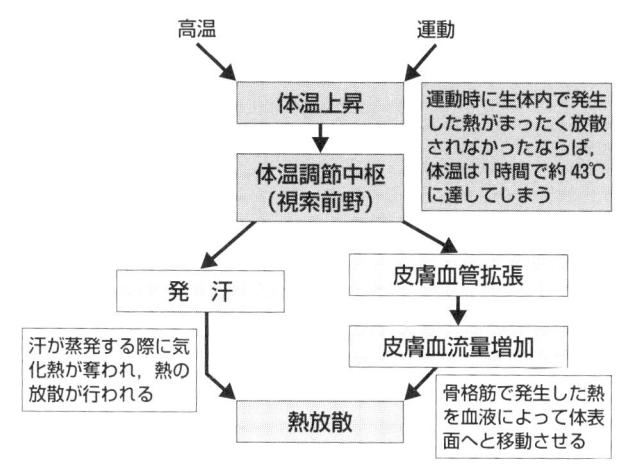

**図 6.3** 高温環境下での運動時における体温調節機構

れるため，骨格筋への血流が足りなくなり，それを補おうと心臓の働きが活発になるためである．

　このような皮膚血流量の増大でも，体温の上昇が抑えられない場合に，発汗作用が始まるようになる（図 6.3）．水分は，体にとって大変重要な成分である．そのような重要な資源を失わないように，まずは皮膚血流の増加による熱発散が先んじて起こると考えられている．発汗は，汗すなわち水分を体表面に出し，その水分が蒸発する際に熱を奪う気化熱を利用することで体熱を放散することである．水は常温から体温付近の温度で気化すると，100 g あたり約 58 kcal の熱を奪う．先に述べたように，体重 70 kg 程度の人の熱容量は約 60 kcal/℃ であるので，100 g の汗が蒸発するごとに体温が 1 ℃低下することになる．

　ここで注意が必要なのは，汗が流れ落ちてしまったりした場合には，このような体温の低下効果が得られないという点である．このように体温の低下作用を発揮できなかった発汗を無効発汗といい，反対に体温を低下させることができた発汗を有効発汗という．暑熱環境，特に湿度が高い環境では，当然発汗があっても蒸発しにくく，流れ落ちる量，つまり無効発汗量が多くなる．後述するように，暑熱環境下で運動を行った場合，数リットルの汗をかくことが多いが，体温が数十℃下がることはない．これは，無効発汗量が多

くなっているためであるといえる.

このように，皮膚血流量の増大と発汗作用により生体内の熱が放散されることで，暑熱環境下でも生体の機能を維持できている．しかしながら，脱水が進むと，体水分の節約・保持が優先されて発汗作用が抑制されてしまう．その結果，熱が放散できず，体温が急上昇し，熱中症と呼ばれる状態に陥ってしまう．いったん熱中症になってしまうと，治療がなかなか奏功しないといわれている．体温が上昇しすぎることで，生体内のたんぱく質が不可逆的に変性する（卵もゆでると固まってゆで卵となり，元の生卵には戻らない．これも熱変性の一つの例である）ことが，熱中症によって命を落とすことの原因であるといわれている．しかしながら，高体温によりどの組織が障害を受けて，どの細胞，さらにいえばどの分子が深刻なダメージを受けるのかということまでは明らかになっていないようである．このような分子メカニズムまで解明されれば，熱中症に対するより効果的な治療法の確立に近づくのかもしれない．

## 夏場の発汗量とパフォーマンスへの影響

夏場の暑熱環境下で運動を行った場合，大量の汗をかくが，発汗量はどれくらいになるのであろうか？　発汗量を簡単に推定する方法としては，体重を運動前後で測定することが挙げられる．運動前に体重を測定し，運動中に摂取した水分量を記録しておく．運動終了後には，汗を拭いて着替えて，体重を再度測定する．運動前後の体重差がおおよその脱水量となり，運動前後の体重差＋運動中の水分摂取量が運動中の発汗量ということになる．おおよその値ではあるが，真夏の暑い日に外で2時間程度の運動を行った場合（たとえば，陸上，野球，サッカーなど），発汗量は約2L以上になるといわれている．

では，どれくらいの脱水があるとパフォーマンスの低下が生じるのであろうか？　図6.4に示すように，脱水が進むにつれてパフォーマンスが直線的に低下する．気温が30℃の場合，おおよそ体重の2%の脱水（体重50kgの人であれば，約1kgの発汗（脱水））でパフォーマンス（持久的運動能力や認知機能など）が明らかに低下する [3]．ただし，気温が低い場合（20℃程度）

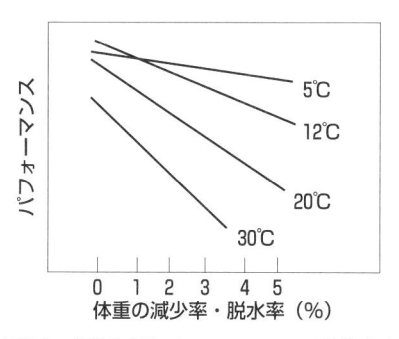

**図 6.4**　高脱水率とパフォーマンスの関係 [3]

**表 6.2**　脱水率と諸症状 [19]

| | |
|---|---|
| 1% | 大量の汗，喉の渇き |
| 2% | 強い渇き，めまい，吐き気，ぼんやりする，重苦しい，食欲減退，血液濃縮，尿量減少，血液濃度上昇<br>3%を超えると，汗が出なくなる |
| 4% | 全身脱力感，動きの鈍り，皮膚の紅潮化，いらいらする，疲労および嗜眠，感情鈍麻，吐き気，感情の不安定（精神不安定），無関心 |
| 6% | 手足のふるえ，ふらつき，熱性抑鬱症，混迷，頭痛，熱性こんぱい，体温上昇，脈拍・呼吸の上昇 |
| 8% | 幻覚，呼吸困難，めまい，チアノーゼ，言語不明瞭，疲労増加，精神錯乱 |
| 10-12% | 筋痙攣，ロンベルグ徴候（閉眼で平衡失調），失神，舌の膨張，譫妄および興奮状態，不眠，循環不全，血液濃縮および血液減少，腎機能不全 |
| 15-17% | 皮膚がしなびてくる，飲み込み困難（嚥下不能），目の前が暗くなる，目がくぼむ，排尿痛，聴力損失，皮膚の感覚鈍化，舌がしびれる，眼瞼硬直 |
| 18% | 皮膚のひび割れ，尿生成の停止 |
| 20%以上 | 生命の危険，死亡 |

には体重の2%の脱水では大きな影響はなく，体重の3-5%の脱水でパフォーマンスが低下しはじめるようである．暑熱環境下で脱水がさらに進んだ場合，体重の6-7%の脱水で手足の震えが生じ，さらに，10%程度の脱水で呼吸困難や精神錯乱が見られ，最終的には20%以上の脱水で死に至るといわれている（表6.2）[19].

　では，脱水で運動パフォーマンスが目に見えて低下するのはなぜであろう

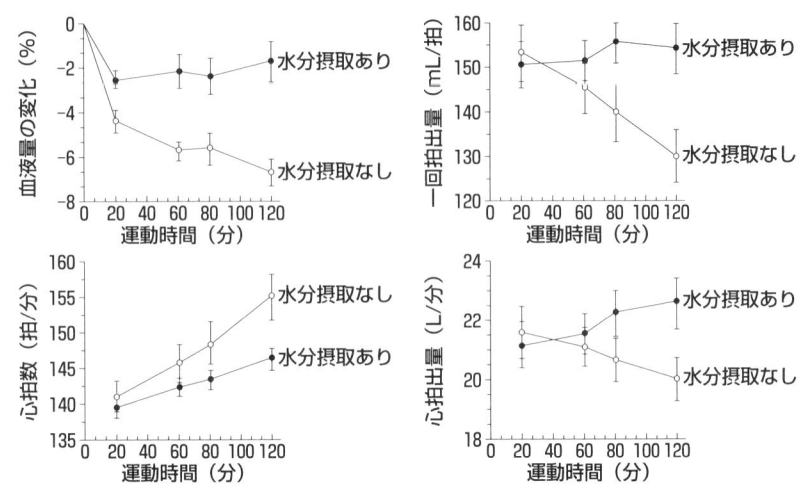

**図 6.5**　水分摂取の有無が循環系機能に及ぼす影響 [7]

か？　発汗により体水分量が減少すると，血漿量＝血液量が減少する．血液は組織・器官に（運動時には特に骨格筋へと）エネルギー基質および酸素を供給する役割を果たしており，不足が生じると，その足りないぶんを心臓がより活発に働くことで，補おうとする．図6.5 に見られるように，2時間の自転車運動中に水分を摂取しなかった場合，血液量の減少にともない心臓から1回の拍動で送り出される血液の拍出量（一回拍出量）が顕著に減少し，反対に心拍数は増加する [7]．つまり，それだけ心臓に負担がかかっていることを意味する（しかもこのとき，心拍数の増加にもかかわらず，心拍出量（1分間に心臓から送り出される血液量：一回拍出量と心拍数の積で求められる）は，まだ低くなったままである）．一方，体重の減少量と同程度の水分を摂取し，血液量を維持できた場合には，一回拍出量の低下や心拍数の上昇が抑えられているのがわかる．さらに，このように水分補給を行わずに運動を長時間継続し，脱水が進行した場合には，先に述べたように，発汗が徐々に抑制されることで熱放散が滞り，体温の上昇や疲労が生じやすくなる（図6.6）．

　このように，体重減少量すなわち発汗量と同じだけ水分を摂取することで，血液量の減少および心臓への負担増大を予防でき，さらに体温の上昇も低く抑えることができる．しかしながら，発汗量と同じ量の水分を摂取するとい

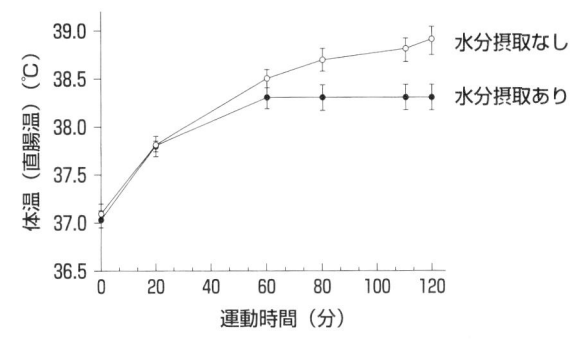

図 6.6 水分摂取の有無が運動時の体温（直腸温）に及ぼす影響 [7]
（※直腸温とは，肛門に細いプローブを挿入し，体の内部の体温を
測定する方法．もっとも正確な体温測定法の一つ）

うのは，一見簡単なようでとても難しいことなのである．暑熱環境下で大量
の汗をかいたときには，自由に好きなだけ水分を摂取したとしても，実は発
汗量に見合った量の水分を補給できていないことが多い．つまり脱水状態を
完全にもとに戻すことはできずに，その結果，体温が徐々に上昇してしまう
ことがある．このような状況は「自発的脱水」と呼ばれている．自由に好き
なだけ飲んでもよいはずなのに，発汗量に見合った水分量を補給できないの
はなぜであろうか？　それを理解するためには，まず「咽が渇いた」と感じ，
飲水行動に至るメカニズムを理解する必要がある．

## 体水分量を調節するメカニズム

　生体内における体液量の調節は，「浸透圧調節系」と「容量調節系」の 2
つの系によって行われている．このうち，暑熱環境下における咽の渇きとよ
り深く関係しているのは「浸透圧調節系」であるといわれている．脳の視床
下部には体内の変化を感知するためのさまざまなセンサーがあるが，血液の
浸透圧の変化を感知する「浸透圧受容器」も存在する．発汗にともない水分
が失われると，体液，特に細胞外液が濃縮され浸透圧が上昇する．その細胞
外液の濃縮度合・浸透圧の上昇度合を視床下部の浸透圧受容器が感知するこ
とで，口喝感が生じ，飲水行動を引き起こしている（図 6.7）．一方，細胞外
液の濃度変化ではなく，その量的変化を感知する系である容量調節系も咽の

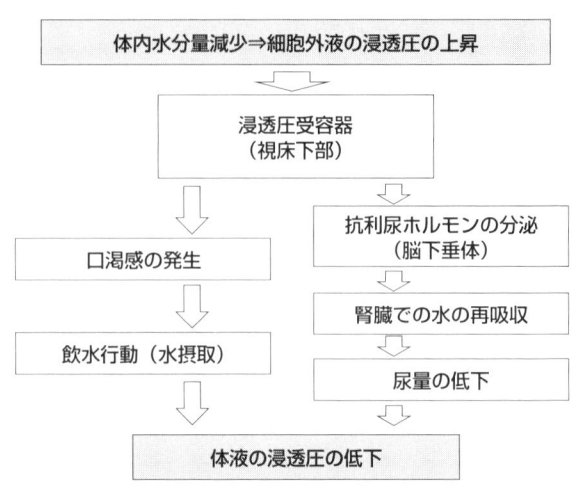

**図 6.7** 浸透圧調節系による体液浸透圧・体液量の調節機構

渇きを生じさせる働きを持っている（容量調節系は，心臓の心房部にあるといわれており，主に血液量の変化を感知している）．ただし，この系が働いて咽の渇きが生じるのは，大量の細胞外液が減少したとき（大量出血などで血液量が失われたときなど）であり，通常の生活における咽の渇きは主に浸透圧調節系によるものであるといわれている．

　浸透圧受容器が浸透圧の上昇を感知すると，バソプレッシンと呼ばれる抗利尿ホルモンの分泌を刺激する．この抗利尿ホルモンは，脳下垂体から分泌された後，腎臓での水の再吸収を促進し，尿量を減らすことで体内に水分を保持させるという作用を持っている（図6.7）．「海で遭難したときには，海水は飲んではいけない」ということを聞いたことがないだろうか？　これは，海水を飲むことで，細胞外液中（血液中）の塩分濃度＝浸透圧が高まり，抗利尿ホルモンによって尿が出にくくなり，それにより尿毒症となって死に至ってしまうためである．

　このようにして，浸透圧の上昇が引き金となり，飲水行動や抗利尿ホルモンによる体水分量の調節が引き起こされている．先ほど述べた自発的脱水にもこのような浸透圧の変化が関係している．汗は水分だけではなく，さまざまな物質を含んでおり，その中でも特に塩分を多く含んでいる（夏場など野

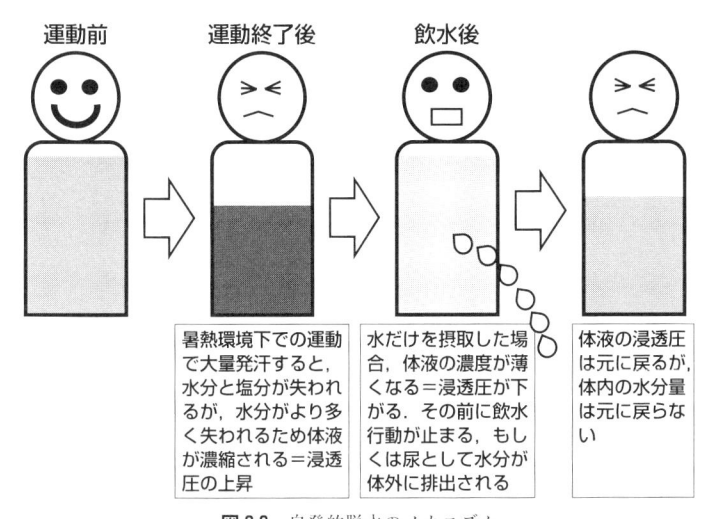

運動前 運動終了後 飲水後

暑熱環境下での運動
で大量発汗すると，
水分と塩分が失われ
るが，水分がより多
く失われるため体液
が濃縮される＝浸透
圧の上昇

水だけを摂取した場
合，体液の濃度が薄
くなる＝浸透圧が下
がる．その前に飲水
行動が止まる，もし
くは尿として水分が
体外に排出される

体液の浸透圧
は元に戻るが，
体内の水分量
は元に戻らな
い

**図 6.8**　自発的脱水のメカニズム
（アミ掛け部分の大きさと濃さはそれぞれ水分量と体液の濃縮度・浸透圧を表す）

球帽のつばが白くなった記憶がないだろうか？　あれは汗の中の塩分が乾いて結晶化したものである）．つまり，汗をかくことで，水分と塩分の両方とも体外へ排出されるのである．ただし，水分の喪失量のほうが多いため，体内では相対的に塩分濃度が高まり，浸透圧が上昇する＝咽の渇きが生じることになる．このような状況において，水分を大量に摂取した場合，たとえば発汗量と同程度の水分を摂取したらどうなるだろうか？　図 6.8 に示すように，体内の塩分量が減少しているため，水をそれだけとると，血液中の浸透圧は逆に運動前に比べて低下してしまう．塩分，特に細胞の機能維持において重要な働きをするナトリウムの濃度が低下しすぎると，低ナトリウム血症（水中毒）といわれる状態になり，吐き気や頭痛，さらに深刻な状態になった場合には意識障害や脳機能障害を引き起こすことがある．そのような症状を防ぐために，私たちの身体は，浸透圧が戻ったところで飲水行動をやめるような指令が働くようになっている（図 6.8）．つまり，体内の塩分量が減少したままの状態で水だけを飲むと，少ない飲水量でも浸透圧が回復してしまい，それによって「咽が渇いた」という気持ちが薄らいでしまうのである（わかり

やすい例でいえば，1 L の水に 10 g の塩分が溶けている場合と 500 mL の水に 5 g の塩分が溶けている場合では，浸透圧は同じであり，塩分が少ないほど，その浸透圧を一定に保つための水分量は少なくなるということである）．

　また，もし大量に水だけを無理矢理摂取したとしても，今度はバソプレッシンの分泌が抑制され，尿量を増やすことで水分を体外に排出し，浸透圧を元に戻そうという作用が働く．その結果，脱水状態は一向に回復しないことになる．そのようにならないためには，水分だけではなく，塩分を一緒に補給し，体内の塩分量も元に戻すことが必要となる．熱中症予防を目的とした経口補水液やスポーツドリンクなどに塩分（特にナトリウム）が含まれているのは，実はこのように水分と同時に塩分を補給することで，脱水状態の進行を予防し，回復させるためである．

　では，塩分はどれくらい含まれていればよいのであろうか？　日本救急医学会による熱中症診療ガイドライン［14］では，食塩濃度 0.1-0.2%（100 mL 中に 100-200 mg）が推奨されており，ナトリウム濃度にすると 100 mL あたり 40-80 mg 程度となる．市販されているスポーツドリンクも，40-50 mg 程度のナトリウムが配合されているものが多い．

　先述したように，水だけを大量に摂取することで，低ナトリウム血症（水中毒）に陥り，最悪の場合，命を落とすこともある．そのような危険を予防する仕組みとして，浸透圧が低下することで，飲水行動が止まる調節機構があると述べたが，もう一つ過剰な飲水を防止する機構が私たちの体の中には存在する．それは，口腔咽頭反射と呼ばれるもので，水を飲み，咽頭が刺激されると浸透圧調節反応が抑制され，咽の渇きが止まるようになっている（浸透圧が変化する前に起こる素早い調節機構であり，水の飲み過ぎを早い段階で予防する効果がある）．

　このように体液の浸透圧は，さまざまな経路が複雑に絡み合いながら厳密に調節されている．細胞外液の浸透圧が異常に高くなると，細胞から水が引き出され細胞は縮み，逆に低くなると，細胞に水が流入し，細胞が膨らむ．これらはいずれも細胞の機能障害を引き起こす要因となる．特に，脳の神経細胞は細胞外液の浸透圧の変化にとても敏感であり，その異常な変化は神経細胞に深刻なダメージをあたえ，時には死に至らしめる．そのため，浸透圧

調節のための厳密な仕組みが私たちの体には備わっているのである.

## 6.2　スポーツドリンクの効果

### スポーツドリンクの組成

　スポーツドリンクの中には,ただ単に水分やナトリウムを補給するだけではなく,運動時の主なエネルギー源である糖質も同時に補給できるように設計されているものが多い.では,どのような科学的根拠に基づいてその商品設計が行われているのであろうか?

　エネルギー補給を目的としたスポーツドリンクを設計するうえで重要となるのは,糖質の濃度をどれくらいにするのかということである.糖質の消化・吸収段階においてその律速段階の一つとなっているのは,胃から小腸へ送り出される段階であるといわれている.

　以前は,十二指腸に浸透圧受容器が存在し,溶液の浸透圧が高すぎる場合には,胃排出速度が遅延するといわれていた.つまり,溶液の濃度が同じであっても,グルコースなどの単糖類よりも,多くの糖分子が連結し,一つの大きな分子となった多糖類(グルコースポリマーのようなもの)のほうが,浸透圧が低くなるため,胃排出速度が速まると考えられていた(溶液の浸透圧はモル濃度(物質量)によって決まるため,多くの糖が連結して一つの大きな分子となっていたほうが,同じ重量%であってもモル濃度が下がり,浸透圧が低下する).実際に,暑熱環境下での運動中にグルコースポリマー溶液を摂取した場合に比べて,グルコース溶液を摂取した場合に,胃内の残留物が多かった=胃排出速度が遅延したという結果が報告されている [16].しかしながら,一方では,溶液濃度(重量%)が同じであれば,グルコースでもグルコースポリマーでも胃排出速度は変わらないという意見もあり [15].糖質に関して言えば,浸透圧よりも溶液濃度(重量%)≒溶液中のエネルギー量が胃排出速度に影響を及ぼすのかもしれない.

　では,どれくらいの糖質濃度になると胃排出速度が遅延するのであろうか?　図6.9には溶液の糖質濃度と胃排出速度の関係を示した [13].溶液中

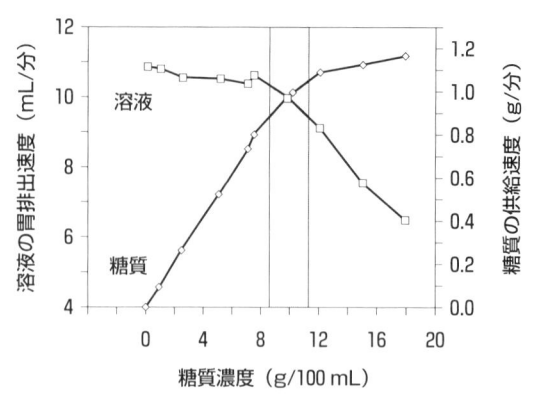

**図 6.9** 摂取する溶液中の糖質濃度と溶液の胃排出速度およ
び糖質の供給速度との関係 [13]

の糖質濃度を 8% 程度（100 mL 中に 8 g 程度）まで高めていっても，その溶
液の胃排出速度が大きく遅延することはない．一方，溶液の糖質濃度が高く
なっていることから，小腸への糖質の供給速度（溶液の胃排出速度と溶液の
糖濃度の積で求められる）が直線的に高くなっていく．しかしながら，糖質
濃度がそれ以上に高くなると，溶液の胃排出速度が遅延し始めてしまうため，
小腸への糖質の供給量も頭打ちとなってしまう．このような状況になると，
小腸での水分吸収も遅延するため，水分補給という面でも好ましくない状況
であるといえる．以上のような研究結果から，胃からの排出速度を低下させ
ずに，効率よく糖質と水分を小腸さらには体内へと供給するためには，溶液
中の糖濃度を 8% 程度までにしておく必要があるといえる．

　このような糖質を含んだスポーツドリンクを摂取したときにパフォーマン
スは改善するのであろうか？　運動中の糖質摂取とパフォーマンスに関する
研究は，スポーツ栄養学の主要な研究テーマの一つであり，数多くの研究が
行われてきた．それらの結果を統合し，解析した結果，糖質濃度が 6-8% の
溶液を摂取することで長時間運動時のパフォーマンス（タイムトライアルな
どで評価）の改善が期待できるだろうとの結論が示されている（糖質溶液の
濃度がそれ以上高くなると効果が認められなくなるようである）[17]．

## スポーツドリンクに含まれる糖質

先に述べたように，運動時に糖質を補給することで持久的な運動のパフォーマンスが改善することが認められている．その際の摂取量としては，毎分，1 g の糖質（1.0 g/分）が推奨されている [2]．その際，糖質を速やかに生体内へ供給したい場合には，グルコース（ブドウ糖）だけを摂取するのではなく，その一部をフルクトース（果糖）にして摂取したほうが効果的であることが明らかとなっている [9]．

第3章で説明したように，グルコースは SGLT1，フルクトースは GLUT-5 という異なる輸送体によって体内に吸収される（図 6.10）．グルコースだけを大量に摂取した場合には，SGLT1 だけを使うことになり，糖の吸収が追い付かず，小腸内に糖質が残ってしまう．その結果，下痢や腹痛の原因となることもある．そこで，一部をフルクトースに換えて，もう一つの輸送体である GLUT-5 も有効活用することで，小腸での糖の吸収が滞ることなく，速やかに吸収・利用されるようになる．実際に，グルコースとフルクトースを混ぜて摂取した場合には，グルコースだけを摂取した場合に比べて，摂取した糖質がより多く運動中に利用され，パフォーマンス向上効果も高いことが示されている [6]（グルコースのみを摂取した場合には外因性の糖質（摂取した糖質）の酸化率が 1 g/分程度であったのが，グルコースとフルクトースを摂取した場合には，約 1.8 g/分にまで増加することが報告されている）．このように複数の輸送体によって取り込まれる糖質を混ぜて摂取することでより高い効果を得ようとする手法は，「マルチトランスポーター法」と呼ばれている [9]．今のところ，グルコースとフルクトースの混合比率は，2：1（例：グルコース：フルクトース ＝ 1.2：0.6 g/分）が推奨されている [9]．また，スクロース（蔗糖）は，グルコースとフルクトースからなる二糖類であるが，これをフルクトースの供給源として摂取しても同様の効果が得られることがわかっている（例：グルコース：スクロース ＝ 0.6：1.2 g/分）[18]．

小腸の糖輸送体の数は，食事内容に応じて変化することが知られている．たとえば，糖質の少ない食事に比べて，糖質の多い食事を摂取した場合に，SGLT1 の発現量が多くなる [11]．しかも，その適応は数日間という短期間

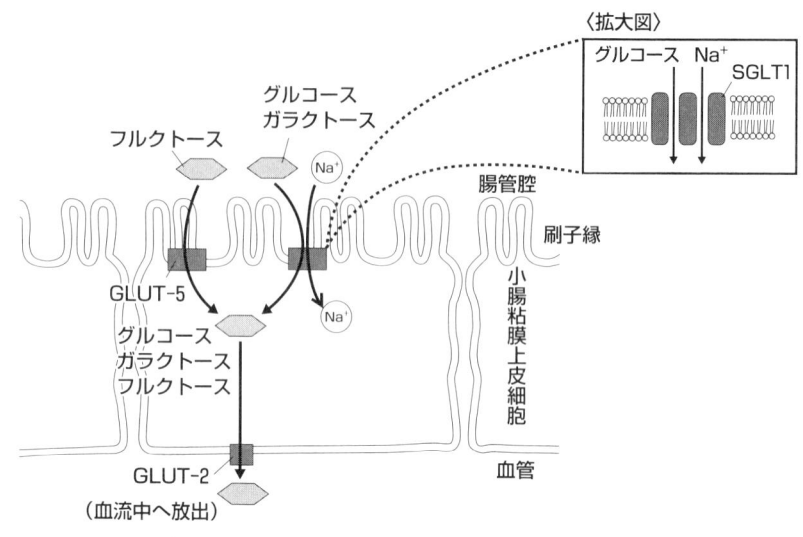

**図 6.10** 小腸における糖の吸収機構（[8] を一部改変）

のうちに生じるようである [10]．つまり，小腸の消化・吸収機構は，高い適応能力を有しているといえる．糖質摂取量の少ない食事，たとえば第 5 章で説明したケトン食のような食事を摂取している人では，SGLT1 の発現量が顕著に減少し，小腸での糖の吸収能力が低下している．そのような人が，運動中にエネルギー補給のために糖質を摂取した場合には，下痢など消化器系の不調が生じやすくなる．したがって，レースの数日前から糖質の摂取を増やし，輸送体の数を増やす（元に戻す）ことが望ましいだろう．

　このような小腸における吸収能力だけではなく，胃から小腸への排出速度も，食事内容によって大きく変わることが明らかとなっている．つまり，糖質の多い食事を摂っている人では，糖質の胃排出速度が速く，脂質の多い食事を摂っている人では，脂質の排出速度が速くなる [4, 5]．このように，食事内容を変えることで消化・吸収能力を「鍛える」ことができ，それがパフォーマンスに大きく影響することが明らかとなっている．したがって，骨格筋や呼吸循環器系機能だけではなく，このような消化器系へのトレーニングの重要性が今後増してくるのかもしれない．

## 糖質飲料で口をすすぐ——マウスリンス

　運動時にスポーツドリンクなどで糖質を補給することの主な目的は，エネルギー補給である．したがって，運動時の糖質補給が必要なのは，運動時間が1時間を超えるような長時間運動においてのみであるといわれてきた．しかしながら，近年，運動時間が1時間未満の運動，すなわちエネルギー不足になる危険性がほとんどない運動においても糖質を摂取することで，パフォーマンスが向上するという報告がなされている．

　第2章の食欲に関する部分でも少し述べたが，スウィーツなどの甘いものを食べたときには，脳内報酬系を構成する側坐核（腹側線条体）においてドーパミンが放出され，幸福感や快感覚が生み出されている．これが食欲の増強につながるわけであるが，運動中においてこのような中枢への刺激が得られると，疲労感の軽減やモチベーションの維持といったいわゆる「中枢性疲労」の軽減につながるという可能性が示されている．このような脳内報酬系への影響は，糖質が舌にある甘味受容体に結合することで惹起される．したがって，糖質を摂取しなくても（飲み込まなくても），糖質を含んだ溶液で口の中をゆすぐだけでも十分であるといわれており，実際にパフォーマンスの向上効果を示す研究結果も報告されている [1]．このような手法は「マウスリンス」といわれ，近年注目されている．運動中の糖質の摂取には，骨格筋へのエネルギー補給，つまり末梢組織への効果に加えて，このような中枢神経系へ効果をもたらす可能性もある．長時間運動時だけではなく，短時間運動時においても糖質の積極的な摂取（もしくは糖質飲料で口をすすぐこと）が勧められるかもしれない．

## スポーツドリンクの主な種類——ハイポトニック vs. アイソトニック

　スポーツドリンクには主に，アイソトニック設計となっているものとハイポトニック設計になっているものの2種類がある．これらは何が違うのであろうか？

　アイソトニックとは等張性ということを意味しており，体液と同じ浸透圧のものを指す．一方，ハイポトニックとは低浸透圧のことであり，体液より

も浸透圧が低い状態となっている．浸透圧とは（これまで何度も出てきているが，ここでもう一度説明すると），ある分子が多く存在している溶液（高浸透圧）と少なく存在している溶液（低浸透圧）が半透膜の壁で仕切られた状態で存在していた場合，低浸透圧の溶液から高浸透圧の溶液へと水分が移動し，その高濃度の溶液を薄めようという作用が働くことを指す．水の大部分は，小腸において吸収されるが，それは小腸の上皮細胞を介して小腸の管腔側と血液側の浸透圧の差に従って行われる（図6.11）．つまり，ハイポトニック飲料を摂取した場合には，血液側のほうが濃い溶液となるため，摂取した水分が体内へと移動しやすい状態となっている．たとえば，表6.3に見られるように，多くの電解質を含み等張性となっているリンゲル液に比べて，蒸留水（ハイポトニック）のほうが，消化管における水の吸収速度が高くなっている［15］．したがって，ハイポトニック飲料の場合には，血液側から電解質などの流出が起こり得るものの，水分補給を主な目的とした場合に適した飲料であるといえよう．

しかしながら，等張性のリンゲル液にグルコースを少量（1%程度）添加すると，小腸での水の吸収速度が蒸留水と同程度にまで高まる（表6.3）［15］．これは，グルコースが吸収されることで，血液側が高浸透圧となり，それによって水分吸収が促進されるためである［12］．したがって，グルコースのような糖質が添加されている場合には，溶液の浸透圧の違いによる影響はそれほど大きくないのかもしれない．ただし，あまりにも電解質や糖質を添加しすぎて高張液となった場合には，血液側からの水分の流出も起こり得るため，注意が必要である．以上のようなことをふまえて，スポーツドリンクの多くは，汗で失われる塩分（ナトリウム）と糖質を含んだ，アイソトニック型のものが主流となっているようである．

粉末状のスポーツドリンクを使用した場合，定められている量よりも多くの水を使って，スポーツドリンクを薄めにつくった経験があると思う．甘すぎる，といった理由からそのような判断をされているようである．しかしながら，スポーツドリンクは上記のような科学的根拠に基づき，かつ，各企業独自の考えや理論を加味しながら設計がなされている．したがって，推奨されている方法どおりにつくったほうが，より効果が高いといえそうである．

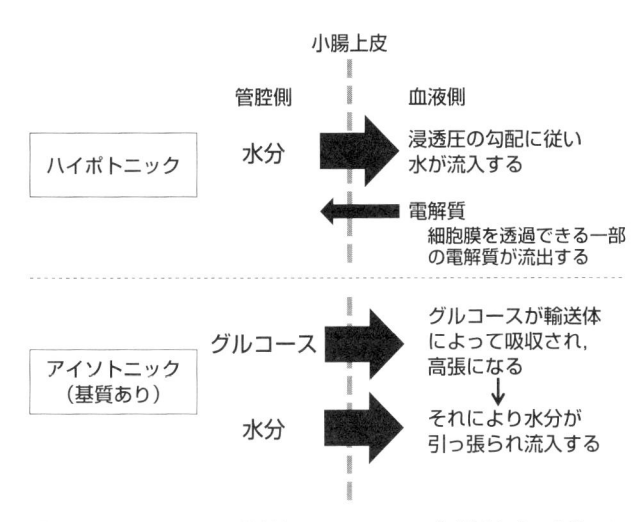

**図 6.11** ハイポトニック飲料とアイソトニック飲料摂取時の小腸における水の吸収機構

**表 6.3** 小腸（十二指腸から空腸上部）での水分吸収速度（[15] より作成）

| | 蒸留水 | リンゲル液 | リンゲル液<br>＋<br>グルコース |
|---|---|---|---|
| 水分吸収速度<br>（mL/時間/cm） | 15.30 | 1.80 | 15.30 |

各溶液を 10 mL/分の割合でヒトの十二指腸から空腸上部に灌流したときの水分吸収速度を測定した結果.

**参考文献**

[1] Burke, L. M. and Maughan, R. J. *Eur. J. Sport Sci.* **15**: 29-40, 2015.

[2] Cermak, N. M. and van Loon, L. J. C. *Sports Med.* **43**: 1139-1155, 2013.

[3] Coyle, E. F. *J. Sports Sci.* **22**: 39-55, 2004.

[4] Cunningham, K. M. *et al. Br. J. Nutr.* **65**: 15-19, 1991.

[5] Cunningham, K. M. *et al. Gut.* **32**: 483-486, 1991.

[6] Currell, K. and Jeukendrup, A. E. *Med. Sci. Sports Exerc.* **40**: 275-281, 2008.

[7] Hamilton, M. T. *et al. J. Appl. Physiol.* **71**: 871-877, 1991.

[8] 日比野康英. 『栄養科学イラストレイテッド生化学　改訂第 2 版』（薗田勝編）. 羊土社. pp. 88-108, 2012.

[9] Jeukendrup, A. E. *Curr. Opin. Clin. Nutr. Metab. Care.* **13**: 452-457, 2010.

［10］ Jeukendrup, A. E. *Sports Med.* **47**（Suppl 1）: 101-110, 2017.

［11］ Margolskee, R. F. *et al. Proc. Natl. Acad.* Sci. *U S A.* **104**: 15075-15080, 2007.

［12］ Maughan, R. J. *J. Sports Sci.* **9**（Spec. No.）: 117-142, 1991.

［13］ Mitchell, J. B. *et al. Med. Sci. Sports Exerc.* **21**: 269-274, 1989.

［14］ 日本救急医学会.「熱中症診療ガイドライン 2015」2015.

［15］ 能勢博. 信州医誌. **45**: 3-13, 1997.

［16］ Owen, M. D. *et al. Med. Sci. Sports Exerc.* **18**: 568-575, 1986.

［17］ Pöchmüller, M. *et al. J. Int. Soc. Sports Nutr.* **13**: 27, 2016.

［18］ Trommelen, J. *et al. Nutrients.* **9**: 167, 2017.

［19］ 山本孝史.『基礎栄養学』（奥恒行，柴田克己編）. 南江堂. pp. 229-242, 2012.

## コラム7 マラソンと体型，熱放散との関係

夏季オリンピックでのマラソン競技は，暑熱環境をできるだけ避けるために，早朝もしくは夕刻にスタートとなる場合が多い．それでも暑い環境のなかで行われることには変わりなく，体温が上昇しすぎないように，いかに熱を放散させられるかが，パフォーマンス改善のカギとなる．

第2章の基礎代謝のところでも簡単にふれたが，体積，体表面積と熱放散との関係についてここでくわしく説明する．体内でできた熱は体表面から放出される．したがって，体の大きさ（体積）に対して体表面積が大きい場合には，それだけ熱が放散されやすくなる．人間の体を球体として考えてみると，図1に示すように，表面積/体積の比は$3/r$となり，体が大きくなるほど（半径$r$が大きくなるほど）表面積/体積比の値が小さくなる．つまり，体が大きな人ほど，熱が放散されにくくなる．北欧の寒冷地域の人びとの背が高いのも，そのような環境下で熱ができるだけ逃げないようにし，体温を維持するための適応だという説もある．一方，暑熱環境下では，このことはデメリットとなる．先述したように，暑熱環境下で運動を行い，体温が上昇した場合には，その熱をいかに放散させられるかがパフォーマンスを向上させるうえで重要となる．その際，体型が小さいほど，表面積/体積比の値が大きくなり，熱が放散されやすくなる．シドニーとアテネオリンピックのマラソン競技で日本人女子選手が連続して金メダルを獲得した．この快挙に，日本人選手の体の小ささ，すなわち熱放散のされやすさが関与していた，ということを指摘する研究者もいる．一方，世界記録保持者のポーラ・ラドクリフ選手は，オリンピックをはじめ，夏季に行われたマラソンでの勝率は低かった．彼女は身長が170 cm を超える大型の選手であり，そのため暑熱環境下では熱が放散されにくく，パフォーマンスが低下してしまったのかもしれない．

男子マラソンの世界では，近年高速化が進んでいる．特に，東アフリカ（ケニア，エチオピア）の選手の活躍が際立っている．現在（2017年春）の世界最高記

> ・球体の体積 $= 4/3\pi r^3$
> ・球体の表面積 $= 4\pi r^2$
> 　（※$\pi$は円周率，$r$は半径）
>
> 表面積/体積 $= 4\pi r^2 \div 4/3\pi r^3$
> 　　　　　　$= 3/r$

図1 体積と体表面の関係

録は，2時間2分57秒であり，100 m を 17.5 秒という，想像を絶するスピード
で 42.195 km を走り切っている．彼らの速さの秘密を解明すべく，さまざまな切
り口から研究が行われている．その結果，幼い頃に学校まで往復約 7-8 km の距
離を毎日走って通っていることや，その際，裸足で走っているため，衝撃の少な
い着地方法を身につけることができていること，などさまざまな可能性が示され
ている．そのなかで，脚の細さを指摘する声もある．東アフリカのマラソン選手
の脚，特に下腿（膝から足首にかけて）を見てみると，日本人に比べてとても細
い．細いということは，当然それだけ軽くなっており，脚を踏み出す際の力発揮
が少なくてすむ＝エネルギーを節約できる（振り子をイメージしてほしい．振り
子の重りが重いほど，振るのに大きなエネルギーを要するのと同じである）．実
際に，下腿に錘を着けた場合には，走行時のエネルギー効率が数十％悪化すると
もいわれており [1]，下腿の細さ・軽さが彼らの疲れにくさや速さの要因の一つ
なのかもしれない．

　では，なぜ東アフリカの選手の下腿はそれほどまでに細くなっているのであろ
うか？　実は，この適応にも熱放散が関係していると考えられている．ケニアや
エチオピアは，赤道直下に位置し，大変暑い地域である．地面からの照り返しも
強く，下腿が熱に曝されることになる．そこで，そのような環境に適応するため，
下腿を細くし，表面積/体積比をできるだけ大きくすることで，熱放散を促し，
下腿に熱がこもらないような体型へと進化してきたのではないかといわれている．
このような適応は当然ながらゆっくりととても長い時間をかけて起こるものであ
る．マラソン競技における日本人選手の低迷が叫ばれているが，下腿の細さ・軽
さがパフォーマンスを決める重要な因子であったとしても，そのような体型を一
朝一夕に手に入れることはできない．マラソン日本の復活に向けて，どのような
対策が効果的なのか，たいへん難しい課題である．

**参考文献**
[1] Myers, M. J. and Steudel, K. *J. Exp. Biol.* **116**: 363-373, 1985.

# 第7章　パフォーマンス・健康と<br>　　　　　サプリメント

　近年，ドラッグストアなどで，さまざまな種類のサプリメントが売られている．当然，そのようなサプリメントを購入する人は，健康増進効果や美容効果を期待して購入するのであるが，果たして期待通りの効果が本当に得られるのであろうか？　また，生活習慣病などの治療のために摂取される医薬品とサプリメントは何がどうちがうのであろうか？

## 薬機法と食品衛生法による分類

　ドラッグストアなどで販売されているサプリメントの多くは錠剤のような形をしているが，医薬品としては販売されていない．サプリメントはあくまでも医薬品ではなく，食品である．では，医薬品と食品は何がどう違うのであろうか？

　ヒトが口から摂取するものは，薬機法（医薬品，医療機器等の品質，有効性及び安全性の確保等に関する法律）と食品衛生法により，医薬品・医薬部外品と食品とに明確に区別される．食品は，たとえそれが事実であっても，原則として医薬品のような効果・効能を標榜することはできない．表7.1に医薬品的な効果・効能を表す表現例を示した（昭和46年に制定された通称「46通知」の中で，「医薬品の範囲に関する基準」が定められている）[4]．このように病気の治療や予防に役立つことを説明したりほのめかしたりする表示や広告を行っている製品は，「医薬品」と判断され，無承認の医薬品として薬機法違反に問われることになる．

　食品は原則として効果・効能を標榜することはできないが，それを許されたものが一部存在する．食品は大きく，「一般食品」と「保健機能食品」に

**表 7.1** 医薬品的な効果・効能の表現例

**1) 病気の治療または予防を目的とする表現**
「ガンに効く」,「高血圧の改善」,「生活習慣病の予防」,
「動脈硬化を防ぐ」,「緑内障の治療に」など

**2) 体の機能の一般的増強,増進を目的とする表現**
「疲労回復」,「体力増強」,「精力回復」,「老化防止」,
「学力向上」,「新陳代謝を高める」,「血液を浄化する」,
「風邪を引きにくい体にする」,「肝機能向上」,「細胞の活性化」など

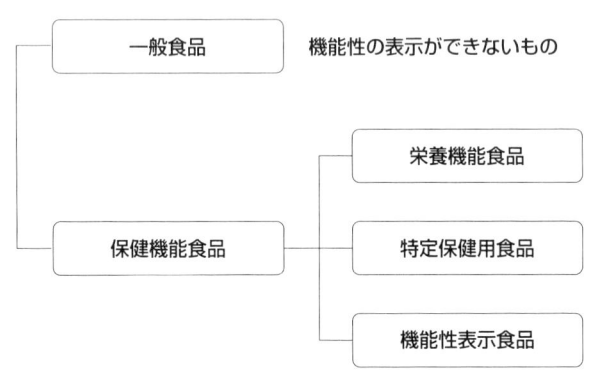

**図 7.1** 食品の分類

分類される（図 7.1）.このうち,保健機能食品では,ルールに則り機能性を表示することが許されている.保健機能食品のなかでもっともよく目にするものは,「栄養機能食品」と呼ばれるもので,ビタミン（13 種類）・ミネラル（6 種類）,一部の脂肪酸（$n$-3 系脂肪酸）がこれにあたる.この栄養機能食品とは,1 日に必要な栄養成分が不足しがちな場合,その補給・補充のために利用できる食品を指す.すでに科学的な根拠が十分に確認された栄養成分を一定の基準量含む食品であれば,特に届出をしなくても,国が定めた表現によって機能性を表示することができることになっている（図 7.2）.

保健機能食品の中で次によく知られているものとしては,「特定保健用食品」,いわゆる「トクホ」が挙げられる.これは,健康の維持・増進に役立つことが科学的に証明されており,その効果や安全性について国が審査を行い,消費者庁長官が機能性表示の許可を出している食品である.特定保健用

**栄養機能食品**
1日に必要な栄養成分（ビタミン，ミネラルなど）が不足しがちな場合，その補給・補完のために利用できる食品．すでに科学的根拠が確認された栄養成分を一定の基準量含む食品であれば，特に届け出などをしなくても，国が定めた表現によって機能性を表示することができる．

**特定保健用食品**
健康の維持増進に役立つことが科学的根拠に基づいて認められ，「コレステロールの吸収を抑える」などの表示が許可されている食品．表示されている効果や安全性については国が審査を行い，食品ごとに消費者庁長官が許可をしている．

**機能性表示食品**
事業者の責任において，科学的根拠に基づいた機能性を表示した食品．販売前に安全性および機能性の根拠に関する情報などが消費者庁長官へ届け出られたもの．ただし，特定保健用食品とは異なり，消費者庁長官の個別の許可を受けたものではない．

**図 7.2** 保健機能食品の分類

**表 7.2** トクホで認められている表示内容

| |
| --- |
| ・おなかの調子を整えます |
| ・血圧が高めの方に適する |
| ・ミネラルの吸収を助ける |
| ・歯の健康維持に役立つ |
| ・血糖値が気になる方に適しています |
| ・食後の血中中性脂肪が上昇しにくい |
| ・体脂肪がつきにくい |
| ・骨の健康が気になる方に適する |

など

食品として認可されると，表 7.2 に示すような機能表示を商品ラベルにつけたり，宣伝したりすることができるようになる．1994 年に創設されたこの特定保健用食品の制度は，行政が個別の商品ごとに有効性と安全性を評価し，健康機能の表示を許可するもので，食品に機能性を表示するきっかけとなった画期的な制度であった．

先述したように，特定保健用食品は国による認可を得た機能性食品（国によるお墨付きを得た機能性食品）であるのに対し，最近（2015 年），事業者の自己責任において機能性を表示できる制度が立ち上がった．これを「機能性表示食品」という．機能性表示食品として販売するためには，事業者が安全性および機能性の科学的根拠に関する情報などを消費者庁長官へ届け出るこ

とが必要とされる．ただし，それは消費者庁や国によるお墨付きを得たということを意味するものではなく，事業者の責任においてそれを表示することになる．つまり，特定保健用食品は国が認めた機能性食品であり，その認可を得るためにはより多くの労力と費用そして時間がかかるため，事業者側（特に中小企業など）にとってはハードルの高い制度であった．そのハードルを若干下げる代わりに，事業者（企業）自身が責任を持つことで，機能性を表示できるようにしたものが，この機能性表示食品制度である．この制度が立ち上がった背景には，先に述べた特定保健用食品の市場が，2007 年の約 7000 億円をピークに，その後は 6000 億円前後で停滞していること（健康食品市場を活性化する起爆剤が必要であったこと）が挙げられる．また，特定保健用食品に認められていない健康食品の中で，ある程度の有効性が認められつつある食品でも，その効果を表示することが認められておらず，国民が自ら選択してそのような食品を購入しようとしても，自分に合った製品を選ぶための情報が得られない，という状況もこの制度の成立を後押ししたといわれている．

　特定保健用食品や機能性表示食品に対して間違った認識を持っている消費者が多いのも事実である．特定保健用食品・機能性表示食品などを摂取していれば，いい加減な食事をとっても，それらによるマイナスの効果をすべて消し去ってくれると考えてはいないだろうか？　医薬品ではないので，そのような効果を期待することはできないと考えたほうが良い（医薬品でもいい加減な食事を摂取しつづけていると，なかなか治癒には至らないが）．実際に，このような特定保健用食品の効果を検証した研究は，厳密にコントロールされた実験環境下で行われたものがほとんどであり（たとえば，毎日の食事をしっかり管理しながら行われた試験など），そのような環境下で一般の人びとが毎日生活できるとは限らない．「同じ種類の食品を摂取するのであれば，特定保健用食品のほうが，少し効果が得られる」という考えでいたほうが良いだろう．表 7.2 に示したように，特定保健用食品の効果の表示は，「○○がつきにくい」「○○が上昇しにくい」というものであり，「つかない」「上昇しない」といっているわけではないのである．健康食品・機能性食品に対する過度な期待は禁物である．

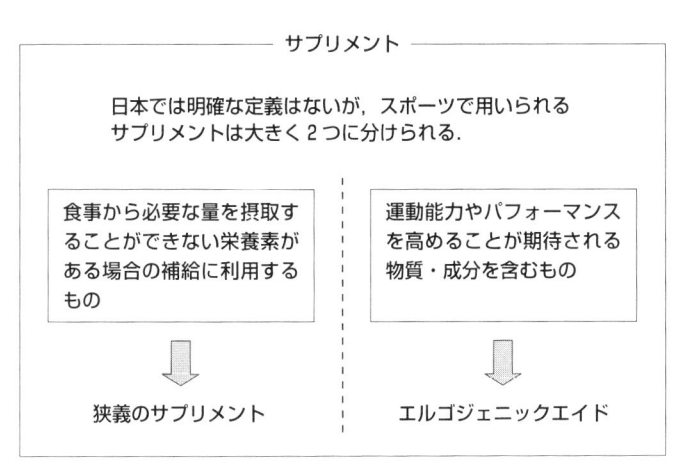

**図7.3** 広義のサプリメントと狭義のサプリメント，エルゴジェニックエイド

## サプリメントの分類

　一般的にサプリメントと呼ばれるものは，大きく２つに分類することができる（図7.3）．一つは狭義のサプリメントであり，もう一つはエルゴジェニックエイドと呼ばれるものである．前者は，文字通り，普段の食事などで必要な量を摂取することができない栄養素がある場合，その不足分を「補う」ために使用するものである．たとえば，日本人は，カルシウム，鉄，ビタミンＤなどの微量成分が不足気味であるといわれており，それらの不足状態が続くと，当然健康状態を維持しづらくなる．そこで，不足しがちな栄養素を手軽に錠剤として補給できるように，多くの商品が販売されている．

　スポーツ選手が（狭義の）サプリメントを活用する場面として表7.3のようなものが挙げられる．近年，各競技団体のトップ選手は，頻繁に海外遠征に出かけ，１年の大半を海外で過ごすケースも少なくない．その際，日本国内で生活しているときと同様の食環境を整えることは難しく，栄養素の偏りや不足が生じてしまう．海外遠征の際には，サプリメントを携行し，不足しがちなビタミン・ミネラル類を補うことが勧められる．また，体重階級制の選手では，試合前に厳しい食事制限を行うことが多く，その際にもエネルギー量だけではなく，必要とされる栄養素まで不足してしまうことがあるため，

**表7.3** どんなときにサプリメントが有効か？

①何らかの理由で食事が偏っているとき
　（合宿や遠征先での食環境が悪いときなど）
②減量で食事制限しているとき
③試合前などで食欲のないとき
④菜食主義者
⑤不足しやすい栄養素を補うとき
　（カルシウム，鉄，ビタミンDなど）

サプリメントを摂取することが多くなる．

　もう一方のエルゴジェニックエイドとは，パフォーマンスの向上を期待して摂取するサプリメントのことを指す（エルゴジェニックとは，「力を生み出すもの，仕事量を増大させるもの」という意味を持つ）．序章で述べた「ポパイのほうれん草」が，まさに，このエルゴジェニックエイドにあたる．スポーツ選手の中には，普段いい加減な食事を摂取しているにもかかわらず，大会前・試合前になると，パフォーマンスの向上を期待して，このようなサプリメントに頼ろうとする選手が存在する．「ポパイのほうれん草」のように摂取してすぐに，目に見えるような効果を発揮する物質は，間違いなくドーピング禁止薬物になるはずである．普段の食事に気を付けたうえで，そこからさらにほんの少しの上積みを期待して摂取する，というのがエルゴジェニックエイドを使用するうえでの正しい姿勢である．

## パフォーマンス向上を目的としたサプリメント──エルゴジェニックエイドを活用する際の注意点

　このようなエルゴジェニックエイドを使用するうえで，気をつけるべきポイントを図7.4に示した．健康の維持・増進を目的としてサプリメントを摂取する際にも当てはまることではあるが，まず，使用するうえで，それを摂取した場合に副作用がないか，健康障害が報告されていないか，ということ，すなわち安全性について入念に調べることが重要である．近年インターネットショッピングが発達し，海外で発売されているサプリメントでも，簡単にワンクリックで購入できるようになっている．その中には，主成分そのものが本来危険な物質であったり，また健康を害する危険性のある物質が混入し

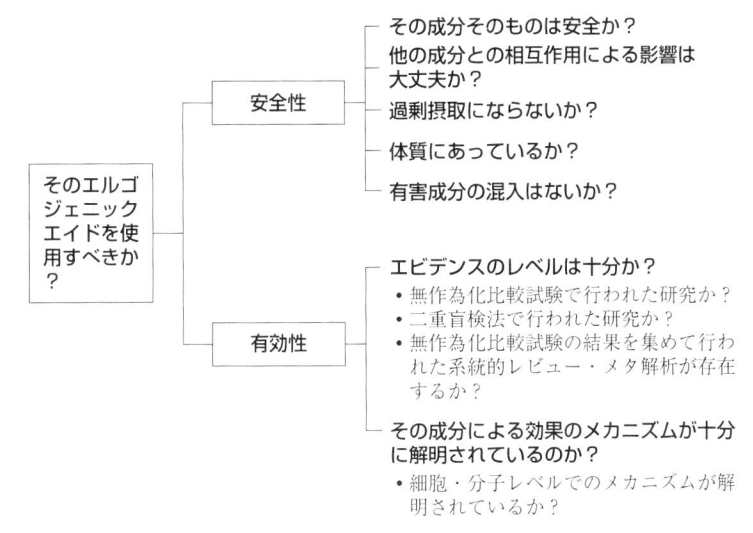

**図 7.4** エルゴジェニックエイドを使用する際に検討すべき項目

ているものもあり，最悪の場合，死に至ったという事例も報告されている．商品の説明欄には，「天然素材だから安心」，「古くから食経験のあるものなので，摂取しても大丈夫」という文章が並べられていた場合でも，初めて聞くような物質であった場合，専門家（薬剤師もしくは管理栄養士など）に必ず相談すべきである．

　また，その成分を単独で摂取した場合には問題ないものの，他の食品と一緒に摂取することで予期せぬ相互作用（化学反応や代謝産物の生成など）が生じ，副作用が出てしまうケースや，使用する人の体質などによってもアレルギー反応などの症状が現れたりするケースもあるので十分な注意が必要である．重要な試合前や激しい練習の前にいきなり摂取するのではなく，まずは安静状態で少しずつ試しながら摂取することがすすめられる．

　最近のサプリメントは，ある成分を濃縮して錠剤もしくはカプセルに詰めた形態で販売されている場合が多い．このように錠剤もしくはカプセル型になっている場合，普通の食事や食品に含まれている量の何十〜何百倍の量を一度に摂取できるようになる．さらに，効果を期待しすぎるあまり，多量に摂取するアスリートもおり，過剰摂取による副作用が出てしまうケースも少

なくない.

2000-2001 年にかけて国際オリンピック委員会（IOC）が行った調査によると，欧米諸国（13 カ国）で販売されている 634 種類のサプリメントのうち，約 15% の商品（94 種類）から，ラベルには表示されていないドーピング禁止物質（プロホルモン（ホルモンの前駆体）など）が含まれていたという結果が報告されている [2]．このような問題を避けるため，日本アンチ・ドーピング機構（Japan Anti-Doping Agency, JADA）では，厳重な品質検査を行い，審査をパスした商品（ドーピング禁止物質が含まれていないことが認められた商品）に対しては，JADA 認定商品マークを与えるなどの対策を講じている（※このサプリメント分析認証プログラムは，2019 年 3 月 31 日をもって終了）．しかしながら，この審査は義務付けられたものではないため，リオ五輪前に，ある日本の競技団体の公式サプリメントから禁止物質（ステロイド剤）が検出され，オリンピックを目指すトップ選手にも実際に提供されていた，という問題も生じていた（ごく微量だったため，最終的には大きな問題とはならなかったようではあるが）．

エルゴジェニックエイドを使用する際に，もう一つ気を付けるポイントとしては，そのサプリメントを使用することで，本当に効果が得られるのか，科学的な検証が十分に行われているのかを見極めることが挙げられる．たとえば，実験動物とヒトでは，物質の消化・吸収や代謝過程が大きく異なる場合が多い．実験動物においては大部分が吸収され，標的とする臓器（骨格筋など）にも取り込まれ，期待通りの作用を発揮するような物質であったとしても，ヒトでは，大部分が吸収されずに，そのまま排出されてしまい，思ったほどの効果が得られないものも多い．動物実験のデータだけではなく，ヒト試験での検証が十分に行われ，それが学術論文として公表されているかが，まずは重要となる．

## サプリメントについてのエビデンス（科学的根拠）

論文として世の中に公表されるデータの多くは，その物質に効果が認められたというポジティブな内容のものが多くなる．効果がないというデータが得られた場合，データやその内容に新規性がなく，世の中に対するインパク

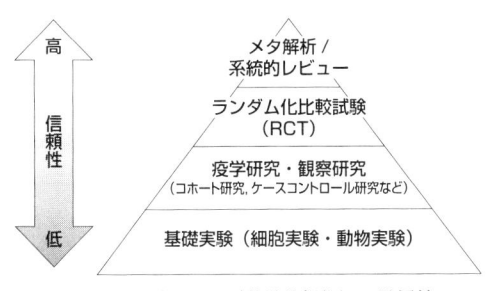

**図 7.5** エビデンス（科学的根拠）の階層性

トも小さいため，研究者としてはそのデータを公表したいという動機が薄れていく．このことを「パブリケーションバイアス」と呼ぶ．したがって，「効果あり」というポジティブデータが論文になりやすい，世の中に出回りやすい，という状況を十分に理解したうえで，本当にその情報が正しいものなのか検証できる目が必要となる．たとえば，あるサプリメントに対して有効性を示すポジティブデータが数多く出されていたとしても，それが同一グループからの論文であった場合には，他の研究グループからも同じようにその効果を証明するようなデータが出されているか検討すべきである．

　また，研究論文の質も重要となる．臨床研究のデザインとそのエビデンスレベルを図 7.5 に示した．ヒトを対象とした試験の中でも，ランダム化（無作為化）比較試験（Randomized Controlled Trial, RCT）と呼ばれる研究がもっとも適正にその物質の効果を評価する手法として位置づけられる．特定保健用食品制度においても，最終製品を用いた臨床試験としては，原則としてRCT で評価された結果が用いられている．この RCT では，実験参加者（被験者）を無作為にそのサプリメントを摂取させる群と，摂取させない群とに振り分けて，客観的な尺度（たとえば，運動持続時間や最大発揮筋力など）をもってその効果を直接比較する試験である（図 7.6）．

　実験の対象者（被験者）をランダムに振り分けるのは，被験者には体力レベルや食事・栄養素等の摂取状態に個人差があり，それらが仮に結果を歪めてしまう可能性があったとしても，ある程度の数の被験者を無作為に割り振れば，それらの要因が比較したい両グループでほぼ同じになり，問題にならなくなるためである．また，RCT を行う際の重要事項として，プラセボ効

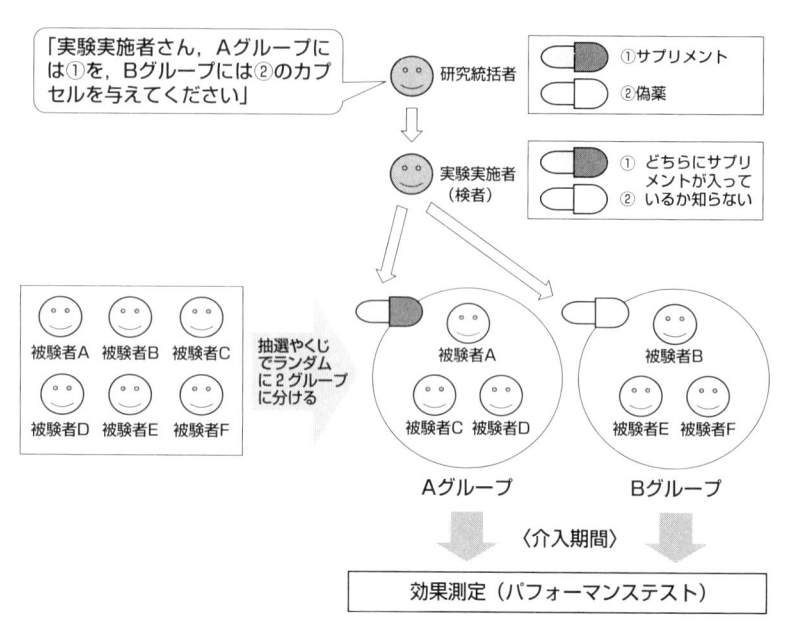

**図 7.6** ランダム化比較試験および二重盲検法によるサプリメントの効果の検証

果を排除する操作がなされているか，また，二重盲検法で行われているかということが挙げられる．

　プラセボとは「偽薬」のことであり，まったく効果がないはずの偽薬を投与されても，それが薬だと信じてしまうことによって何らかの改善がみられることをプラセボ効果という．サプリメントの効果を確かめる研究を行う場合，比較対照となる群に対しては，何も与えないのではなく，サプリメントとまったく同じような形状をしており，見た目では本物か偽物か判別できない偽薬を与え，そのような心理的要因をなくす必要がある（図 7.6）．

　また，被験者に対応する実験実施者（検者）側にも注意が必要となる．直接被験者に接する検者が，どの被験者がサプリメント摂取群であるか，それとも偽薬摂取群であるのかという情報を知っていた場合，公平な対応，特にパフォーマンスを計測する際に正しい判断ができなくなる可能性が高くなる（サプリメントの効果を出したいという意図が働いた場合，サプリメントを摂取した被験者に対して，パフォーマンステストの際に過度の激励・応援を行ったり

してしまう可能性がある）．したがって，直接被験者に接する検者ではなく，その試験に直接関わることのない人（研究統括者）が，どちらの群がサプリメント摂取群であるか，比較対照群（偽薬摂取群）であるかを設定するという状況をつくる必要がある．このように被験者もそして彼らに直接接する検者もサプリメントを摂取しているのか偽薬を摂取しているのか知らない，つまり二重に知らない状況をつくり出すことを二重盲検（ダブルブラインド）法という．このようにして行われたランダム化比較試験で得られたデータこそが，エビデンスレベルが高いデータといえる．

　同じ被験者が，サプリメント試行と偽薬試行の2つの試行を行う場合もある．このような試験のメリットは，被験者間の個人差によって生じる影響を排除することである（同じ被験者で偽薬試行とサプリメント試行を直接比較検討することができる）．ただし，このような試験を行う場合には，試験の順序が重要となる．たとえば，すべての被験者が偽薬試行を行った後，サプリメント試行を行った場合には，試験に対する慣れなどが生じて，サプリメント試行時のパフォーマンステストが全体的に良い成績になる可能性が高い．したがって，偽薬試行から始める被験者とサプリメント試行から始める被験者とにランダムに振り分けて試験を行うことが必要となる．このような試験の方法を「クロスオーバー法」という．また，2つの試行の間には，一つ目の試験の影響を完全に排除するために，十分な間隔（ウォッシュアウト期間という）を設けることも重要となる．

　このような RCT を行うことは大変な労力と費用をともなう．しかしながら，あるサプリメントの効果をさらに厳密に検証しようとした場合，RCTが一つ行われただけでは，まだまだエビデンスレベルは高いとはいえない．多くの被験者を対象とした RCT であっても，全国民，全人類を対象として行われているものではなく，やはり「そのような結果が得られたのは，その集団だけであって，他の集団ではどうなのか？」という疑問を完全には払拭できない．最終的には，そのサプリメントの効果を検証したランダム化比較試験を数多く集め，それらのデータを統合し，解析された「系統的レビュー（システマティックレビュー）」，「メタ解析（メタアナリシス）」と呼ばれる情報がもっともエビデンスレベルが高いものとして位置づけられる（図 7.5）．

レビュー（総説）とは，複数の研究論文の内容をまとめて，結論として何がいえるのか，ということを述べた論文である．そのレビューの中でも，系統的レビューとは，過去に公表された原著論文の中から，あらかじめ解析対象とする論文の条件を決めたうえで，もれや偏りが生じないように関連論文を系統的・網羅的に集め，分析し，その結果どういうことがわかったか，という結論を客観的にまとめたものである．系統的レビューに対して，「叙述的レビュー」というレビューも存在する．これは，その道の専門家や研究者が知っている情報を整理し，自説を展開するというものである．この叙述的レビューは，系統的レビューとは異なり，主観がかなり入り込むため，エビデンスレベルとしては必ずしも高いものとはならない．

また，同じような方法で行われた RCT が複数存在していれば，個々の研究結果を一つにまとめて（統合して），統計的に解析することで，一目でわかる結果・結論を導き出すことができる．このような解析は，「メタ解析」と呼ばれている．このような系統的レビューやメタ解析が，そのサプリメントが効果的であるかどうかの一定の結論としてもっとも信用に値する情報源であるといえる．

先述したように，培養細胞や実験動物を対象とした研究で得られた結果を，そのままヒトに当てはめることは難しい．しかしながら，それらの研究で得られた知見が，無駄であるかというと必ずしもそういうわけではない．培養細胞や実験動物を対象とした研究では，そのサプリメントが組織レベルさらには細胞レベルでどのように作用を発揮しているかというメカニズムの解明が可能となる．サプリメントが効果的であることを証明しようとした場合，それが「なぜ効くのか」，「どのようなメカニズムで効いているのか」という情報があれば，より説得力が増す（「ただ単に効果がある」という事実だけではなく，なぜそれが効くのかという部分が生理学的・生化学的に説明がつくのであれば，より納得できるはずである）．したがって，このような機能性物質のメカニズムの解明は，別の側面から見たもう一つの科学的な根拠であり，そのサプリメントが効果的であるという理論をより強固なものにする．ヒトを対象とした RCT や系統的レビューによる知見と動物・細胞実験で得られた知見は，車の両輪のようなものであり，どちらも機能性食品やサプリメント

などの信頼性の向上には欠かせないものである.

## サプリメントの情報源

　一般の人においても，サプリメントを使用する前には，そのサプリメント
に関する系統的レビューなどを入手し，ぜひ一読してほしい．しかしながら，
読みこなすことはおろか，どこで入手したらよいのかもわからない場合がほ
とんどではないだろうか．では，一般の人でも活用できそうな情報源はどこ
で入手できるのであろうか.

　まず，健康食品に関する情報源としては，国立研究開発法人 医薬基盤・
健康・栄養研究所が運営する「『健康食品』の安全性・有効性情報」という
ホームページが挙げられる（https://hfnet.nih.go.jp/）．このページでは，表
7.4 に示すような健康食品に関する基礎知識，被害関連情報，昨今話題とな
っている食品・成分の情報が掲載されている．また，健康食品の素材情報の
データベースも構築されており，情報検索することが可能となっている [6].
気になった商品や成分があった場合には，このホームページでその商品が本
当に安全なのか，企業が宣伝をしているような効果が期待できるのかなど確
認することをお勧めする.

　スポーツ選手のパフォーマンスを向上させるためのエルゴジェニックエイ
ドに関する情報源としては，オーストラリアのスポーツ科学研究所（Austra-
lian Institute of Sport, AIS）が運営するサプリメントに関するホームページ
が挙げられる（http://www.ausport.gov.au/ais/sports_nutrition/supplements）.
このページでは，これまでに報告されている科学的なエビデンスに基づいて，
サプリメントを A–D の 4 段階にランク付けし，それぞれのサプリメントに
関する詳細な情報を掲載している（一部ダウンロードも可能）.

　A から D の 4 段階のうち，Group A に分類されたものは，科学的根拠に
基づいた摂取方法（その効果が証明された実験で使われたものと同様の摂取方
法）を用い，かつ，特定の状況下においては，その利用が勧められる・効果
が期待できる（いかなる状況下および使用法でも効果があるというわけではな
い）サプリメントとして認められたものである．スポーツドリンク，鉄・カ
ルシウムサプリメント，マルチビタミン・ミネラル剤，カフェイン，重炭酸

表7.4 「『健康食品』の安全性・有効性情報」に掲載されている内容

1) **基礎知識**
健康食品に関する基本事項の紹介．行政機関発行のパンフレットなどが PDF として紹介されている．

2) **被害関連情報**
国内外で摘発・報告された製品等の最新情報を紹介．

3) **話題の食品・成分**
特定保健用食品の製品情報，ビタミン・ミネラルの情報，話題になっている食品成分の現時点での科学的根拠の有無などを紹介．

4) **健康食品の素材情報データベース**
原材料に関する有効性・安全性情報（ヒトにおける有効性の論文，有害事象，医薬品との相互作用などの論文情報）を紹介．

塩（炭酸水素ナトリウム），クレアチンなどがこれに含まれる．

Group B は，今後さらなる研究が必要であるものの，研究室で行われた実験と同じ状況下であれば選手に提供することを考慮に入れてもよいだろうと認められたものがこれに当たる．Group C と D はそれぞれ，「有効であるとするにはまだ科学的な根拠が不十分である」，および「使用を禁止すべき，もしくはドーピングテストで陽性反応が出るような物質が混入している可能性が高いもの」という分類で，現時点ではアスリートには使用を勧められないものといえる．

## 代表的なエルゴジェニックエイドの効果

AIS のサプリメント情報において Group A に分類されているサプリメントのうち，いくつかの代表的なサプリメントの効果やその作用メカニズムに関して簡単な解説を以下に示す．

### (1) クレアチン

筋収縮時に働く ATP 再合成経路の一つである ATP-クレアチンリン酸系（ATP-PCr 系）は，100 m 走などの短時間・高強度運動時における主要なエネルギー供給系として機能している．クレアチンは，クレアチンリン酸の構

成成分であり，生体内においても肝臓や膵臓でアルギニン，グリシン，メチオニンといったアミノ酸から生合成されている．クレアチンとクレアチンリン酸の大部分は骨格筋に貯蔵されており，両者を合わせた総クレアチン量は，体重 70 kg のヒトでおおよそ 120 g 程度と推定されている．一方，毎日 1-2 g のクレアチンが分解されており，さらに生体は，最大で総クレアチンを 160 g まで貯蔵できると考えられている．そこで，クレアチンをサプリメントとして補給することで生体内のクレアチン・クレアチンリン酸の貯蔵量を増やし，パフォーマンスを改善できると考えられている．実際，クレアチンの摂取により，骨格筋細胞内のクレアチンリン酸量が増加し，短時間・高強度運動時および高強度の運動を短時間の休憩を挟みながら繰り返し行う間欠的運動時のパフォーマンスが向上することが知られている．

　効果的な摂取法としては，少なくとも最初の 3 日間程度は，クレアチンを多めに摂取し（体重 1 kg あたり〜0.3 g のクレアチン），その後は高まった骨格筋のクレアチン濃度を維持するために 1 日あたり 3-5 g を継続して摂取すること，もしくは少量（1 日あたり 2-3 g）のクレアチンを 3-4 週間にわたって摂取する方法が勧められている [1]．また，クレアチンとともに，糖質やたんぱく質を同時に摂取することで，骨格筋のクレアチン貯蔵量がさらに増加することも報告されている（ただし，パフォーマンスに対してもさらなる効果が得られるかどうかは明確な結論が得られていない）．

　クレアチンは，もともと肉類に多く含まれていることから，その摂取量が多い人よりも，ベジタリアンにおいてこのサプリメントの摂取による効果が明確に現れるようである．また，このサプリメントを摂取すると，より高い強度でのトレーニングが行えるようになり，除脂肪量（骨格筋量）を増加させる効果があることも知られている．このサプリメントを摂取する際に注意する点として，体重増加（摂取開始から最初の 1 週間で 1-2 kg 程度の増加．水分量の増加が主な原因であるといわれている）が挙げられ，体重が軽いほうが有利な競技においては，注意が必要となる．また，腎臓病の既往歴がある成人男性が，クレアチンの摂取により腎機能が悪化したという症例が報告されたこともあり，クレアチン摂取は腎臓の機能を悪化させるのではないかという懸念も指摘されていた．しかしながら，大規模調査による結果では，クレ

アチン摂取により腎機能が悪化するということを支持する明確なエビデンスは認められていないようである [1].

## (2) カフェイン

コーヒーや緑茶などに含まれる成分であり、主に持久的な運動能力（運動持続時間やタイムトライアルの成績）を向上させる効果があることが知られている。運動開始の60分程度前に、体重1kgあたり3-6mgを、カプセルなどを使って摂取することが推奨されている（これ以上摂取量を増やしてもさらなる効果は期待できないようである）[3].

カフェインのパフォーマンス向上効果には、中枢神経系に及ぼす作用が関与していると考えられている。脳の前脳基底部には、アデノシン $A_{2A}$ と呼ばれる受容体が存在し、睡眠の誘発に関与していることが知られている。カフェインは、このアデノシン受容体に拮抗することで覚醒作用を発揮し、脳の興奮水準を高めることで、長時間運動時の疲労感の軽減・パフォーマンスの向上につながっていると考えられている。また、カフェインは、交感神経活動を亢進し、アドレナリンの分泌を促進することや、脂肪細胞においてフォスフォジエステラーゼ（phosphodiesterase）と呼ばれる酵素の働きを阻害することで、脂肪分解酵素（ホルモン感受性リパーゼ）の働きを高める作用があることも知られている（カフェインが肝臓で代謝されることで生成される物質が脂肪細胞に作用しているという説もある）。このことは、運動中の脂肪利用を促進し、糖質（グリコーゲン）の枯渇予防、さらには運動持続時間の延長につながっていると考えられている。

カフェインは、2004年以降、世界アンチドーピング機構による禁止薬物リストから外されているが、監視プログラム（禁止物質ではないが、ドーピングに使用される危険性がある物質として、放置せずに監視対象とするもの。分析も行われ、競技者において乱用されていることが明らかになれば、禁止物質となる可能性がある）に指定されている。全米大学体育協会（National Collegiate Athletic Association, NCAA）では、競技終了後の尿中の濃度が15 μg/mL を超えた場合には、違反とみなしているが、これは上記の摂取量（体重1kgあたり3-6mg）を運動開始1時間前に摂取した場合には、超えることがないと

いわれている [3].

カフェインに対する感受性には個人差があり，感受性が高い人が多量摂取した場合には，交感神経活動が亢進しすぎるあまり，心臓をはじめとする循環器系に過度の負荷がかかってしまうケースもある．最近，カフェイン入りのエナジードリンクが人気を集めているが，多量摂取した少女が亡くなったという事例も海外において報告されている．まずは少ない量から試し，自分の体質に合うかどうか検討する必要がある．

## (3) 重炭酸塩（炭酸水素ナトリウム）

重炭酸塩の一つである炭酸水素ナトリウム（重曹もしくはベイキングパウダーとも呼ばれる）を，運動開始の 1-2 時間前に体重 1 kg あたり 150-400 mg（もっとも多く用いられているのは 300 mg）摂取することで，単回の高強度運動や間欠的な高強度運動時のパフォーマンスが向上することが知られている [5]．この炭酸水素ナトリウムは，血中においては，ナトリウムイオン（$Na^+$）と重炭酸イオン（$HCO_3^-$）に電離し，血中の pH を高める働きを持つ．このようにして，血中・細胞外の pH が高まることで，高強度運動中に細胞内に増加したプロトン（$H^+$）（$H^+$ は主に乳酸から放出される）の細胞外への流出と中和が促進され，細胞の酸性化（アシドーシス）予防，さらにはパフォーマンスの向上がもたらされると考えられている（図7.7）．また，このような末梢系における作用だけではなく，最近の研究では神経系にも作用する可能性（$HCO_3^-$ が $H^+$ による感覚神経への刺激を減弱させる＝痛みの感覚が惹起されにくくなる可能性）も示唆されており，中枢性および末梢性の両面でパフォーマンスに対して影響を及ぼしているようである [5]．

先に述べたように，炭酸水素ナトリウムによる効果は，血中 pH の上昇が重要な要因となっているが，その血中 pH の上昇の仕方には大きな個人差があることが知られている．300 mg/kg の炭酸水素ナトリウムを摂取した場合には，平均して約 60-70 分目に血中 pH のピークを迎えるようであるが，吸収がはやい人では，10 分目にピークを迎える場合もあり，自分がどのくらいでそのピークを迎えるのか事前に検討しておくことが必要であろう．また，炭酸水素ナトリウムを大量に摂取した場合には，下痢や胃の膨満感（炭酸ガ

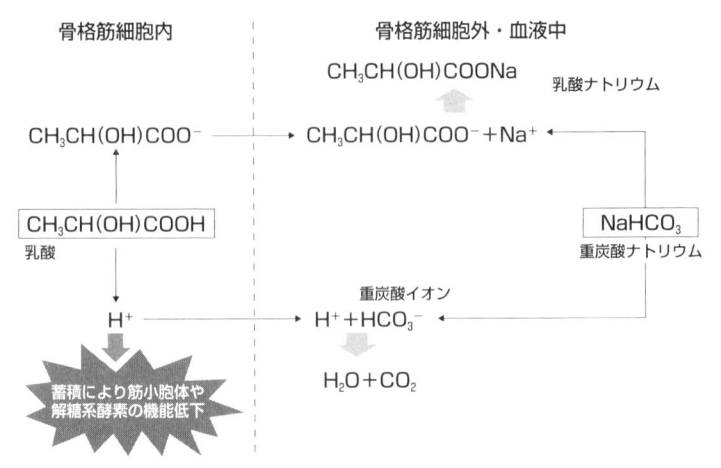

骨格筋細胞内　　　　　　　　骨格筋細胞外・血液中

$CH_3CH(OH)COONa$　　乳酸ナトリウム

$CH_3CH(OH)COO^-$　→　$CH_3CH(OH)COO^-+Na^+$

$\boxed{CH_3CH(OH)COOH}$　　　　　　　　　　　　　　$\boxed{NaHCO_3}$
乳酸　　　　　　　　　　　　　　　　　　　　重炭酸ナトリウム

　　　　　　　　　　　重炭酸イオン
$H^+$　→　　$H^++HCO_3^-$

蓄積により筋小胞体や
解糖系酵素の機能低下　　　　$H_2O+CO_2$

**図 7.7**　重炭酸ナトリウムによる作用メカニズム

スが発生するため）などの胃腸障害が生じるケースもある．この面において
も，自分の体質にあった容量を事前に検討しておくべきである．

　炭酸水素ナトリウムおよびカフェインなどは，非鍛錬者に比べて，トレー
ニングを積んだ鍛錬者で効果が認められやすいようである．こうしたサプリ
メントが効果を発揮するためには，トレーニングにともなう生体の何らかの
適応が必要であることや鍛錬者のほうがパフォーマンスの測定に慣れている
ことなどが関与していると考えられている．

## スポーツ選手がサプリメントを活用する際の心構え

　アスリートは，自分が摂取するものに対して，自ら責任を負わなければな
らない．コーチをはじめとする周囲の人から，サプリメントに関する情報だ
けではなく，実際にサプリメントの試供品などが提供されることが多い．そ
れらを安易に信じたり，口にしたりする前に，本当にそれが安全か，効果が
あるのか，といったことに関しては，自ら責任をもって調べるという態度が，
一般の人以上に求められている．そのためには，トレーニングなどの知識に
加えて，普段から食品などに関する科学的な知識を持つことが必要である．

　ドーピング禁止薬物が含まれていることを知らずにそれを摂取する「うっ
かりドーピング」だけではなく，「パラ・ドーピング」にも注意しなければ

ならない．パラ・ドーピングとは，ライバルとなる選手にこっそりと気づかれないように（たとえば，目が離れたすきにドリンクの中に入れるなどの方法により）禁止薬物を摂取させ，失格に追い込むことを指す．このようなケースでも，それを摂取した選手はドーピング違反に問われる．したがって，選手は，自分が摂取するものに関しては，その成分のみならず，管理方法についても十分に注意を払う必要がある．そして，安易にサプリメントに頼る前に，もう一度自分の食生活を見直し，まずは食事をしっかりと整えることが重要であること，「ポパイのほうれん草」は存在しないことを最後にもう一度だけ強調しておきたい．

## 参考文献

[1] Buford, T. W. *et al. J. Int. Soc. Sports Nutr.* 4: 6, 2007.
[2] Geyer, H. *et al. Int. J. Sports Med.* 25: 124-129, 2004.
[3] Goldstein, E. R. *et al. J. Int. Soc. Sports Nutr.* 7: 5, 2010.
[4] 厚生労働省．『無承認無許可医薬品の指導取締りについて』．1971.
[5] McNaughton, L. R. *et al. Curr. Sports Med. Rep.* 15: 233-244, 2016.
[6] 梅垣敬三ら．保健医療科学．59: 284-290, 2010.

## コラム8 効果的な食事・栄養素摂取法の確立にむけて

　2020年の東京オリンピック・パラリンピックの開催に向けて，スポーツ科学に対する関心が高まり，スポーツ栄養学も大きな注目を集めている．最後のコラムでは，スポーツ栄養学を今後ますます進歩・発展させるうえで必要なことについて，個人的な考えを述べてみたい．

　コラム1でも述べたが，日本におけるスポーツ栄養学は，スポーツ現場でいかに効果的なサポートや栄養指導を行うか，という面を重視してきたといえる．その中で，著者のような新たな手法の開発を目指して，基礎的な部分から検討を行っている研究者というのは，日本ではまだまだ稀な存在だと思われる．基礎研究者は，実験条件をコントロールした環境下で研究を行うのが常である．しかしながら，そこで得た知見というのは，基本的な原理・原則であり，必ずしもそのままの形で現場へと応用することができない場合が多い．スポーツ現場で活動する栄養士やコーチの方々には，それまでの経験を活かし，現場の実情にあうように改良しながら実施していただきたい．また，そこで見つかった問題点や疑問点などをぜひ研究者にフィードバックすることをお願いしたい．第3章で紹介したように，運動後のグリコーゲン回復のためには，運動直後に糖質を摂取すべきである，という結果が基礎研究で得られている．著者も講習会などにおいて栄養士の方々にもそのように伝えている．そのことに対し，「現場では運動直後に摂取するのは難しい．では，実際に何分目までに糖質を摂取したらよいのか？」という質問が，スポーツ栄養士を目指す方から寄せられたことがある．当時の著者は，この質問に答えるだけの明確な科学的根拠を持っていなかった．そこで，「糖質摂取のタイミングに関する再評価」という新たな研究テーマに着手することになったことがある．このように，現場で見つかった疑問点や問題点は，新たな研究につながることが多い．スポーツ栄養学は最終的にはスポーツ選手のための最適な食事・栄養素の摂取方法を確立することが目的であり，そのために，研究者と現場の指導者・栄養士が図1のようなサイクルを協力しながら回していくことが重要であると思われる．

　スポーツ栄養学の分野は世界的にも注目されており，日々新たな研究成果が報告されている．最新の研究成果は，誰の目にも魅力的・効果的に映るが，それらの多くはまだまだ科学的な検証が不十分であることが多い．最終的には，その手法に関して検討を行った複数の研究成果を統合し，より高い見地から解析を行っ

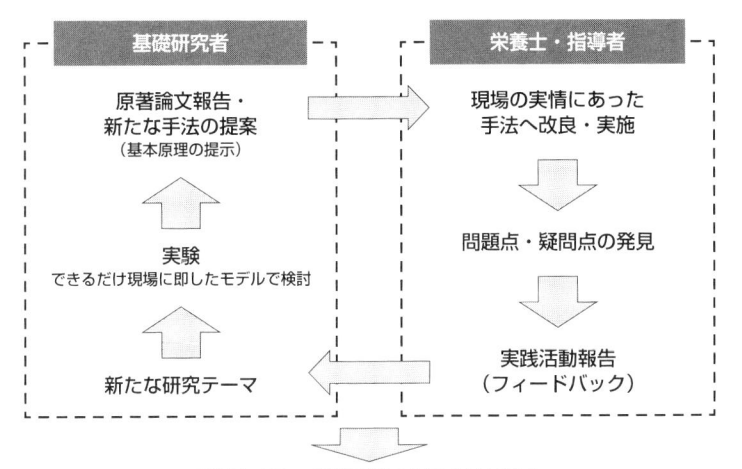

**図1** 最適な栄養摂取方法の確立にむけた研究者と栄養士・指導者の連携

た系統的レビューやメタ解析の結果が報告されて，その手法が効果的か否かの結論に近づく．このようなエビデンスレベルが高い情報が得られるまでは，現場で試さないという慎重な姿勢も大事である．その一方で，これらの手法が，まだ検証途中のものであっても，積極的にスポーツ現場で実践し，その結果を研究者に実践活動報告・事例報告などを通じてフィードバックしていただきたい，という思いもある．そのようにしてエビデンスを積み重ねていくことで，スポーツ栄養学の発展が加速されるのではないだろうか．効果がみられるまで長期間かかってしまうような手法や副作用が懸念される手法は，やはり結論が出るまでは手を出さないほうが賢明である．だだし，その一方で，単回や数日間の摂取で変化がみられるような手法に関しては，まず一度試していただきたい．その中で見つかった改良すべき点や問題点などを研究者にフィードバックすることで，今後の研究の発展や手法のブラッシュアップにつながっていくはずである．数名の選手を対象とした事例報告でも，そのようなデータが一つ一つ積み重なっていくことで，エビデンスになり，さらに次の方向性が見えてくる．選手のデータはなかなかオープンにできないといった事情もあるかと思うが，現場のコーチや栄養士の方々と研究者がお互いに情報を共有できるようにコミュニケーションを取りながら，知見が積み重なっていくと，日本のスポーツ栄養学分野のみならずスポーツ界全体にも良い影響を生み出せるのではないだろうか．

# 索 引

**著者略歴**

寺田　新（てらだ・しん）

1998 年　早稲田大学人間科学部卒業
2003 年　早稲田大学大学院人間科学研究科博士後期課程修了．博士
　　　　（人間科学）取得
2003 年　日本学術振興会特別研究員（PD）
2004 年　ワシントン大学医学部応用生理学教室ポスドク研究員
2006 年　三共（第一三共）株式会社研究員
2007 年　早稲田大学先端科学健康医療融合研究機構講師
2009 年　日清オイリオグループ株式会社中央研究所主管
2012 年　東京大学大学院総合文化研究科広域科学専攻生命環境科学
　　　　系准教授．現在に至る

スポーツ栄養学
科学の基礎から「なぜ？」にこたえる

2017 年 10 月 25 日　初　版
2020 年 6 月 1 日　第 8 刷

［検印廃止］

著　者　寺田　新

発行所　一般財団法人　東京大学出版会
　　　　代表者　吉見俊哉
　　　　153-0041 東京都目黒区駒場4-5-29
　　　　http://www.utp.or.jp/
　　　　電話 03-6407-1069　Fax 03-6407-1991
　　　　振替 00160-6-59964

組　版　有限会社プログレス
印刷所　株式会社ヒライ
製本所　牧製本印刷株式会社

## スポーツ動作の科学
バイオメカニクスで読み解く

深代千之・川本竜史・石毛勇介・若山章信　A5 判・296 頁・2400 円

どうすれば速く走れるのか？　剛速球を投げる方法とは？　運動神経は遺伝するのか？　運動スキルを上達させたい読者のために，身体の仕組みやスポーツ動作を読み解く方法を，最新の研究成果をふまえわかりやすく解説．図・写真も豊富な入門書．

## 身体と動きで学ぶスポーツ科学
運動生理学とバイオメカニクスがパフォーマンスを変える

深代千之・内海良子　A5 判・208 頁・2800 円

経験と勘でおこなわれてきたトレーニング．その生体内での効果を科学的に解明し，バイオメカニクスと結びつけることで，さらなるパフォーマンスの向上へ．高校で学んだ生物や物理の知識を活かし，日常の生活動作やスポーツという実践に応用してみよう．

## スポーツでのばす健康寿命
科学で解き明かす運動と栄養の効果

深代千之・安部　孝編　A5 判・304 頁・2800 円

高齢社会において健康寿命をいかにのばすか？　自分のからだの状態を知るためのセルフチェック方法や運動プログラム，肥満，骨粗しょう症，糖尿病，がん，うつ病などを予防するための運動法，健康を維持するための食事と栄養について，エビデンスベースでくわしく解説．

ここに表示された価格は本体価格です．ご購入の
際には消費税が加算されますのでご了承ください．